全国革命老区县发展史丛书·广东卷

吴川市革命老区发展史

吴川市革命老区发展史编委会　编

SPM 南方出版传媒　广东人民出版社
·广州·

图书在版编目（CIP）数据

吴川市革命老区发展史 / 吴川市革命老区发展史编委会编. —广州：
广东人民出版社，2021.7

（全国革命老区县发展史丛书·广东卷）

ISBN 978-7-218-15059-8

Ⅰ．①吴… Ⅱ．①吴… Ⅲ．①吴川—地方史 Ⅳ．①K296.54

中国版本图书馆CIP数据核字（2021）第109869号

WUCHUAN SHI GEMING LAOQU FAZHANSHI

吴川市革命老区发展史

吴川市革命老区发展史编委会　编

出 版 人：肖风华

策划统筹：陈海烈　夏素玲　谢　尚
责任编辑：李　敏　罗　丹
装帧设计：张力平等
责任技编：吴彦斌　周星奎

出版发行：广东人民出版社
地　　址：广州市海珠区新港西路 204 号 2 号楼（邮政编码：510300）
电　　话：（020）85716809（总编室）
传　　真：（020）85716872
网　　址：http://www.gdpph.com
印　　刷：广州市浩诚印刷有限公司
开　　本：715mm×995mm　1/16
印　　张：19　　插　页：10　　字　数：270 千字
版　　次：2021 年 7 月第 1 版
印　　次：2021 年 7 月第 1 次印刷
定　　价：78.00 元

如发现印装质量问题，影响阅读，请与出版社（020-85716849）联系调换。

售书热线：（020）85716826

微信扫描二维码 ◄◄◄
您立即获得**本书主要内容**/
丛书介绍。

广东省编纂《革命老区县发展史》丛书
指导小组

组　长：陈开枝（广东省老区建设促进会会长）

副组长：林华景（广东省老区建设促进会常务副会长）

　　　　宋宗约（广东省农业农村厅二级巡视员、广东省老
　　　　　　　　区建设促进会副会长）

　　　　刘文炎（广东省老区建设促进会副会长）

　　　　郑木胜（广东省老区建设促进会副会长）

　　　　姚泽源（广东省老区建设促进会副会长兼秘书长）

　　　　谭世勋（广东省老区建设促进会副会长）

　　　　廖纪坤（广东省农业农村厅总经济师）

办公室

主　任：姚泽源（兼）

副主任：韦　浩（广东省农业农村厅扶贫协作与老区建设处
　　　　　　　　处长）

　　　　柯绍华（广东省老区建设促进会副秘书长）

　　　　伍依丽（广东省老区建设促进会副秘书长）

《吴川市革命老区发展史》
编委会

顾　　问：张　军（吴川市人大常委会原主任）

郑剑均（吴川市委原副书记）

杨振泉（吴川市人大常委会原副主任、市委宣传部原部长）

林　广（吴川市委原调研员、组织部原部长）

梁　杰（吴川一中退休教师）

第一副主任：陈恩才（吴川市委副书记、市长）

常务副主任：陈　谋（吴川市委常委、塘㙍镇党委书记）

张亚福（吴川市人大常委会原副主任、市老促会会长）

副　主　任：梁　成（吴川市老促会常务副会长）

吴康苏（吴川市老促会常务副会长）

成　　员：李　忠（吴川市财政局局长）

庞木生（吴川市农业农村局局长）

郭冠平（吴川市文化广电旅游体育局局长）

杨亚胜（吴川市档案局局长）

杨日进（吴川市政府地方志办公室主任）

崔　灵（吴川市委党史研究室主任）

何　胜（吴川市教育局四级主任科员、老促会
　　　副会长）

陈莫及（吴川市民政局副局长、老促会副
　　　会长）

钟超英（吴川市农业农村局副局长、老促会副
　　　会长）

伍　超（吴川市老促会副会长、秘书长）

张　钦（吴川市老促会副会长）

朱权宝（吴川市老促会副会长）

编委会办公室

主　任：吴康苏（兼）

副主任：朱权宝（兼）

罗晓梅：市老促会副秘书长

编委会编辑部

主　　编：吴康苏（兼）

副 主 编：朱权宝（兼）

特约编辑：梁　杰（兼）

编　　辑：罗晓梅（兼）

编　　审：罗晓梅（兼）、彭瑶富

校　　对：伍　超（兼）、彭瑶富（兼）

电子版合成：朱权宝（兼）

在举国欢庆中华人民共和国成立 70 周年前夕，中国老区建设促进会王健会长请我为《全国革命老区县发展史》丛书作序，作为一名在老区战斗过并得到老区人民生死相助的老兵，回首往事，心潮澎湃，感慨万千，深感义不容辞，欣然应允。

中国革命老区，是以毛泽东为代表的中国共产党人在领导人民推翻帝国主义、封建主义和官僚资本主义三座大山，争取民族独立和人民解放伟大斗争中建立的革命根据地，在这片红色的土地上，诞生了无数可歌可泣的革命英雄儿女，为后人树起了一座不朽的丰碑，她是新中国的摇篮，是党和军队的根。

在艰苦卓绝的战争年代，老区人民把自己的命运与中华民族的命运紧紧地联系在一起，与中国共产党和人民军队的命运紧紧地联系在一起，他们生死相依，患难与共。我曾亲历过战争年代，并得到过老区红哥红嫂的救助，切身感受到发生在身边的一幕幕撼天动地的革命故事，在那极其艰难的条件下，老区人民倾其所有、破家支前，不怕艰难困苦，不怕流血牺牲。"最后一碗米送去做军粮，最后一尺布送去做军装，最后一件老棉袄盖在担架上，最后一个亲骨肉送去上战场"，这是当时伟大的老区人民为建立新中国做出巨大牺牲的真实写照，它将永远镌刻在中国共产党、中国人民解放军、中华人民共和国的历史丰碑上。他们的光辉业绩永载史册，他们的革命精神必将影响一代又一代的革命新人，造就一代又一代的民族脊梁。

在社会主义革命和建设时期，革命老区和老区人民响应党的号召，面对落后的面貌、脆弱的经济、恶劣的生态环境，他们本色不变，精神不丢，自力更生，艰苦奋斗，干一行爱一行。始终坚持"革命理想高于天"，自觉做共产主义远大理想的坚定信仰者和忠实实践者，勇于向恶劣的自然环境和贫穷落后宣战，他们在各条战线上为国建功立业，用平凡的双手创造了一个又一个不平凡的奇迹，彰显了老区人的崇高精神和人格力量。

在改革开放的伟大进程中，老区人民解放思想，勇于创新，发奋图强，攻坚克难，老区的经济社会建设取得了辉煌成就。特别是在改变中国的面貌、中华民族的面貌、中国人民的面貌、中国共产党的面貌的伟大实践中发挥了至关重要的作用。老区人民既是改革开放的参与者，也是改革开放的推动者。

艰苦练意志，危难见精神。老区人民在近百年的革命战争、社会主义建设和改革开放的伟大实践中，孕育形成了伟大的老区精神：爱党信党、坚定不移的理想信念；舍生忘死、无私奉献的博大胸怀；不屈不挠、敢于胜利的英雄气概；自强不息、艰苦奋斗的顽强斗志；求真务实、开拓创新的科学态度；鱼水情深、生死相依的光荣传统。这是党和人民宝贵的精神财富、丰厚的政治资源，是凝心聚力、振奋民族精神的重要法宝，也是社会主义核心价值观的重要内容。

中国老区建设促进会怀着强烈的政治责任感和历史使命感，组织全国各地老促会人员克服困难，尽心竭力编纂《全国革命老区县发展史》丛书，记录老区的光辉历史和辉煌成就，传承红色基因，弘扬老区精神，是功在当代、利及千秋的一件大事。手捧这部丛书的部分书稿，读着书中的故事，倍感亲切，深感这部丛书具有资政、育人、存史的社会功能，有着重要的时代和历史价值。它是不忘初心、牢记使命的源头活水，是赞颂共产党、讴歌老区人民的一部精品力作，是弘扬老区精神、传承红色记忆的丰厚载体，是一项继承优秀传统文化、弘扬革命文化、发展社会主义先进文化，坚定"四个自信"的宏大文化工程。它必将成为一种文化品牌，为各界人士了解老区宣传老区支持老区提供一部有价值的研究史料。希望读者朋友们能从中了解并牢记这些为党和民族的利益不断奉献的老区人民，从中得到教益，汲取人生奋斗的精神动力。

新时代赋予新使命，新起点开启新征程。让我们更加紧密地团结在以习近平同志为核心的党中央周围，坚持以习近平新时代中国特色社会主义思想为指导，增强"四个意识"，坚定"四个自信"，做到"两个维护"，弘扬老区精神，铭记苦难辉煌。为实现"两个一百年"奋斗目标，实现中华民族伟大复兴的中国梦做出新的更大的贡献！

迟浩田

2019 年 4 月 11 日

　　2017 年 6 月，中国老区建设促进会组织全国各地老促会启动编纂《全国革命老区县发展史》丛书，按照"建立中国共产党、成立中华人民共和国、推进改革开放和中国特色社会主义事业"三大里程碑的历史脉络，系统书写革命老区百年历史，深入挖掘革命老区红色文化资源，这对于充实丰富中国革命史籍宝库、在新时代传承红色基因、弘扬革命精神、强固根本，对于激励人们在新的历史条件下夺取中国特色社会主义伟大胜利，实现中华民族伟大复兴的中国梦具有重要意义。

　　丛书编纂以习近平新时代中国特色社会主义思想为指导，以《中国共产党历史》《中国共产党的九十年》等重要文献为基本依据，以党的领导为核心，以老区人民为主体，以老区发展为主线，体现历史进程特征，突出时代发展特色，坚持辩证唯物主义和历史唯物主义相统一、历史真实性与内容可读性相统一的原则，书写革命老区从站起来、富起来到强起来的光辉革命史、不懈奋斗史、辉煌成就史，把老区人民的伟大贡献、伟大创造、伟大成就、伟大精神充分展示出来，形成一部具有厚重历史特征和鲜明时代特色的精品力作。这是一部培根铸魂、守正创新，既为历史立言，又为时代服务，字里行间流淌着红色血脉、催生着革命激情的传世之作。丛书的编纂出版将成为讴歌党讴歌人民讴歌时代、传播红色文化、为革命老区和老区人民树碑立传的重要载体。

丛书按照编年体与纪事本末体相结合、以编年体为主的编写体例确定框架结构；运用时经事纬、点面结合的方式记述史实；坚持人事结合、以事带人的原则处理人与事的关系；采取夹叙夹议、叙论结合、以叙为主的方法展开内容。做到了史料与史论、历史与现实、政治与学术统一，文献性、学术性、知识性相兼容。

为编纂好《全国革命老区县发展史》丛书，打造红色文化品牌，中国老区建设促进会认真组织积极协调，提出政治立场鲜明、史料真实准确、思想论述深刻、历史维度厚重、时代特色突出、编写体例规范、篇目布局合理、审读把关严格、出版制作精良的编纂出版总要求，力求达到革命史籍精品的精神高度、思想深度、知识广度、语言力度，增强丛书的权威性和社会影响力。各省（区、市）、市（州、盟）、县（市、区、旗）老促会的同志，以强烈的使命感、责任感和紧迫感，勇于担当，积极作为，认真实施，组织由老促会成员、专家学者等参加的十余万人编纂队伍。编纂工作主体责任在县，省、市组织协调、有力指导、审读把关。各方面人员以高度负责的精神和科学严谨的态度，满腔热情地投入工作，为丛书编纂出版做出了重要贡献。丛书编纂工作还得到了党和国家有关部委、地方各级党委政府及有关部门的大力支持和积极参与，社会各界也给予了热情帮助。中共中央政治局原委员、中央军委原副主席、原国务委员兼国防部长迟浩田上将，对老区人民怀有深厚感情，对革命老区建设发展十分关注，欣然为《全国革命老区县发展史》丛书作总序。

丛书由总册和1599部分册（每个革命老区县编纂1部分册）组成，共1600册。鉴于丛书所记述的史实内容多、时间跨度长和编纂时间紧，不妥之处，敬请批评指正。

中国老区建设促进会

辛亥革命至解放战争时期革命志士进行革命活动的重要据点——擢秀书室革命旧址，位于吴川市振文镇泗岸村委会垌上村，现为吴川市青少年爱国主义教育基地

广东省农民协会南路办事处旧址——梅菉街道营盘街28号

黄学增　中共广东南路特派员、广东省农民协会南路办事处主任，是吴川党组织的创立者和领导人

陈信材　1925年加入中国共产党，广东省农民协会南路办事处主任，是吴川党组织的创立者和领导人

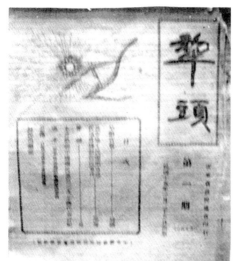

进步刊物《犁头》周刊

吴川農民舉行廢除苛捐大運動

1926年3月15日，在共产党员李士芬的倡导和组织下，吴川县爆发农民要求废除苛捐的斗争

吴川县农民自卫军总部旧址历史照片

吴川县农民自卫军总部旧址现状

李癸泉手册

中共吴川县特支南二淡水沟支部
书记李癸泉手迹

位于梅菉街道漳洲街的《南声日报》社旧址

周　楠

位于塘㙍镇低岭村的中共南路特委抗日前线指挥部。此为历史照片

温焯华

在原址重建的中共南路特委抗日前线指挥部

张炎

位于梅菉街道隔塘庙内的广东民众抗日自卫团第十一区统率委员会旧址

位于长岐镇的良村抗日武装起义指挥部旧址

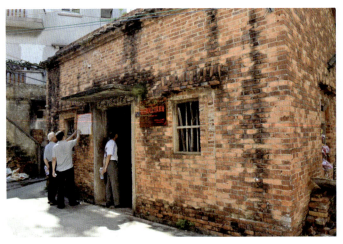

位于梅菉街道坡心岭村的坡心岭抗日大刀会旧址

修复后的坡心岭村抗日救国大刀会旧址内景

位于吴川市大塘公园旁的梅菉头抗日纪念馆

位于樟铺镇五和村的五境庙税站旧址

2015年9月2日，吴川市举办纪念抗战胜利70周年纪念章颁发仪式

解放龙头圩战斗中，中国人民解放军粤桂边纵队第一支队、第七支队指挥部旧址——龙祖石

位于博铺街道拱北社区的四知家塾旧址

位于振文镇泗岸村牛坡岭的泗水战场纪念陵园

位于塘㙍镇樟山村的抗日名将张炎将军故居

广东省老促会调研吴川老区建设
情况

湛江市、吴川市老促会调研
浅水镇农村的饮水问题

塘㙍镇积极开展社会主义建设并取
得较好成绩，1958年获得国务院
嘉奖

2005年，吴阳被评为
中国历史文化名镇

早期的积美拦河坝

塘尾分洪河水闸

2011年，吴川市老促会为革命烈士后裔大学生发放助学金

1985年9月，张炎纪念中学获邓颖超题写校名

为纪念李雨生烈士，2006年，其母校被命名为雨生小学

2012年6月，吴阳镇那良村开展老区农业生产技能培训，加速老区生产发展

1987年，吴川市首次获得国家部级科研成果奖励证书

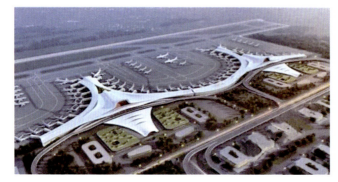

位于塘㙤镇的正在建设中的湛江吴川机场效果图。该机场将于2021年10月竣工验收

高铁吴川站

沈海高速、汕湛高速在吴川林屋互通

228国道贯穿吴川市

吴川获得"建设四好农村路创建标兵示范市"称号,农村的道路全部硬化

王村港渔港

历史悠久的黄坡货运码头

位于黄坡镇枚陈村的粮食生产创高产示范田

2014年9月，吴川荣获"中国建筑装饰之乡"称号

2015年，吴川市被授予"中国塑料鞋之乡"称号

2000年，梅菉镇（街道）获文化部颁发的"中国民间艺术之乡"称号

吴川飘色队应邀出席2014新加坡妆艺大游行

塘㙍镇老区村杨赤里村的别墅区（景一）

塘㙍镇老区村杨赤里村的别墅区（景二）

国家级文明村、广东省生态示范村蛤岭村

蛤岭文化中心

吴阳镇霞街村的状元坊

吴阳镇霞街村新貌

广东省农展馆记者到黄坡镇新店村采风

微信扫描二维码
您立即开展本书的
延伸阅读。

序　言 / 001

第一章　区域概况 / 001

第一节　滨江临海　资源丰富 / 002

　　一、建制沿革 / 002

　　二、环境及资源优势 / 003

　　三、古今名人及荣誉称号 / 005

第二节　革命老区概述 / 012

第二章　大革命及土地革命时期 / 021

第一节　吴（川）梅（菉）党组织的创建 / 022

　　一、共产党员以合法身份进入国民党吴川县、梅菉市
　　　　党部 / 023

　　二、中共吴（川）梅（菉）组织的创建与发展 / 025

第二节　农民运动的开展 / 027

　　一、广东省农民协会南路办事处成立 / 027

　　二、组建农协、开展农运 / 029

三、创办南路农运宣传学校 / 032

四、农协自卫武装的建立 / 032

五、渔民协会的组建 / 034

第三节　工人运动的兴起 / 036

第四节　反帝反封建斗争组织的建立 / 039

一、梅菉青年同志社的建立 / 039

二、梅菉妇女解放协会组建 / 040

三、学、商界的反帝反封建斗争 / 041

四、吴川人民抗法斗争 / 041

第五节　中共南路特委成立 / 042

第三章　全面抗战时期 / 049

第一节　抗日救亡运动风起云涌 / 050

一、抗日救亡宣传队 / 050

二、抗日救亡乡村工作团吴川工作队的宣传活动 / 054

三、《南声日报》宣传抗日救亡 / 056

四、民众夜校 / 057

五、妇女服务总队 / 058

第二节　民众抗日武装自卫团的建立 / 060

第三节　学府抗日浪潮 / 065

一、梅菉市立中学 / 065

二、世德学校 / 067

三、吴阳中学 / 068

四、三乡小学（今梅岭小学） / 070

五、育英小学 / 070

第四节　吴川党组织的重建 / 072

第五节　成立吴川抗日联防队，狠狠打击日、伪军 / 076

　　一、吴川各地成立抗日联防队 / 076

　　二、狠狠打击日、伪军 / 077

第六节　以吴川为中心的南路抗日武装起义 / 080

　　一、廉化吴边抗日武装起义 / 081

　　二、吴川中区抗日武装起义 / 082

　　三、吴梅茂化边抗日武装起义 / 084

　　四、张炎、詹式邦领导的武装起义 / 086

　　五、南路人民抗日解放军的成立 / 088

　　六、覃巴南山村武装起义 / 089

　　七、梅菉武装起义 / 090

　　八、吴川人民抗日武装起义 / 091

第四章　解放战争时期 / 093

第一节　抗战胜利后的局势 / 094

第二节　党组织的恢复、发展和领导解放斗争 / 097

　　一、中共粤桂边地委成立及各级党委恢复 / 100

　　二、红色政权的建立 / 101

第三节　发展人民武装开展反"扫荡"斗争 / 104

　　一、开展武装斗争的情况 / 104

　　二、争取和平民主的活动 / 107

　　三、"白皮红心"政权的建立 / 107

四、粤桂边区人民解放军的建立 / 108

第四节　在坚守中发展 / 110

一、陈赓桃率部起义 / 112

二、梅茂、吴川县解放 / 113

第五章　社会主义革命和建设时期 / 115

第一节　建立政权，恢复稳定 / 116

一、支援解放海南岛和抗美援朝 / 116

二、剿匪镇反，稳定社会治安 / 117

三、恢复交通、生产，稳定经济秩序 / 118

第二节　土地改革 / 119

一、分阶段进行工地改革 / 119

二、农业合作化 / 121

三、公私合营 / 122

第三节　农民教育 / 124

一、扫盲教育 / 124

二、技术教育 / 126

三、艺术教育 / 127

第四节　水利工程建设 / 129

一、治理洪涝灾害 / 129

二、治理旱灾 / 131

第六章　改革开放时期 / 133

第一节　家庭联产承包责任制 / 134

第二节 乡镇工业 / 138

一、发展概况 / 138

二、各行业发展情况 / 139

三、塑料绳网加工 / 147

第三节 回归工程 / 152

第四节 社会主义新农村建设 / 154

第五节 发展滨海旅游 / 157

第六节 科技创新促发展 / 160

一、创办"大米银行",破解"储粮难" / 160

二、国鸡育种技术创新 / 161

三、生物能源将地沟油变废为宝 / 162

四、一个执着于技术发明的农村支部书记 / 163

第七节 着力解决"五难",服务老区 / 165

一、解决饮水安全 / 165

二、改善交通道路行路难 / 166

三、支持文化教育 / 167

四、协助解决就医难问题 / 168

五、接力扶贫,回报老区 / 169

第七章 展望未来,充满梦想 / 171

一、以"五个坚定"推进建设发展 / 172

二、依托区域战略部署,紧抓多重机遇 / 174

三、2011 至 2035 年总体规划 / 175

四、创建省级卫生城市 / 177

五、着力打造实体经济，筑牢经济基础 / 177

附　录 / 179

附录一　革命遗（旧）址 / 180

　　一、革命遗（旧）址概况 / 180

　　二、部分革命遗（旧）址图片 / 183

附录二　历史文献 / 188

附录三　革命志士事迹 / 207

附录四　抗战文艺作品 / 229

　　一、木偶戏 / 229

　　二、红色歌谣及漫画 / 230

附录五　重要革命人物及英烈名录 / 233

　　一、重要革命人物 / 233

　　二、英烈名录 / 238

附录六　大事记 / 274

后　记 / 282

伟大时代呼唤伟大精神，崇高事业需要榜样引领。在中国共产党成立 100 周年之际，《吴川市革命老区发展史》一书辑成付梓，作为中国共产党成立 100 周年的特别献礼，意义重大。

革命老区的历史是一座丰碑、一种力量。那些红色旗帜上的故事、红色大地上的传奇、红色历程中的传统，都镌刻在波澜壮阔的老区发展史中。吴川革命老区的历史穿越时空，感染着一代又一代，激励着一辈又一辈，凝聚前行合力，增添奋进动力。纵览吴川革命老区发展史，无不感受到神圣、光荣和自豪，信仰为之坚定、心灵为之净化、精神为之升华。吴川革命老区的英雄儿女为广东南路革命运动打下了坚实的基础，为中国革命的胜利作出了杰出的贡献，为解放事业作出了巨大的牺牲。

老区革命精神薪火相传。中华人民共和国成立后，吴川地方党委、政府不忘初心、牢记使命，带领老区人民加快推动老区振兴发展、全面小康，吴川革命老区这方红色土地发生了翻天覆地的变化，老区百姓人均年收入从 1978 年的 110 元提高到 2018 年的 23 308 元，物质财富极大丰富，群众的获得感、幸福感、安全感不断提升。

为编纂好《吴川市革命老区发展史》、记录吴川 90 多年的革命历史和社会主义建设过程，市老促会和本书编委会，以强烈的政治责任感和历史使命感，深入挖掘丰富的老区历史资源，系统整理老区发展史上的重要成果、重要人物、重要事件、重要会议、重要决策和重要革命遗迹，历时两年艰苦的努力，终编纂成册。

编辑出版《吴川市革命老区发展史》，是吴川市老区建设和精神文明建设的又一丰硕成果，是弘扬老区精神、开展"不忘初心，牢记使命"主题教育和社会主义核心价值观教育的生动教材，更是汲取历史经验、继承光荣传统、把握发展规律的宝贵精神食粮。吴川市会以编辑出版《吴川市革命老区发展史》为契机，更好地发挥革命老区对经济发展的推动作用、对凝聚人心的教育作用、对社会进步的促进作用，把全市人民爱党爱国的巨大热情转化为抢抓机遇、奋力"打造湛茂阳沿海经济重要滨海城市、建设'五个魅力'新吴川"的生动实践。

吴川市广大党员干部、群众通过学习老区发展史，能更好地继承和发扬革命先辈和英雄模范的精神品格，深入贯彻落实习近平新时代中国特色社会主义思想，大力弘扬党的优良传统和作风，进一步坚定理想信念，切实加强党性修养，不忘初心，牢记使命，不负人民和时代重托，为吴川全面建成小康社会、实现更好更快更高质量发展不懈奋斗！

是为序。

吴川市革命老区发展史编委会

2020 年 12 月

第一章

区域概况

第一节 滨江临海 资源丰富

一、建制沿革

吴川市位于北纬21°16′～21°38′、东经110°28′～110°58′，在广东省西南部，地域南临南海，东与茂名市电白区接壤，北与化州市、茂南区交界，西与廉江市、西南与湛江市坡头区毗邻。东西最长53公里，南北宽45公里，全市总面积848.5平方公里。地势北高南低，没有明显山脉。气候属亚热带，四季如春。2017年，全市总人口119.76万人，人口密集为1 277人／平方公里。行政区划辖10个镇、5个街道办事处、196个村（居）民委员会、1 553条自然村。

据考古发现，早在新石器时代，吴川境内已有人类生息繁衍。先秦时期属百越民族的居地，百越各部互不统属，未有固定的行政制度。秦和西汉设郡、县二级，吴川地域秦时属象郡，西汉属合浦郡高凉县。东汉、东吴和晋设州、郡、县三级，吴川境在东汉属交州合浦郡的高凉县。隋设郡、县二级，始置吴川县，属高凉郡。唐设道、州、县三级，吴川县属岭南道（后为岭南东道）广州都督府（边远区特设都督府）罗州。宋设路、州、县三级，吴川县属广南西路辩州（后改称化州）。元设省、道、路（府）、县四级（省与路府之间有道，作为承转机构），吴川县属广行省广东道化州路。明清设省、道、府（直隶州）县（州）

四级，吴川县在明代属广东省岭西道化州府，洪武九年（1376年）改属高州府，在清代属广东省高雷廉道高州府。南朝宋元嘉年间（424—453年）置平定县（吴川县前身，位于现黄坡镇坡上村），隋开皇九年（589年）废平定县、设吴川县至今。1949年10月28日梅茂县解放，1949年11月17日吴川县解放，1952年5月，吴川县和梅茂县合并，称"吴梅县"，1953年4月复称"吴川县"。县治梅菉。

1958年10月，吴川、化县两县合并为"化州县"。1961年4月，吴川、化州分开，恢复设置吴川县、化州县。1983年，当地撤销湛江行政公署，分设湛江、茂名、阳江市，吴川归湛江市管辖。1994年5月26日，吴川县撤县建市，由湛江市代管。

二、环境及资源优势

吴川滨江临海、水系发达、日照充足、资源丰富，是一座具有江海文化特色的宜居城市。

交通便捷。国道325线横贯东西全境，沈海高速公路和汕湛高速公路分别从该市经过。铁路有时速200公里和350公里的广湛、茂湛铁路贯穿全境，境内设有吴川火车站和塘㙍站。境西10余公里可达南方大港湛江港，境内有黄坡港、渔商两用博茂港和王村港渔港。航空运输方面有在建中的湛江吴川机场。吴川市拥有高铁、高速公路、国道、航空机场、港口，交通功能之齐全，作为县级市全国绝无仅有。

自然资源丰富。吴川濒临南海，拥有84.19公里的海岸线，海域面积153.19平方公里，沿岸是被誉为"绿色长城"的郁郁葱葱防护林带。海边的空气含氧负离子个数为5 205／立方米，是个天然大氧吧。吴川气候温和，年平均气温22.9℃，是人体感觉最舒适的黄金气温。市区梅菉是一个天然水域，三江环绕、一面临海，得天独厚，天然禀赋。三江水中的主流——鉴江，发源于信宜高山老林中，流经高州、化州，在吴川吴阳入海，下游冲积形成800多平方公里的鉴江平原。吴川盛产水稻、甘蔗、花生、黄麻、西瓜、柑橘、香蕉、龙眼等农产品。万亩生态保护区，是各种珍禽的天堂，有"天上人参"之称的禾花雀就是云集于此，每年冬春季振文里坡万鸟归巢的盛景闻名天下。水产品有海蜇、沙螺、米蟹等。矿产资源有石墨矿、肽铁矿、黄金矿以及石英、花岗岩、高岭土、玻璃砂等。

旅游资源丰富。吴川市是一个濒海小城，海滨旅游资源十分丰富，也富具特色。传统景区有吉兆湾、吴阳金海岸，现又开发出鼎龙湾和南海明珠等景区，风景名胜串珠成链。

吴川境内的名胜有吴川八景，一般指"吴川古八景"，如今有的已烟消云散，有的只依稀可辨或者仅留下遗址。

1. 一览凭高：位于吴阳中学（为吴川学宫之"圣殿"所在地），原为一小座山，山上长满蓬蒿，山底部周宽6丈（1丈≈3.33米），高不到2丈。人们登上山顶，朝东南可望见大海帆影，于西北可见江流如带，景色迷人，故该山得"一览凭高"之美名。一览凭高后因吴阳中学扩建新教学楼而被夷为平地。

2. 丽山樵唱：位于塘㙍镇丽山岭，山幽林密，人多樵牧其间。樵唱牧歌，缭绕山中，远近皆闻。天气晴朗时，歌声传播更远。由20公里外的吴阳镇向西北远望，可见此山时而雾锁，时而绿翠青葱。

3. 延华弄月：位于吴阳城里村、吴川学宫旁，有延华池、延华井。池水清澈可鉴，当月亮正空之时，俯视池水，风光云影，幻成奇观。

4. 极浦渔归：位于吴阳黄李村，始建于南宋年间，地处江口，舟船停泊，渔艇纵横。每当夕阳西下渔船归来之时，灯光点点，有如繁星满天。昼夜皆商贾云集，买鱼沽酒，击棹讴歌，热闹非凡。

5. 文翁耸翠：位于吴阳文翁岭，俗称"渔翁撒网"，高近10米，岭巅四周长满茸茸茅草。岭上往东远眺，即见滔滔南海，蔚蓝无际；西即一望田丘，形如网状，更有带泥丸小丘陵，布列周围，又如网泡，因而得名。该地为李族始祖李穆公、乡贤李凌云之墓地，千年祭祀，长盛不衰。

6. 东海朝阳：位于吴阳金海岸，当天将破晓时，一轮如盆红日从彩锦般的波浪中冉冉升起，若浮若沉，水波云彩，五光十色，交相辉映，壮丽非凡。

7. 限门飞雪：位于吴阳限门海域，乃鉴江出口及通往湛江之内河口与南海交汇处，为吴川乘船到湛江或远洋的必经之道。该海域险狭，水流急湍且两旁有礁石，故称限门。限门海边流沙细白，有时风飞浪卷，如雪花飞舞；有时波涛浪涌，巨浪冲天，蔚为壮观。

8. 通驷垂虹：位于塘尾街道邱屋村，原有桥名"垂虹"，是吴阳至梅菉的主要通道。因长年有车马来往，故又名通驷桥。桥下水虽不深，但终年不涸且澄如镜，天晴日丽，桥影如虹。

三、古今名人及荣誉称号

（一）古今名人

吴川，历史悠久，人杰地灵，从古至今名人才俊辈出，既有文人骚客，也有仁人志士。正是：千年古镇一状元（林召棠），百年外交两使者（陈兰彬、刘华秋），戎马爱国四将军（张炎、许冠英、李汉魂、张世德），乾隆赐匾王者师（麦国树）。吴川历史上计有状元1名，进士18名，翰林2名，钦赐翰林3名，举人166名。他们之中，位列尚书、御史、道台、知府、知州、知县、教谕等职的多达数百人，且大都政声卓著、清正廉明。

他们中的代表人物有：宋代进士鞠杲、林廷、南宋解元林永（霞街始祖）、李屋巷始祖李凌云；被尊为"刘猛将军"的元代江淮指挥使刘承忠；明代名医、中国引种番薯第一人林怀兰，进士林廷谶，武进士易傅伯，粤东七才子之一林联桂；清代琼州督抚彭玉将军，广东水师提督窦振彪将军，绰号"劏狗六爹"的麦为仪，"振威将军"彭子衡，江南全省提督曾秉忠，提督曾敏行，著作等身的举人吴懋清，粤西状元林召棠，中国首任驻美大使陈兰彬，诗翁李文泰；民国时期有黄花岗七十二烈士之一的庞雄，爱国将领张炎将军，抗日爱国将领许冠英；中华人民共和国外交部原副部长刘华秋等。

（二）荣誉称号

1. 广东建筑之乡、中国建筑装饰之乡。

1994年，吴川获得"广东建筑之乡"，这是对吴川建筑大军活跃于世界各地、全国的大中小城市的肯定，是吴川一张响亮的名片。改革开放后，世界各地、全国的大中小城市几乎都有吴川建筑工程队或施工项目，吴川建筑行业创造了一系列奇迹：广州、深圳、珠海、广西等地的不少标志性建筑，先后创国家、省、市三级样板工程100多项，其中有鲁班奖、部优工程奖和广东省的金匠奖、五羊奖杯等。

吴川全市外出从事建筑的劳动力总数20多万人。继2014年9月荣膺"中国建筑装饰之乡"后，吴川市建筑产业又有新动作——将加紧筹划申报"中国建筑之乡"。

据统计，吴川有约20万"建筑大军"活跃在全国各地乃至东南亚等地。本地的建筑企业有17家，其中国家一级企业3家。而在吴川以外的、由吴川人成立的建筑企业，数量则高达226家，获得"中国建筑装饰百强企业"称号的就有9家。吴川建筑业已形成成熟的产业规模和业态，居于国内同行业前列。"吴川出品"的建筑装饰工程不仅数量众多、遍布全国，其中更是精品迭出、载誉无数。据粗略统计，从事地产、建筑和建材的吴川企业家有上万人；吴川人在全国地产、建筑和建材市场上的控股资产年利润超过300亿元。

2. 广东省戏剧之乡。

吴川是"中国民间艺术之乡"，更是南派粤剧的发源地。抗日战争期间，广州沦陷后，大批粤剧艺人逃亡至湛江及广西等地，使粤语地区成为粤剧的主要舞台，特别是吴川成为粤剧的风水宝地。每年"年例"或"诞期"，几乎每个社区、每个村庄都有粤剧演出。吴川的"春班"吸引了广东省的上百个粤剧团前来演出，被称为"粤剧风水宝地"，推动了吴川南派粤剧的发展。

南派粤剧是广东西南部的高、雷、廉、琼"下四府"流行的粤剧流派，以粗犷朴实、勇武刚烈的风格著称。其中，"吊辫""过山""吐血""三上吊""踩跷""甩发""高台椅功"等南派武功，技巧卓绝。粤剧南派艺术从练功、排练到演出，体力消耗大，演员要有较好的体质和精气神。目前，很多粤剧南派绝技面临失传的困境，但吴川市粤剧团较完整地保留了粤剧南派艺术特色，并很好地传承给了年轻一代。吴川南派粤剧作为粤剧艺术的代表，曾向联合国教科文组织申报为世界非物质文化遗产。它是研究粤剧的历史渊源、程式武技、演艺流派的重要依据，是粤剧艺术的一份珍贵的文化遗产。

吴川市数以千计的粤剧人才助推了粤剧南派艺术的传承和发展，南派粤剧能取得如今的成就，粤剧之乡吴川功不可没。

2016年，吴川被评为"广东省戏剧之乡"。2018年，第五批国家级非物质文化遗产代表性项目代表性传承人推荐名单公布，78岁的吴川粤剧老艺人林国光榜上有名，成为本次唯一入围的湛江籍传承人。近年来，由吴川粤剧团原创新编的《回馈》《保金与夫人》等佳作频出，获得观众和业内人士的一致好评。吴川粤剧文化正取得越来越多的关注。

吴川全市共有1 553条自然村，近八成村庄组织演出，平均每年演出场次达6 000场，戏金8 000多万元，观众达900万人次。可以说，吴川是"两广"粤剧团体生存和发展的"根据地"和"主战场"。当国内戏曲市场渐渐滑向低潮，粤剧发展面临困境时，吴川却年年"柳暗花明"，年均有80至130个文艺团体前来展演。各乡村还以戏为媒，以戏会友、洽谈生意、戏中求财。不少当地村民认为，粤剧演戏常演常新，通过在村中演粤剧，不仅加强了村的凝聚力和向心力，也提升了村民的文化素养，对在外经商回家捐戏的乡贤也是一种肯定，可谓一举多得。

3. 中国塑料鞋之乡。

吴川是远近闻名的"南国鞋城"，也是全国塑料生产三大基地之一。据2000年统计数据，全市拥有制鞋企业400多家，就业人数2万多人，年产塑料鞋10亿双，占国内产量的三分之一强，产品畅销全国并大量出口东南亚、中东、非洲和欧美等地。塑料鞋制造已成为吴川的支柱产业。

吴川市塑料鞋生产始于20世纪70年代末，博铺和梅菉群众以家庭手工作坊的生产方式，率先掀起了塑料鞋生产制造的热潮。改革开放以来，在当地党委、政府的引导和扶持下，塑料鞋生产迅速发展，很快在博铺、梅菉、大山江等地连片生产、销售，凸显特色产业集群，被称为"十里鞋街"。个体、私营、联营、股份合作等经营形式并驾齐驱，被誉为"四轮驱动"和"吴川模式"，与当时的"温州模式"齐名。经过40多年的发展，吴川市形成了以博铺、梅菉、大山江等街道为中心的制鞋企业群体，具备了新产品开发、模具设计制造能力，初步形成了社会化分工。

至2018年，吴川有塑料鞋企业980多家，从业人员4.1万人左右，年产值28亿元。

2015年，中国轻工业联合会和塑料加工协会授予吴川市"中国塑料鞋之乡"称号，为吴川塑料鞋业的大发展提供了新的机遇，注入了新的动力。吴川塑料鞋行业正齐心协力，做强"中国塑料鞋之乡"品牌，推动全市经济更好更快发展。

4. 中国民间艺术之乡。

"中国民间艺术之乡"是吴川十大名片之一，吴川文化源远流长，民间艺术丰富多彩，历史悠久。有飘色、泥塑、花桥、牌楼、花塔、舞貔貅、舞龙、舞狮、舞二真、舞六将、长笛、陶鼓、八音、山歌、木鱼、木偶等，其中，飘色、泥塑、花桥以其精、巧、奇被评为"吴川三绝"。

吴川每年元宵的庆赏活动必定少不了制作和搭建飘色、泥塑、花桥，民间艺术"吴川三绝"早已闻名中外。2000年，文化部命名吴川市梅菉镇为"中国民间艺术之乡"。

飘色。吴川飘色源于晚清，由原民间"转色""柜色"演变而来，有梅菉、黄坡等多个谱系。吴川飘色造型各异，风格新颖，车板上的多个故事人物由一根隐蔽的"色梗"巧妙支撑，飘然欲飞，新奇惊险，被誉为"隐蔽的艺术"和"东方飘浮艺术"。吴川飘色早已闻名中外，曾多次应邀参加中央电视台和北京、香港以及各省、市的艺术巡游，成为吴川民间艺术的一个闪亮的品牌。

泥塑。吴川泥塑始于唐代，原是当地陶工欢度节庆的手工技艺。至明代某年元宵，村民怨恨朝政腐败，故用泥塑丑妇讽刺，并于节后摧毁，称"逐泥鬼，迎吉祥"。吴川泥塑工艺精美，色艳传神，造型多取材于民间故事传奇、谐趣或神话人物等。现又出现"水上彩塑"和"电动彩塑"等，更加流光溢彩，美不胜收，是具有文史研究价值的民间文化。吴川泥塑流传千载，长盛不衰，每年元宵节上百套泥塑异彩纷呈，如颗颗明珠镶嵌梅城。吴川泥塑制作很有群众基础，有一大批能工巧匠曾多次到北京、上海、杭州、昆明、海南、广州、深圳、湛江等地展示技艺。

花桥。过去花桥由吴川城区梅菉隔海桥装饰而成，现在则改用鉴江上的江心岛桥搭建，桥上花团锦簇、灯火辉煌。桥门龙蟠凤翥，两侧鲜花争艳斗丽，并用书画点缀，花灯、彩旗交相辉映。是天河？是灯海？任人联想，供人玩赏。元宵之夜，男女老少倾城而出逛花桥，传说行花桥可以行好运，可以发财添丁。

5. 中国羽绒之乡。

吴川市江河交错，历来有饲养鹅鸭的习惯，现已形成鹅、鸭养殖量5 000万只的生产能力，有近5万人的羽毛行业队伍，是中国三大羽绒生产基地之一。全市羽绒企业共有100多家，年产值8亿多元，羽绒加工业已成为吴川的支柱产业。吴川是广东省羽绒技术开发中心和信息中心，全国最大的白鸭和羽绒集散地，广东省羽绒特色产业基地。

吴川羽绒业从最初的手工小作坊起步，发展到如今的机械化生产，并由机械化粗加工经营向精加工集约化经营转变，近年来已出现了一批科技含量高、上规模、上档次的羽绒加工企业。吴川的羽绒行业经过20多年的发展，已成为举足轻重的产业。

2005年，吴川市被中国轻工业联合会、中国羽绒工业协会授予"中国羽绒之乡"的称号。

6. 中国月饼之乡。

发达的饮食文化令粤西饮食业有"厨出梅菉"的说法。在20世纪初的法国殖民主义强占广州湾时期，广州湾四大月饼名家中，有3人是吴川人，而且个个都能做西餐饼。其后，抗战期间日军一度攻占香港、广州，不少珠三角名人避难粤西，流落梅菉的外来名厨中，不乏曾携技掌厨省港的高手。20世纪40年代，他们根据粤西的口味并借鉴了吴川传统腌肉工艺，改良了广式五仁叉烧月饼。同时吴川本土的传统饼店，也借鉴了外来的西饼烘焙技术，使月饼皮料制作取得质的提升，制饼工艺开始大融合。此法制作的月饼具有独特风味，个头特大，品种多样，远近驰名。其有"香酥可口，不油腻"等风味，产品销往世界各地华人社会，其中粤、港、澳以及东南亚人尤为喜爱。

20世纪50年代至70年代，由于私营的饼店转为"公私合营"，多名身怀绝技的制饼师汇聚于吴川饮服公司。他们不断交流经验，改进配方，创新工艺，逐渐形成一套极为精细的月饼制作工艺流程，吴川月饼进入精细融合和创新的黄金时期。2010年9月20日中国烹饪协会将首个"中国月饼之乡"的称号授予吴川市。

第二节 革命老区概述

　　吴川市现有革命老区镇7个，老区村庄共468个，老区人口约49万。其中，大革命战争时期老区村庄11个，抗日战争时期老区村庄111个，解放战争时期老区村庄346个。老区村庄占全市村庄总数的30.1%，老区人口占全市总人口的40.9%（占全市农业人口的55%），分布在15个镇（街），131个村委会。

　　1957年12月10日，吴川县革命老区根据地委员会成立，同月27日召开老区代表会议，评出西良、东良、南良等38个革命老根据地村庄，并发给革命老区人民衣服、棉被、棉胎等一批物品。1958年冬，广东省人委会批准吴川县东上岭村、西上岭村为抗日根据地，坡心岭、南山、后背山、坉兴、山口、樟山、湛屋、翟屋、白藤、泮北等村为抗日游击区。

　　1990年，湛江市人民政府批准振文镇独竹村、边村、奇艳老村、华坡村、鱼笱埠村、上山东村、上窦村、潘屋村、振文圩等9个村庄为红色根据地村，坉上村、井头村、江元村、背祥村、屋地村、巷头村、东坡村、山元下村、张屋村、牛坉村、梅岭村、下坡村（泗岸村委会）、上坡村、新六村、下店村、山圩村、谭屋村、群村、孟村、霞浦村、谢村、下坡村（沙洲村委会）、陈王李山脚村、三江村、霞坡村等25个村庄为抗日根据地村；塘㙍镇低岭村、大路村、大横村、上陈垌村、岭背村、里塘村、东山村、黄竹塘村、南埇村、长塘村、茅园村、杨志埇村、岭脚村、高岭村、长山村、小园岭村、冯屋村、叶屋村、杨屋村、中堂仔村、樟平村、张屋村、低垌村、大洋村、横山村、塘吉村、坡尾村、山心村、林屋村、大塘村、埇头村、刘屋村（含鸡矢屋村）、六马村（含九根、禾草垌村）、平田村、雅兰村、社山村、赤岭村等37个村为抗日根据地村。

根据广东省民政厅1991年发布的《关于开展评划解放战争游击根据地和确定老区乡镇、老区县工作（方案）的通知》要求，为做好相关工作，中共吴川县委办公室于1992年5月发布《关于成立评划解放战争游击根据地和确定老区乡镇、老区县审批领导小组的通知》，该小组组长为杨奕兴（常务副县长），副组长为杨振泉（县人大常委会副主任）。领导小组下设办公室，在县民政局办公，该小组对老区评划等工作进行组织领导，按民政厅文件要求，逐级上报评定老区乡镇。吴川最后获批8个镇为老区镇，后因行政区更迭，塘塅镇与板桥镇合并为塘塅镇，所以吴川老区镇现为7个。

到1993年止，吴川县上报批准确认7个老区镇为：浅水、长岐、覃巴、振文、塘塅、兰石、博铺。

广东省民政厅公布的吴川市老区村庄有[①]：

浅水镇

龙首管区：高罗、吴上旺岭、水平垌、樟村、大岭脚、龙首山、那座园、李上旺岭、水口坡、大茳位、新圩

石碧管区：榕树、金盖岭、上芦荻、下芦石、樟乐

杨梅管区：边塘、覃村、金富旺、流水、东塘、新坡、杨梅塘

---

① 本资料录自广东省民政厅于1997年编写的《广东省革命老区存村庄名册》（下卷）。行政辖区为1995年末时辖区，数据为1995年末数据。

双塘管区：西埇、双塘仔

新屋管区：新屋、下赤岭

山茶管区：石板埇

高栈管区：马上垌

赤岭管区：旺祥

长岐镇

肖山管区：邱屋、山仪、肖山、竹华、车田

黎屋管区：黎屋、沙洲、下坡、上流滩、下流滩、葵根、大坡仔、大岭脚

高辣管区：高辣、下彩、黄址、上那陵、下那陵

洪江管区：郑山、上江口、下江口、沙美、东洪坡、西洪坡

顿流管区：樟公岭、东上岭、西上岭、坡仔尾、顿流、岭头、南清、利铁、张屋、边江、边坡、保地坡

山秀管区：南饶、山茶、吕村、后背坡、高边垌

多曹管区：雍村、里塘

兰溪管区：兰溪

苏村管区：苏村

新联管区：博历、上杜、下杜、传趾、石秀山

良村管区：良村

覃巴镇

那碌管区：那碌、魏屋、新华、柳路、覃寮、那顺、那面

对面坡管区：下榨油、调旦、方田、那覃、牛扼埇、下丰门

马路管区：中心坡、新屋仔、双塘、大埇、平竹山、马路

覃华管区：那合、覃屋、新塘、米阳、覃盼、米朗、汉埇

竹山管区：沙埇、梅庄、安斋、东别、广覃、那郎、那泵、旭金、唐符、那格、梅梧、上横埇、下横埇、竹山

新村管区：下榕、上榕、米历岭、新村、秦村、中庸、埇尾

沙田管区：沙田、木顶、塘博埇

六鳌管区：柳巷、杨梅、六鳌、调匀、调德、坡塘、覃林

覃巴管区：覃华仔

环镇管区：南山、下那庄口、大榄埇、上那庄口、旭盾、那丁、小榄埇、覃文

龙田管区：山赖、那林、福杨、蔡屋、文屋

那梧管区：那梧

高岭管区：坡边

吉兆管区：吉兆、梅楼、洪村

王村港镇

米乐管区：那余

新梅管区：郑屋

碌西管区：黎屋、河村、顶利、奇石

覃寮管区：鸡鸣古

桥仔管区：桥仔

振文镇

水口渡管区：鲤鱼岭、边塘、彭屋、佛塔、生牛六、麦屋

山东管区：上窦、上山东、鱼笱埠、霞垌、郭屋村儿

郭屋管区：郭屋

沙尾管区：边勇、独竹、华坡、沙江口

低垌管区：低垌、宁屋

沙洲管区：下坡、上勇、军坡、大勇、沙洲

石碇管区：博吉、石碇、青林、东村、新安

奇艳管区：奇艳、苏陈

山圩管区：后背山、群村、山圩、谭屋、孟村、霞浦、多扶、旺村、潘屋

加伦管区：塂儿

三江管区：三江、边山

大桥管区：谢村、霞坡、上龙芳、下龙芳

泗岸管区：坉兴、坉上、井头、江元、背祥、屋地、梅岭、巷头、东坡、张屋、山元下村、牛坉、新六、上坡、下坡、下店、五教岭

振文管区：潘屋

振城管区：振文圩

湖塘管区：陈王李山脚

樟铺镇

金鸡管区：山口、竹山、上金鸡、下金鸡、光埇、石狗塘、黎村、王母埇

樟铺管区：沙城、井垌

五和管区：瑶头、塘底、塘尾、后埇

车头管区：沙尾、银埇、车头

霞村管区：马头岭、江城头

三浪管区：三浪、朱池塘、贵文、占公塘

南巢管区：南巢、上车

大路管区：壁山

吴阳镇

沙角旋管区：沙角旋

水洒管区：马宵、新垌、水洒

海山管区：张芳、下海山

那郭垌管区：那郭垌

上郭管区：上郭

闸口管区：姓林

新垱管区：上能、姓余坉、宁根

秧义管区：蛤岭

街道管区：中街

白沙管区：霞街

塘尾镇

边坡管区：俄儿、郊边

塘尾管区：下坡大、下坡小、上海沟、下海沟、下潮到、东海

塘尾管区：霞美、美沃、东隅、下园、新屋儿、路口坡、塘尾、新地、东村

东海管区：上塘、姓邱、公堂山

银岭管区：杨七塊

塘头管区：塘头

麦屋管区：对岸

板桥镇

屋地山管区：大洋、西埇、上岭、大小凌田、冷水、田达埇、丰坑、横光、汾水、屋地山

企石管区：曲田、米阁、山塘、新村

东村管区：企石、连寻、石匣、丰六垌、那亭、大湾、丽山、乐业、东村、米容、沙坡咀

上坑管区：上坑、明村

塘下管区：塘上、塘下、上石硅、东岸坡

东岸管区：东岸、后埇岭尾

山瑶管区：那六、山瑶

塘连管区：新屋

黄坡镇

上马管区：上马

大岸管区：大岸

平城管区：平城

那罗管区：苏岸、古留坡、那津

水潭管区：水潭、田垱、新店、那邓

大院管区：大院

大山江镇

黄竹美管区：大岭、黄竹美、那孔、那贞、崧高岭、新大岭

梅逢管区：张屋、海垄

何屋底管区：上潮到

覃榜管区：官桥、下覃嘲

岭圩管区：顿位

山基华管区：流水、山基华、白石仔、老鸦埇

博茂管区：博茂

中山镇

三柏管区：南路、三柏

中山管区：陂塘

端德管区：端德、钓矶岭

林屋管区：山溪洋、符屋、丰田

乌坭管区：乌坭西、凤塘

塘㙍镇

西埇管区：曲筒、甲埇、古流坡、莺埇、深水、雷公石、钟屋、西埇、六庙、读乐根、下蒙、林旱

龙安管区：石有、状元地、龙安、马儿岭、三奇、江尾、万屋、汉山、六寿

南埇管区：白藤、南埇、高岭、赤里、樟平、冷水、林屋园

杨屋管区：杨屋、合山、叶屋、林屋

翟屋管区：翟屋、叶屋、刘屋、横山、塘吉、冯屋、鸡矢屋、阳春、旧北旦

上圩管区：北旦、龙村

塘㙍管区：文屋、牛仔坡

大洋管区：杨志埇、六马、小洋、九根、禾草峒、小园岭、长山、杜屋、平田、大洋、埇头、中堂仔、木合

社山管区：社山、大黎、宵村、步龙

三丫管区：大路、岭背、里塘、大横、上陈峒、坡尾、白石、石古、佩埇

石埠管区：山心、埠头、麻文、北头岭

樟山管区：樟山、黄竹塘、低峒、那园、山路、河村

岭脚管区：岭脚、低岭、张屋、东山、冼独寿

中堂管区：湛屋、长塘、大塘、雅兰、茅园、荷木生

梅菉镇

跃进梅菉头管区：梅菉头

红新管区：红新

梅岭管区：坡心岭、菜园

兰石镇

顿谷管区：顿谷（含埇仔、塘尾、岭旺、塘口、高坡、飞来凤）

兰石管区：兰石（含下村、坉头、高瑞、三星岭）

博铺镇

东江、香山、新江、沿江、水清、东岳6个管区

第二章
大革命及土地革命时期

　　吴川人民有悠久的革命斗争史和光荣的革命传统。早在1898年4月，法国军队入侵三柏、黄坡等地，以三柏村民李品栅为总指挥的三柏、南三岛村民开展抗法斗争，展开对法军打击。在大革命时期，中共广东区委派黄学增来南路发展党组织，发动和领导工农群众运动。1926年春，黄学增等人在梅菉、黄坡发展党员，并分别建立中共吴川县支部和梅菉市支部，创建广东省农民协会南路办事处，使吴川成为粤西地区开展农民革命运动最早的地区之一。在革命斗争中，涌现出黄学增、陈信材、李士芳、陈时等革命先驱、优秀共产党员。

第一节 吴（川）梅（菉）党组织的创建

1925年10月20日至26日，中国国民党广东省第一次代表大会在广州召开。大会发表了毛泽东起草的大会宣言，并宣布成立中国国民党广东省党部。这时，黄学增以中共广东区农委委员、国民党中央农民部特派员、广东省农民协会执委兼秘书和省港罢工委员会顾问身份，参与了国民党广东省党部工人部和农民部的有关工作。

1925年11月，中共广东区委决定委派黄学增为中共广东南路特派员，参与组建并负责国共合作机构——国民党广东省南路特别委员会（简称"国民党南路特委"）的工作。由于黄学增当时在广宁，短期内不能返回南路领导开展革命运动，因此，中共广东区委通过国民党广东党部，委派潘兆銮（省党部工人部秘书）、林丛郁（林增华，国民革命军第四军秘书）、谭竹山（省党部妇女部，中共南路特派员）、彭刚侠等4名共产党员，进入梅菉，在梅菉组建国民党南路特委，并随南征军向高雷地区进发，沿途配合南征军开展各项工作。

1925年12月23日，国民党南路特委开始在梅菉营盘街28号挂牌办公，该委员会在成立时共有7名成员。其中委员会主席由潘兆銮担任，委员有朱曼（省党部青年部特派员）、林丛郁、谭竹山、彭刚侠、吴武祥、许庆之。约于1926年1月中旬以后，潘兆銮、谭竹山、彭刚侠等人陆续离开南路，分别前往广州和琼崖；

林丛郁留下暂时主持国民党南路特委全面工作。

1926年2月中旬，黄学增再次抵达梅菉以后，便负责国民党南路特委的全面工作。黄学增把孙中山的"联俄、联共、扶助农工"三大政策作为协助国民党改组的指导思想，具体安排抓好三件事：第一，在南路各县、市发展中共组织，使革命群众运动有坚强的领导核心；第二，依靠各县中共组织改组国民党，更好地实现"三大政策"；第三，办好《犁头》周刊，作为交流南路各县群众运动的信息工具和传播反帝反封建斗争的舆论阵地。

1926年6月26日，黄学增在梅菉主持召开了国民党南路特委工作会议。参加会议有特委委员潘兆銮、林丛郁及干事杨枝水、薛经辉等。会上，南路特委各职员汇报了南路地区各县市党部的改组、成立情况和遇到的问题，以及各地开展农民运动、工人运动、青年运动、宣传工作等情况。会议根据各县党部现状和形势发展的需要，作出了各级党部经费必须专款专用、进一步改组吴川县党部、限期10日内成立梅菉市党部等18项决议。会后，南路特委委员随即分赴各地开展工作。黄学增前往遂溪、海康、徐闻、廉江，林丛郁则留在梅菉处理南路特委机关的日常事务，并负责指导整顿梅菉、吴川、电白的党务。其后，各县市的国民党组织建设和国民党革命运动均得到新的发展。

国民党南路特委实质是广东南路地区国共合作的统一战线的组织。它的成立，成为广东南路地区开始实施第一次国共合作的一个重要标志。

一、共产党员以合法身份进入国民党吴川县、梅菉市党部

孙中山接受中共的建议，于1924年1月在广州召开国民党第一次全国代表大会，完成了国民党改组，确认了中共党员、社会主义青年团员以个人身份参加国民党，完成国共第一次合作。会

后许多中共党员都根据党组织的决定，以个人身份加入国民党，出任国民党各级组织的领导职务，协助国民党改组，推动国民革命向前发展。

1925年12月下旬，在国民革命军第三军第一师第三团担任连长及代理副营长的陈信材（又名陈柱，祖籍吴川），由营地广宁返抵梅菉，并由当时在吴川、梅菉考察的黄学增吸收加入中国共产党，成为吴川县第一个共产党员。接着，陈信材根据省农协负责人杨匏安的提议和黄学增的布置，先是向其所在军部提出辞职申请，然后留在吴川、梅菉办事处和参与南路特委的领导工作。之后，上级委派陈信材为国民党吴川县党部改组委员会主任，他随即着手筹办各项工作，于1926年2月成立了国民党吴川县党部和三个区分党部。县党部执行委员会由陈信材、陈克醒、易经、易志学（4人均是共产党员）、李宗勃组成；另外，共产党员李士芬在县党部内负责农运工作。

1926年6月26日，黄学增在梅菉主持召开国民党南路特委会议，针对梅菉市党部改组工作进展缓慢的情况，作出了国民党梅菉市党部"限于十日内成立"并另派龙少涛同志为筹备员协同办理选举的决议。约于7月上旬，国民党梅菉市党部成立，共产党员陈时（陈拥民）、龙少涛、李光镰、杨宗尧被选为市党部执行委员。年底，全市共有国民党员309人。

国民党吴川县党部改组委员会由陈信材、易经、陈克醒、易志学组成。

国民党梅菉市党部改组委员会由陈时、龙少涛、李光镰、陈湘文、林炳燊组成。中共党员以合法身份进入吴、梅县国民党党部，有利于发展中共党组织。

二、中共吴（川）梅（菉）组织的创建与发展

吴川、梅菉两地改组国民党县、市党部与创建中共组织同步进行。

1926年春，黄学增在梅菉吸收陈时、龙少涛、李光镰等加入中国共产党，建立中共梅菉市支部。陈时任支部书记，并主持国民党梅菉市党部改组。同时，黄学增又在吴川县城黄坡发展一批党员，建立中共吴川县支部，由陈信材任支部书记，组织委员陈克醒、宣传委员易经、学运委员易志学、农运委员李士芬为支部委员，主持国民党吴川县党部改组。

中共吴川县支部至1926年冬，发展党员达100多人，中共吴川县支部改设为中共吴川县特支，书记为陈信材。同时，中共梅菉市支部也改设为中共梅菉市特支，并发展了大批党员，书记为陈时。

1926年4月，中共黄坡组织负责人李子安、振文组织负责人彭成贵到南二淡水沟开展党建工作。5月，黄学增、陈信材到淡水沟设立秘密联络站，并吸收李癸泉、李荣泰、李瑞春参革命工作。

中共吴川县特支下属有5个支部、1个党小组。具体为振文支部，有党员40人，支部书记为李士芬，副书记为彭成贵；吴阳支部，有党员10多人，支部书记为麦子馨；黄坡支部，有党员10多人，支部书记为李子安；南二淡水沟支部，党员20多人，书记为李癸泉，副书记为李瑞春；石门支部，有党员近10人，支部书记为杨爵堂；塘塕党小组，有党员3人，由杨焯堂（杨雀堂）负责。

到1927年春，南路党员发展到1 000多人，由黄学增负责。同时期，中共广东南路地区执行委员会（简称"中共南路地委"）

成立，黄学增任书记。中共南路地委的成立保证了我党在南路革命运动中的领导地位，并在其中发挥应有的作用。

在党支部的直接领导和党员的先锋模范作用带动下，各地农民运动发展迅猛。

1927年11月至12月间，中共吴川县委成立，由易经任代理书记。

1927年8月，中共南路特委成立。1927年11月9日，中共广东省委决定撤销中共南路特委，派杨石魂任中共南路巡视员，代表省委指导南路工作。

1928年12月，重组后的中共南路特委机关在广州湾遭到破坏后，吴川、梅菉的党组织与上级失去联系，党员骨干李士芬、陈时等先后牺牲，其他党员被迫撤到外地。吴川的党组织活动停止长达10年之久。

农民运动的开展

一、广东省农民协会南路办事处成立

1925年5月，广东省农民协会成立之后，中共广东区委对全省农民运动的领导得到进一步加强。1926年1月，广东省农民协会执行委员会决定在潮梅、海陆丰、惠州、北江、南路、西江、琼崖分别设立办事处及其由三人组成的特别委员会，统一领导所辖地区的农民运动。其中南路办事处特别委员会由黄学增、韩盈、苏其礼三人组成，统辖吴川、廉江、海康、遂溪、徐闻、茂名、电白、信宜、化县、阳江、阳春、钦县、防城、合浦、灵山等十五县，办事处设于梅菉市。

1926年3月7日，广东省农民协会南路办事处（简称"南路办事处"）在梅菉营盘街28号正式成立。由中共广东南路特派员、国民党南路特委委员黄学增任办事处主任；雷州特支书记韩盈任书记（兼任文书），苏其礼为委员。办事处机关配备文版、庶务、伙夫杂役各1人。1926年8月办事处下设农民、宣传、组织、青年、妇女5个部。农民部部长由梁木荣兼任，宣传部部长由林丛郁担任，青年部部长由王克欧担任，妇女部部长由钟竹筠担任。

广东省农民协会南路办事处和国民党南路特委合址办公，两套机构的职员大多数交叉兼职，基本上都是同套人马，各项日常工作相互配合，兼抓齐管。

南路办事处直接接受广东省农民协会的领导。其职责是：向省农民协会报告所属各县各级农民协会事务，向所属各级农民传达省农民协会的命令；受省农民协会的委托，监督和指挥所属各级农民协会调查和临时处理属区的突发事件；在各所属各级农民协会成立前，须先作详细调查，报经省农民协会批准后执行；定期向省农民协会报告所属农民运动计划和进行情况等。

黄学增到梅菉任职后，即召开了一次国民党南路特别委员会会议和南路办事处会议，研究党务工作和农民运动问题。

黄学增遵照国民党一大提出的《关于农民运动决议案》精神，首先草议了《南路办事处最近进行计划》共14条。主要精神是各市县开展对农民经济、政治、文化等方面的状况调查，然后针对各市县的具体情况，加紧开展各级农民协会的组建工作，动员农民起来对恶霸地主开展斗争。

南路办事处成立后向各县颁布第一号《布告》，《布告》明确指出：农民协会是根据中国国民党、国民政府的有关政纲、宣言、通令，以及全省农民协会代表大会宣言、决议等而组织的，"是完全独立，不受任何方面拘束之合法团体"。其任务在于团结和组织全国农民力量，改善农民生活，改良农村组织，进而达到中华民族的完全解放。

因此，《布告》号召广大农民"务须一致团结起来，集中在农民协会旗帜之下，受广东省农民协会及本办事处的监督指挥，同一切封建反动势力作斗争"。

黄学增自从事农民运动以来，遭遇土豪劣绅、土匪及其他反革命派的劫杀，大小将近10次。其中一次是在1926年6月27日，黄学增由梅菉前往雷州地区指导工作，途径吴川龙头岭附近，被武装土匪劫持。土匪认为他是政府机关人员而要将他杀害。在这危急情况下，黄学增机警地解释自己是教书先生，才逃过一劫。本来，黄学增是知道龙头岭一带常有土匪出没的，但他"为党和农民的利益，不得不去，而且一个真正的革命党人时时是准备牺牲的，放心大胆地绝不畏怯"[①]。充分体现了共产党人为了广大人民的利益努力奋斗不惜牺牲的革命精神。

二、组建农协、开展农运

吴川县农民群众的生活极为困苦，"所食均是番薯，所住几全是茅屋"。因为农民一年辛苦所得之谷物，大多数要纳地主的租，剩下的则为军阀、贪官污吏攫去。穷则思变，广大农民强烈地渴望社会大变革。1925年12月25日至26日，黄学增与陈荣位一起，在吴川、梅菉两地考察农民的政治、经济状况。沿途，当地农民纷纷向黄、陈询问有关"共产"的问题，表示拥护国民革命，极力赞成组织农民协会。

有一次，黄学增到吴川县塘尾乡与杨屋村农民杨绍和以及文屋村农民文庆倾谈，互相间感情交流至密，从中了解到塘尾乡有2000多名农民，每100名农民中只有5人是自耕农民。地主对佃农十分苛刻，田租按亩数收入四六分成——地主占六成，佃农只占四成。两位农民随黄学增行走倾谈10余里（1里=0.5公里），热情邀请黄学增等人到他们的村庄去组织农民协会。

此后，吴川县农民运动先从第五区杨屋村、文屋村着手，发动已觉悟的农民率先成立农民协会，成为吴川县农民运动的先行点。

黄学增自2月中旬由广州抵达梅菉之后，即布置各县共产党

---

① 中共湛江市委党史研究室编著：《黄学增研究史料》，广东人民出版社1992年版，第83页。

和特派员等，加紧调查和收集各县的有关情况，并亲自到一些重点区乡作深入的调查研究，继而在此基础上综合整理了《广东南路各县农民政治经济概况》（简称《概况》）的调查报告。

《概况》全文约3.5万字，比较全面客观地反映了南路各县（主要高雷地区）的政治、经济、文化状况，分析了广大农民群众在帝国主义、封建主义的黑暗统治下，备受各种政治压迫、经济剥削的困境和原因，同时还重点介绍了1924年冬至1926年初海康、遂溪、吴川、廉江、化县、电白、信宜、茂名等县先后开展农民运动的情况。《概况》分为两部分连载在国民党中央农民部主办的《中国农民》第四、五期上。

《概况》的形成，体现了黄学增等一批共产党人注重调查研究、实事求是的工作作风，为中国共产党在南路地区因地制宜地领导各地的农民运动提供了第一手材料，并对南路各县的农运发展起到了宣传和推动作用。因此，它是当时指导南路地区农民运动一份重要文献。

1926年2月，黄学增带领韩盈、钟竹筠、陈信材、卢宝炫、易经、易志学等10多人深入吴川县第五区（振文）沙城村，住进贫苦农民易云远家里，具体指导当地蒜农开展反"三捐"（蒜头捐、蒜串捐、壳灰捐）斗争。

第五区（振文）的蒜农对土豪劣绅李泳溢特别愤恨。李泳溢勾结军阀，以办学堂为名，在税收以外另加收"三捐"，造成大部分蒜农断炊；而他自己设立公司承办征收"三捐"，承饷1 000元，征捐却达10 000元，从中渔利9 000元。[1]黄学增等针对这一情况，对蒜农进行阶级教育，广大蒜农随即迅速行动起

---

① 中共吴川市委党史研究室著：《中国共产党吴川地方史》（第一卷）（1925—1949），中共党史出版社2009年版，第16页。

来，组成抗"三捐"指挥部，推选富有反抗精神的农民李士芬为总指挥，领导第五区（振文）48乡的蒜农500多人，手执小黄旗举行游行示威。他们先绕振文圩一周，沿途高呼"打倒贪官污吏！""打倒帝国主义！"直奔梅菉市，到南路办事处、国民党南路特委、国民革命军驻防军第十一师政治处等地请愿，要求吴川县县长苏鹗元取消"三捐"。次日，第五区（振文）又有数百农民组织起来到黄坡、吴川县署示威请愿。

这次行动得到吴川县全县农民和梅菉市工人声援，形成了强大的工农联盟力量。县长迫于工农群众的强大威力，答应取消蒜头捐，但蒜串捐和壳灰捐未取消。黄学增和陈信材继续率领蒜农坚持斗争，把官司打到省，在省农民协会大力支持下，省政府下令一并取消"三捐"。第五区（振文）蒜农的抗捐斗争取得胜利，极大地鼓舞了吴川县全县农民，促使吴川各区农民纷纷起来组织农民协会，开展反抗剥削压迫的斗争。

1926年4月，吴川县第五区（振文）农民协会选举李士芬为委员长，彭成贵、潘宏才等为委员，会员发展到8 000余人。其后，第七区（山圩）、第二区（芷寮）、第九区（石门）、第四区（龙头）也相继成立农民协会，发展了大批农民协会会员。在各区农民协会相继成立的基础上，吴川县农民协会于1926年5月在县城黄坡亚婆祠成立。陈信材被选为吴川县农民协会委员长，易经、陈克醒、李士芬、易志学被选为吴川县农民协会委员。原农会一区（吴阳）农民协会会长为麦子馨，三区（黄坡）会长为李子安，南二会长为李癸泉（1926年6月），第五区（振文）会长为李士芬；全县农协会员发展发到3万多人。

广东省农民协会南路办事处在梅菉成立之后，在中共广东南路特派员黄学增的领导下，利用国共合作的有利形势，积极贯彻落实国共两党有关大力开展农民运动的各项方针和政策，把全区的农民运动迅速推向高潮并不断走向深入。至1926年底，各区农协会员发展到12万人，成为当时广东南路地区国民革命运动中力量最为雄厚的主力军。

吴川县农民协会在抗击自然灾害和人为灾害中发挥了积极作用。1926年夏，吴川县出现粮荒。地主、奸商乘机囤积居奇，垄断粮食市场，造成粮价暴涨，贫苦农民普遍缺粮断炊。中共吴川县特支和县农民协会在特支书记、农协委员长陈信材的领导下，敦促当时的吴川县县长姚之荣从财政拨出一批白银到粮区海康县购买一批粮食回来平卖，解决贫苦农民缺粮断炊的问题。广大农民由此更加信赖和拥护共产党以及当地农协。

三、创办南路农运宣传学校

为了使南路15个县、市农民运动迅猛开展起来，黄学增在梅箓、雷州等地创办南路农运宣传学校，培训农运骨干奔赴农运前线。

1926年4月，南路农运宣传学校在梅箓市敏宁路广府会馆创办。培训学员有50至60人，培训时间为3个月。学校参照广州农民运动讲习所的做法，开设课程《社会进化史》《工农运动史》等课程，黄学增、韩盈、杨枝水等兼任教员，亲自为学员授课。宣传学校第一期学员有：李逸平、吕本光、何乃明、邓作元等6人。学习结业后，他们被分配到各地当农运宣传员。

四、农协自卫武装的建立

1926年冬，中共吴川县特支领导组建的吴川县农民自卫军［以第五区（振文）农民自卫武装为基础］在振文成立，由县农民协会委员、中共振文支部书记李士芬任大队长。李士芬把维护农民利益摆到重要位置上，工作不辞劳苦，坚持白天下田劳动，夜晚率领队伍巡逻放哨，保卫农民安宁。李士芬这种勤恳为民的精神感动了广大农民群众，大家都踊跃加入农民自卫军。几个月时间，吴川县农民自卫军发展到2 000多人。由于农民自卫军队伍迅速扩大，中共吴川县特支便指导其改制，把农民自卫军分为常务队和预备队两大部分。农民自卫军预备队大部分时间务农，有事招之即来；农民自卫军常务队也不脱产，但相对地有更多时间执勤。

在农民自卫军常务队中组建1支40人的脱产武装中队，随时为农民利益而战，这支武装中队每人每月发给生活补贴白银1至2元。

李士芬率领从农民自卫军中挑选的300人（称"敢死队"）奔赴当地前线。

在国共合作还未破裂前，中共吴川县特支书记陈信材兼吴川县国民政府公枪保管委员会主任和财政管理委员会主任时，掌管公枪6支和白银400元。吴川县农民自卫军举行武装起义时，陈信材把6支枪和白银400元交给李士芬作为部队给养。

此外，南二淡水沟革命联络站也制造了一批土枪、土弹来武装农军。

1927年下半年，吴川县农民自卫军在振文山圩、湾沟、斗门、实业岭一带与驻梅菉的国民党邱兆琛团多次激战，挫伤邱部。其中最出色是水口渡伏击战。这次战斗击毙敌军20多人，缴获一批武器弹药，农军只有潘亚玉、彭欢有负伤，他们由李子安、伍区忠派船接回并护送到李癸泉家医治。1928年2月21日，吴川县农民自卫军在石狗塘遭骆立意营等国民党地方军1 000多人袭击，从拂晓战斗到下午，农民自卫军70多人壮烈牺牲。大队长李士芬在战斗中负伤，由潘亚玉、李子安护送到李癸泉家中治疗，治愈后重返战场。共产党员在战场上浴血奋战，后方党组织尽力担负起战地救护和治疗伤员工作，如中共南二淡水沟党支部在李癸泉的领导下，救护并治疗好多名伤员。吴川县农民自卫军坚持武装斗争一年多，但终因敌强我弱，装备不足，战士在战斗中不断牺牲，最后只剩下10多个骨干坚持到1928年末。

1928年10月15日，吴川县农民自卫军大队长李士芬秘密潜回第五区（振文）独竹村开会，被该区民团队队长黄瓜逮捕，押解至吴川县城黄坡圩，11月15日慷慨就义。其后，隐伏于实业岭的10余名农民自卫军战士分散各地，至此吴川县农民自卫军武装起义宣告失败。

大革命时期的吴川县农民自卫军武装起义虽然失败了，但这次起义对后来吴川人民开展抗日和反抗国民党反动派的武装斗争具有十分重要的意义，为以后中共组织建立独立自主的武装队伍提供了宝贵经验。起义打击了国民党反动派的嚣张气焰，激发了广大人民对黑暗势力的反抗精神，为今后开展革命活动创造了深厚的群众基础。

五、渔民协会的组建

1926年6月1日，广州湾法总公使署颁布征收"船头税"法令，规定每条渔船每月收税20元，有无鱼上市都要交税。渔民苦不堪言，纷纷要求取消此项苛捐杂税。中共南二淡水沟支部书记、淡水沟联络站负责人李癸泉在广东省农民协会南路办事处主任、中共广东南路特派员黄学增的指导下发动渔民200余人成立渔民协会。渔民们推选李癸泉为会长，李瑞春、陈庆桃为副会长、李荣泰、余玉兰、陈胜隆、陈庆芳为委员。

渔民协会成立第2天，中共南二淡水沟书记、淡水沟渔民协会会长李癸泉就率领渔民代表200多人到三合窝法帝公局门前示威请愿，要求取消船头税。公局局长黄祥南看见渔民示威声势浩大，十分害怕，急忙请求广州湾总公使后，答允取消"船头税"。

为了维护农民协会、渔民协会，保证农民运动胜利开展，黄学增指导振文、南二淡水沟两地党员组织农民、渔民自卫武装。

1928年夏，南二淡水沟渔民自卫队小规模武装袭击法国兵，打死法国兵2人，缴获三响色枪2支，在战斗中渔民自卫队队员冯亚寿壮烈牺牲。至今，当地群众仍传颂着黄学增同志的丰功伟绩，有诗颂："滚滚烽烟到大窝，动员抗法剑初磨。渔民协会呼风雨，队伍游行舞铁梭。"

第三节 工人运动的兴起

　　中共吴川县支部和中共梅菉市支部成立以后，坚持以工人阶级为领导开展革命活动，在发动工人起来进行反压迫反剥削斗争创建了各行业工会。1926年夏，梅菉已有土木建筑工会、茶酒饼食工会、河面船户工会、窑业工会、陶器工会、理发工会、店员工会、车农工会、制鞋工会、酒米工会、搬运工会、放筏工会、粪业工会等基层工会；吴川县城黄坡亦有店员工会、理发工会、搬运工会等基层工会。

　　20世纪20年代初，广州湾、江门、广州等地均需大量红砖瓦板、砖瓦市场相当旺盛。当时梅菉的砖业虽然规模大，但生产技术落后，制砖瓦一律靠手工操作，劳动强度大，生产率低。全梅菉市19家窑业主为了赚取利润，都一律延长工时且不加人工，窑工一天干十几小时，人工不到200文铜钱，连自己的肚皮也填不饱，根本就无法养家。

　　中共梅菉市支部书记陈时和共产党员龙少涛针对窑工这些苦况，发动并率领窑工起来为生存而斗争。他们首先在19家窑业附近的福盛庙（下隔海）建立起窑业工会。选举工人简寿祺为工会主席，邱次乾为副主席，吴国英、吴就贤、李茂芝、秦其昌、简运鳌、杨福全等为执行委员，率领900多名窑工站出来与窑业资本家对抗。工人们消极怠工，出"豆腐砖"（次品），窑业主为了对付工会和工人，采取一手消极经营，解雇工人，造成工人失业，一手收买拉拢工会会员中的意志薄弱者，以分化瓦解工人运动的手段。但是窑业主的手段非但不能平息工人运动，反而引起窑工的更大愤怒。

中共梅箓市支部书记陈时和共产党员龙少涛、工会骨干简寿祺、邱次乾代表窑工的意愿，发动窑业全行业大罢工。窑业工人1 000多人上街游行，抗议窑业主对窑工的剥削，全梅箓市各行业工会声援窑工，使窑业全行业大罢工持续了20多天，迫使窑业主接受驻军和商会提出的劳资双方谈判和解的建议。最终，窑业主作出让步，接受窑工提出的改善工作条件、增加工资两成的条件，罢工取得胜利。

梅箓窑业工人大罢工取得胜利，进一步激励梅箓其他行业工人团结起来，加强工会的建设。经过充分酝酿，1926年6月，梅箓市总工会成立，会址设在梅箓市"静度庵"（即梅箓市立中学旁）。中共梅箓市支部书记陈时当选为总工会主席，简寿祺、郑关意被选为总工会执行委员。梅箓市总工会成立后，梅箓市的工人运动进一步蓬勃发展，广大工人阶级觉悟大大提高，他们不仅为眼前利益而斗争，而且自觉参加各种革命活动。

吴、梅工人运动的兴起，大大提高工人的觉悟，有力支援香港大罢工。

1926年5月，上海发生租界巡捕枪杀中国人民的"五卅惨案"。6月23日，广州群众声援上海五卅运动，举行游行示威，行经沙基时遭到沙面租界英法军警枪杀，打死50多人，打伤170多人，造成沙基惨案。沙基惨案发生后，激起中国人民极大愤怒，香港、广州工人起来大罢工，成立省港罢工委员会，设罢工工人纠察队，封锁各港口、码头，严禁粮食、生猪运往香港，抵制英国洋货进入广东。

1926年是省港大罢工进入第2个年头。这时省港罢工委员会派冯桑、李汉章率领工人纠察队来梅菉设立办事处，控制吴川、梅菉两地通商口岸；抵制地主阶级、买办阶级从吴川、梅菉偷运粮食等物资经由法租界广州湾转运香港，禁止英国洋货进入吴川、梅菉再转各地。

中共吴川县特支和吴川、梅菉两地工会及农民协会鼎力支持并积极参与省港罢工委员会工人纠察队的行动。梅菉市成立工人纠察队，吴川县城黄坡成立工人纠察队分队与省港罢工委员会工人纠察队相配合，把梅菉、黄坡、芷寮、企坎、石门等港口严密控制起来，一发现有违背省港罢工委员会指示的行为，立即予以打击，决不宽贷。1926年7月间，吴川县第一区（吴阳）共产党员李玉轩发现有一船大米偷运广州湾和一船英国洋货运进芷寮港，立即将此情况报告黄坡的共产党李子安和第五区（振文）的共产党员李士芬。随后，三人一同往南二淡水沟联络站找李癸泉，派出渔民自卫队配合吴川县农民自卫队、黄坡工人纠察队，打退前来接应偷运的法国海关兵，把这船大米和这船洋货截获，运回黄坡处理，大米用于救济贫民，英国洋货当众烧毁。

梅菉工人纠察队和黄坡工人纠察队在配合省港罢工委员会工人纠察队执行抵制英国物资进入的任务时，得到吴川县农民自卫军和南二淡水沟渔民自卫军的支持与配合，显示了在反帝反封建斗争中工农两大阶级联盟的力量。

反帝反封建斗争组织的建立 第四节

在中共组织的领导下，吴、梅两地不断组建了各种群、团组织。

一、梅菉青年同志社的建立

中共梅菉特支书记陈时意识到，青年是革命的先锋，只要有青年参加革命运动就会很快开创局面。这时到梅菉来的中共广东南路特派员黄学增正是早年指导遂溪成立青年同志社进行反帝反封建的旗手。于是，陈时就向黄学增提出要在梅菉组建"梅菉青年同志社"的建议，黄学增非常支持陈时的意见，并由陈时出面联络了龙少涛、李献存、郑关意、李光镛、杨家尧、邓次良、何养和、曾敬恒、孙文英、曾值轩、李仲云等一批革命青年。他们于1926年上半年在梅菉鸡行街关岳庙旁成立了梅菉青年同志社，负责人：陈时、龙少涛、李献存，后又在博铺设立分社。梅菉青年同志社成立后，即办三件事情：

一是，组织一个白话剧社（后为纪念"五卅惨案"定名为"血痕剧社"），参加剧社有100多名青年。该剧社以群众喜闻乐见的形式进行反帝反封建宣传，由陈时、龙少涛、沈雄率领该剧社到梅菉街头、附近农村及邻近县城演出革命节目。中共梅菉特支大部分党员都随剧社活动。每场演出有说有唱，戏剧、演讲等形式多样化的演出，吸引群众，使他们深受教育。

二是，举办一所平民学校，解决贫困人民孩子上学读书问题。平民学校设在关岳庙内，由梅菉青年同志社骨干李献存、何养和主持，其他社员则四处筹措办学经费，购置课本、教具和其他教学设备。文化水平较高的曾敬恒等3人担任义务教员。平民学校招收学生50—60人。学校办了一年，到1927年发生"四一二"反革命政变，大革命失败，平民学校被迫解散。

三是，组织青年示威游行，开展反对梅菉官僚地主林端叔的斗争。梅菉官僚地主恶霸林端叔（绰号"老虎仔"），其兄林温伯任广东省参议长，他们兄弟把公产大山江塘为己有。大山江塘有500余亩（1亩≈666.67平方米），每年收入稻谷1 000余石（1石=60千克）。经过该社青年的不断斗争，大山江塘终于被收归公有，后改为梅菉市立中学（今吴川一中）的校产。梅菉青年同志社的革命行动，一时间成为梅菉及其附近农村的议论中心，人们高度赞扬该社是一个朝气蓬勃、正气凛然的革命团体。

二、梅菉妇女解放协会组建

1926年上半年，梅菉妇女解放协会在梅菉体育运动场的伯南楼（今大富广场旁边）成立。梁香筠（中共梅菉市支部书记陈时的爱人）任会长。梅菉市妇女解放协会成立后，梁香筠等主要骨干经常深入到受压迫最重的婢女、妓女中间进行社会调查，与她们谈心，向她们宣讲革命道理，发动她们起来为自由解放而抗争。

1926年夏，梁香筠组织了一次盛大的妇女集会，会后她率领广大妇女上街游行示威，大声呼疾"揭开楼头布，实行男女平等"，"铲除封建陋习，实行婚姻自由"，游行队伍冲向梅菉市政当局，严正提出"贯彻国民革命精神，破除限制妇女规条，保证妇女享有民主权利"的要求。他们的革命行动，得到广大工人、市民的支持。梅菉市妇女解放协会成为当时梅菉市妇女无限向往的组织。

三、学、商界的反帝反封建斗争

在工、农、青、妇运动如火如荼地开展起来时，梅菉市的学生也纷纷组织自治会，支持参与工农运动，有力地打击帝国主义、封建势力。与此同时，在革命潮流推动下，对革命曾持犹豫态度的民族资产阶级也逐渐向革命靠拢，首先是梅菉市、黄坡的中小商人站出来成立商民协会，与大地主、大资本家操纵的旧商会分庭抗礼。工人罢工、学生罢课、商民罢市，互相携手反帝反封建。

由于革命形势的需要，1926年8月，广东省农民协会南路办事处、国民党南路特委和中共广东南路特派员从梅菉迁往高州县城办公。黄学增等离开梅菉，但他们亲手在梅菉、吴川点燃的革命烈火都一直在燃烧，直到第一次国内革命战争失败，梅菉、吴川的工、农、青、妇、学、商、渔运动还依然有形式不同的反帝反封建的革命斗争。

四、吴川人民抗法斗争

吴川的抗法斗争由来已久。早在1899年，吴川民众就取得过抗法斗争的胜利。1926年农历三月初三（4月14日），吴川抗法斗争总指挥部组织（坡头抗法自救会）3万多人攻打坡头圩法国办事处，迫使法当局取消"人头税"法案，免征人头税。抗法斗争又取得一次胜利。当年6月，渔业协会通过示威请愿，迫使当局取消"船头税"。

如今，湛江人民公园的寸金广场屹立抗法英雄塑像，塑像下方有郭沫若的诗句："千家炮火千家血，一寸河山一寸金。"形象概括了广州湾等吴川遂溪人民抗法爱国斗争的伟大精神。

第五节 中共南路特委成立

土地革命战争初期，中共南路组织根据上级的指示，在广州湾法租界设立南路特委的领导机关，组织和指挥各县的农民武装暴动，与国民党反动派所实施的白色恐怖政策进行针锋相对的斗争。后来，由于国民党南路当局和法国驻广州湾当局暗中勾结，联手镇压革命力量，致使中共南路特委领导机关被反动军警突袭破坏，一批共产党人被捕杀害。以下是中共南路特委成立及被破坏的经过情况。

（一）中共南路特委的成立与变更

1927年4月，国民党反动当局分别在上海、广州发动了"四一二""四一五"反革命政变。接着，国民党南路行政视察员沈崧、高雷党务视察员林云陔等闻风而动，在高州加紧策划和组织高雷地区暴力"清党"。从4月中旬开始，驻高州的中共南路地委、广东省农民协会南路办事处、国民党南路特委机关，以及各县的农会、工会、妇女解放协会、学生联合会等革命群众团体，相继被反动军警包围查封，一大批共产党人和革命群众被缉捕、杀害。至此，南路地区轰轰烈烈的大革命运动遭到国民党反动派的血腥镇压。

在白色恐怖笼罩、革命形势骤然逆转的严峻形势下，南路地区各县的中共地方组织受到不同程度的破坏。但绝大多数的共产党人并没有被国民党的屠杀政策所吓倒，他们冲破反革命的高压，在极端被动的处境中寻找对策，勇敢地高举武装反抗国民党法西斯统治的革命旗帜。

1927年5月初，临时负责南路办事处工作的朱也赤，会同陈信材、黄广渊等人，在法租界广州湾密商应变斗争计划，决定立即着手发动和组织各地的工农力量，举行武装起义，用革命武装反抗国民党反动派的反革命大屠杀。于是，他们以南路办事处的名义，召集南路各县市的党组织负责人和农运骨干三四十人，在广州湾赤坎鸡岭（后转到吴川县石门）召开南路地区农民代表会议。会议决定成立南路农民革命委员会，由朱也赤担任主任，以统一领导全区的革命武装斗争。随后，遂溪、海康、廉江、吴川等县的农军，相继在当地党组织的领导下举行武装起义。但由于反动军警集中优势兵力疯狂镇压，致使这些农民武装起义最后都遭到失败。

反革命政变爆发后，中国共产党所面临的斗争和任务发生了根本性的变化。1927年8月7日，中共中央在湖北汉口召开紧急会议（即"八七"会议），总结大革命失败的教训，讨论党的工作任务，确立了实行土地革命和武装起义的方针。为了加强党对粤、桂、闽和南洋等地革命斗争的领导，8月11日，中共中央临时政治局决定在广东成立中共广东省委和中共中央南方局。其后，中共广东省委加紧贯彻执行"八七"会议所作出的新路线和政策，并委派一批干部到各地恢复和建立党的领导机关。

1927年8月，曾参加中共旅法支部、大革命时期在广东省农协担任农军部主任的彭中英，奉中共广东省委之命，由香港返回南路地区领导革命斗争。在此之前，曾任省港罢工委员会纠察委员会军务处主任兼大队长的薛文藻，已于5月由中共广东区委委派，从香港返回雷州半岛秘密活动。彭中英抵达广州湾赤坎后，随即召集各县党组织负责人开会，传达"八七"会议关于大革命失败的教训和实行土地革命、开展武装斗争的方针，以及中共广东省委关于恢复、建立党的领导机关等有关指示。这次会议，宣布成立中共南路特别委员会（简称"中共南路特委"），由彭中英任特委书记，朱也赤、梁文琰、陈信材、卢宝炫、杨枝水、黄广渊、梁英武、刘傅骥、薛文藻、刘邦武为委员；同时根据政治局势发生变化的需要，决定撤销南路农民革命委员会，成立肃清反革命委员会广东分会南路支会，由特委书记彭中英兼任支会主任。

1927年10月中旬，为了加强对广州起义计划的组织和实施，中共广东省委领导机构进行了改组。其后，广东省委根据中共南路特委"甚不健全"、"负责同志多是书生"、组织和领导暴动的决心不够坚决的状况，于11月9日作出撤销中共南路特委的决定，派新任省委候补委员杨石魂和周颂年到南路巡视工作。他们一方面指导改组南路各县、市的党组织，一方面发动和领导南路地区的革命武装起义。

1928年初，中共广东省委为了在全省对国民党反动派"采取更猛烈的进攻"，于2月28日致函杨石魂、周颂年，指示二人要在南路加紧执行暴动计划；同时，为"使南路工作指挥更有力量起见，决定恢复南路特委（以石魂、颂年及当地之忠实勇敢明白之工农同志三人共五人组织之），指导南路工作，以石魂为书记"。于是，杨石魂、周颂年二人按照省委的要求，到各地物色"忠实勇敢"的"工农同志"，着手恢复中共南路特委的有关事宜，并以中共南路特委的名义指导各地党组织开展工作。

1928年4月15日，周颂年在广州湾主持召开中共南路特委扩大会议，传达中共广东省委的决定，正式重组了中共南路特委（联络代号为"钟可尚"）。这次会议历时6天，参加会议的有遂溪、廉江、茂名、海康、化县的党组织负责人、党员骨干和共青团广东省委巡视员共20多人。会议推选杨石魂、周颂年、卢永炽、李本华、吴家槐、黄□□（共青团广东省委巡视员，名字不详）、梁□□（农民党员，疑是中共廉江县委领导人梁文兴）等7人为特委委员，其中杨石魂任特委书记，周颂年为常务委员，梁□□为组织委员。中共南路特委下设军事委员会和秘书处及组织科、宣传科、交通科，其中军委主任王克欧，委员黄中、薛文藻。为了便于联络和指挥各县市开展斗争，会议决定将中共南路特委机关设于广州湾赤坎，通讯处暂时由中共琼崖特委驻广州湾交通局收转。不久，中共南路特委领导机关进驻广州湾赤坎新街（今赤坎中兴街），以新街头的一幢私人住宅（两层楼）作为特委的主要活动场所和招待所，由陈妹（陈梅，广州纺织女工）担任管理员；同时还以新街尾的元记商店作为特委的交通联络站，由杨枝水的妻子当"老板"。中共南路特委重组后，曾先后出版《南特通讯》《血潮》《镰刀》《南路农民》等机关刊物，主要负责人为邱祥霞。

1928年6月，杨石魂根据中共广东省委关于全省夏收总暴动的部署，以及南路地区各级党组织的状况，几次向省委请示召开中共南路地区各县市代表大会，以便"布置南路夏暴工作，及整理南路党的组织"。7月16日，中共广东省委复函南路特委，同意召开南路各县党员代表大会，并决定由已调回省委工作的周颂年代表省委参加和指导大会。7月28日，周颂年抵达南路传达省委的有关指示。

约于7月底，中共南路地区各县市代表大会在广州湾赤坎新街头的中共南路特委招待所召开。与会代表约40人，其中有南路特委全体委员，廉江（4人）、遂溪（3人）、海康（2人）、梅菉（2人）、吴川（1人）、广州湾（1人）、化县（4人）、信宜（1人）、电白（1人）、东兴（1人）党组织的代表，以及共青团、兵委代表和特别指定代表。

这次大会改选了中共南路特委，推选黄平民为特委书记（同年11月被选为中共广东省委候补常委），周颂年、陈均达、朱也赤、陈周鉴、杨枝水、卢宝炫为特委常委，彭中英、李本华、黄孝畴、梁安成、刘邦武、陈信材、薛经辉、车振轮、邱祥霞、易一德、薛文藻为特委委员。党组织在改选中共南路特委的同时，还改选了共青团南路特委，书记为车振轮，团省委代表为周静丘、范金荣（女）夫妇和罗自琦（罗慕平）、冯克为特委常委，张浦碧（女）、谭火为委员。党和团的南路特委机关均设在广州湾赤坎新街。

这次代表大会，总结了过去南路地区革命斗争的经验和教训，从指导思想上开始清除"左"倾错误的影响，同时客观地分析了南路地区的政治、军事形势，遵循实事求是的原则，调整各县市党组织的斗争方针和策略。会后，以黄平民为书记的中共南路特委决定暂时停止武装暴动，部署各地整顿、巩固党的各级组织，秘密发动群众，开展统战工作。

（二）中共南路特委机关被破坏

1928年，正当中共南路特委按照中共广东省委的指示加紧发展党组织和策划武装暴动之时，南路地区的政治气候和经济、文化等社会环境也在继续恶化。

1928年10月15日，吴川党组织骨干、吴川县农民自卫军大队长李士芬在振文区独竹村被反动民团逮捕，11月15日被杀害于吴川县城黄坡圩。11月30日，陈蓼楚根据情报，率梅菉市警察并会同防军第七十一团一部，突然包围搜查梅菉市敏宁路25号德祥理发店，当场逮捕林福棠、黄少民、林亚光、林亚三等4人，并搜获梅菉市总工会理发支部印章、会员证章和粪业工会证章，以及信函、传单等。接着，林福棠等4人被押解至防军第七十一团团部。12月，陈蓼楚率领梅菉市警察与法租界广州湾的警兵联合，对活动于法租界内的共产党人进行大搜捕，并重点破坏中共南路特委的领导机关。8日，陈蓼楚在坡头圩与法国营官凌威播会合后，即率部前往该圩正街，包围河记苏杭铺左邻的衣车铺，将隐蔽该处的梅菉市党组织负责人陈时逮捕。当日，陈蓼楚率警探迅速进入赤坎埠，通过商请赤坎公局派遣警兵配合，旋即兵分三路同时行动：一路由陈蓼楚带领，包围袭击设在赤坎新街头的南路特委招待所；一路突袭新街尾元记商店；一路由胡日贞带领，突袭大中酒店。由于反动军警的突然袭击，中共南路特委常委朱也赤、陈周鉴和兵运负责人聂都山（聂阳光）以及陈妹、胡亚安（刘汉）、王进芬、林伯全、易永言、张秀莲等9人在新街被捕，并被搜去木质方、圆大印各1枚和印刷品数担；同时，梅菉市党组织负责人龙少涛也在大中酒店被捕。16日，陈蓼楚在广州湾得悉中共南路特委书记黄平民等人的行踪，随即率探线并会同法吏警兵，在西营码头逮捕了黄平民和符智痴（符更痴）、符林氏夫妇。

在国民党反动派与广州湾当局联合破坏中共南路特委机关期间，适值遂溪洋务委员古国铣由香港抵达广州湾。于是，中方通过古国铣出面，与广州湾公使履惠、副公使华蔚苏进行交涉，很快便促成双方同意采取变通的手段，"非正式"引渡"犯人"（即双方按约定的时间、地点，由广州湾当局将"犯人"押解出租界，然后由等候于租界外的国民党驻军接拿"犯人"）。12月12日，陈时在吴川县鸡窦屋被引渡；接着，朱也赤、聂都山、陈妹、胡亚安、王进芬等人，于21日在遂溪县寸金桥被引渡；同日，黄平民和符智痴、符林氏夫妇在坡头圩外的吴川县境被引渡。由于林伯全是坡头人，易永言、张秀莲是安南（现越南）芒街人，"均隶法籍，应递解回国"；而陈周鉴则因"触犯法国刑律,须俟执行期满,方能驱逐接拿",因此,他们4人未被引渡。

以上被引渡人员,除王进芬由国民党军第八路总指挥部特派员梁武山带往广州另案办理外,余者均被提归梅菉市警察局审讯,继而陆续移交给驻梅菉的第二十四师第七十一团(团长邱兆琛)执行枪杀。其中,黄平民、朱也赤、陈妹被杀害于1928年12月23日。

在中共南路特委机关被破坏期间,中共广东省委巡视员吕品正在广州湾指导南路工作,他见机摆脱了险境,立即返香港向省委汇报南路特委机关被破坏的情况。1929年1月1日,中共广东省委向全省各级党组织和全体党员发出《通告(第四十一号)》,沉痛悼念黄平民、朱也赤、黄中等10余位烈士;指出"他们是鞠躬尽瘁为着努力党的工作而牺牲"的,"他们死于代表豪绅资产阶级屠杀工农的刽子手国民党、法帝国主义者与本党叛贼梁超群之手";号召全体党员"奸灭党内的叛徒","与凶残的敌人决斗","为英勇的死者复仇"。

中共南路特委机关被破坏,给南路地区的党组织及其领导的革命斗争带来了极其深重的灾难。事件中,除了黄平民、朱也赤等一批领导人被捕杀害之外,还被反动军警搜去中共南路特委的工作纲领、各县市委组织月报表、高州党组织交通路线图、茂名临时县委报告书等重要文件资料。因此,继中共南路特委机关被破坏之后,各县市的党组织也随即遭到国民党反动派的大搜捕而陆续解体,致使南路地区的革命斗争遭到残酷的血腥镇压。吴川县党组织也随之沉寂10年之久。

第三章

全面抗战时期

　　1937年7月7日，卢沟桥事变爆发，日本帝国主义全面侵华，中国人民展开全面抗战，抗日救亡运动在全国各地掀起。1937年10月，中共广州青年群众社地下党支部外县工作委员会派中共党员肖光护从广州来梅菉市组织、领导抗日活动。他主持成立了抗日义务宣传队，发动梅菉市市民、学生举行抗日火炬大游行等活动抗议日本帝国主义侵占中国，从此，梅菉、吴川的革命之火重新燃起。

　　张炎、陈以铁、林林、欧鼎寰、苏少婉、梁弘道、容启钦、陈汉雄等烈士卫国牺牲的英勇事迹，永远铭刻在人民心中。

第一节 抗日救亡运动风起云涌

抗日战争初期，吴川人民在中国共产党的领导下，以国共合作为基础在抗日民族统一战线旗帜下，多举措积极参加伟大的抗日民族解放战争，使梅菉成为南路抗日救亡运动的中心之一。

一、抗日救亡宣传队

1937年10月底，肖光护（中共党员）和进步青年黄存立，受中共广州市外县工作委员会的派遣，到梅菉国民党党部抗日后援会工作，他们一到梅菉就着手组织抗日救亡宣传队。

吴川东北区进步青年孙文山、李森（吕克）、康祺珍、袁俊元、董洲及、张德钦等先后入队，成为义务宣传队的骨干分子；该区在广州读书的进步青年陈培泽、林帮彦、林元泽、林焕新、杨子儒、陈桐新等亦受到抗日精神感召，一起回梅菉与肖光护合作。

1938年1月，他们在肖光护的率领下，从梅菉出发到塘尾、上郭、李屋巷、霞街、芷寮、沙角旋、大仁堂、烟楼、三角窝、三柏、龙头、低岭、樟山、泗岸、山圩、振文、奇艳等地进行抗日宣传发动工作；行程绕吴川一周，为期20天。

他们回梅菉后，又发动梅菉学生、市民和三乡农民，联合举行火炬游行和上演抗日街头剧，不到3天时间，两间中学的师生准备好300多支火炬，五间小学准备700多支火炬，工会（特别是瓦窑工人）准备好1 000多支火炬，市民和附近农民也准备好1 000多支火炬。

各商会组织纷纷捐钱买煤油，献烂布渣（用于制作火炬），布置好各队的领导人，约定时间分头通知。

1938年某日晚8点，游行队伍到横塘基至十字街口集中出发，沿途经过十字街口至鉴江大酒店、兰石埠头、梅菉头、祖庙、回大闸口、关帝庙、穿过锡街口、苏行街，直下大埠头灰窑、竹栏街、化州渡头、鉴江大酒店。回到十字街口之后，游行队伍在十字路口上演抗日街头话剧。游街队伍步行4公里，队伍有5 000多人，加上随队而行看热闹的群众，超过万人。其热烈场面真是把梅菉闹翻了，震动了廉江、茂名、吴川、电白、化州五县一市，影响深远。

为了壮大抗日救亡宣传队、把党的抗日主张变为广大群众的行动，肖光护推动梅菉抗日后援会组织宣传工作团。由于肖光护的倡议，后援队于1937年12月在国民党梅菉市党部召开了70多人的宣传工作会议。肖光护被推举为会议主席，并在会上作了关于统一宣传和组织成立宣传工作团开展的报告。会议决定，将世德中学宣传队、梅菉市立中学宣传队、梅江剧社等联合起来，组成宣传工作团；并吸收各小学校长、教员参加，推选国民党梅菉市特派员林炳燊为团长，简邦炬、梁钖璜为副团长。

1938年，梅江剧社在梅菉民众抗日后援会领导下，由爱国人士组建。社长为简邦炬、刘寿增。演员有邓次良、丘次乾、魏开端、麦学创、沈鸣等，并聘请了省粤剧女花旦赵碧玉。剧社的服饰、道具由梅菉工商界热心人士捐赠。

梅江剧社定每星期三、星期六晚在梅菉市公演，场地在漳洲街民众剧场，空余时间也曾到郊区农村振文、兰溪、窑地、瓦窑村、梅菉头、银铃等地演出。剧目有古装历史粤剧《完璧归赵》

《卧薪尝胆》《易水滩》《崔子弑齐王》《击鼓退金兵》《苏三起解》《李槐卖箭》《五郎救弟》《辕门斩子》《吕布与貂蝉》《三娘教子》等。现代剧有《日寇末日》《久留米吊颈》《活捉日寇》《献金救国》《汉奸末路》等，该剧社宣传抗日救国，鼓动了群众的爱国热情。

1938年元旦期间，梅江剧社改为化装宣传队后，连续3晚在街头演出《放下你的鞭子》《两颗手榴弹》等活报剧。演出宣扬东北抗日义勇军的英雄事迹，介绍东北一游击队员用两颗手榴弹夺得敌人一车军火的故事，揭露日军的侵略罪行，反映沦陷区人民受奴役的悲惨处境，对群众进行生动的爱国主义教育，推动了抗日救亡运动深入发展。

梅菉各界人士抗日救亡积极性调动起来后，1938年2月，肖光护、苏翰彦、袁俊元、张德钦、吴平等人在梅菉正式成立有100多人参加的"梅菉各界义务抗日宣传队"。肖光护任队长，苏翰彦任副队长。苏翰彦是合浦人、中山大学学生，经中共广州市委组织部负责人韩耀初介绍，来到梅菉工作。宣传队成立后，队员每天早晨环城跑步，高唱抗日歌曲，高呼抗日口号，集中在体育运动场教唱救亡歌曲，多次在梅菉市街头附近农村演出抗日救亡话剧。这支朝气蓬勃的抗日宣传队受到社会各界人士的欢迎，更得张炎将军的赏识。

张炎夫妻主动邀请肖光护、苏翰彦到家里做客畅谈，征求他们对抗日救亡工作的意见。张炎将军建议将梅菉各界义务抗日宣传队改为第十一区统率委员会第七宣传队（第十一区统率委员会在茂名、信宜、电白、化县、吴川、廉江、梅菉各成立一个宣传队，梅菉为第七宣传队）。1938年4月，宣传队成立，队址在今梅菉小学。

为了解决宣传队的经费困难，张炎夫妇与苏翰彦一道到广州湾募捐，他们住在大商家许爱周的宝石酒店，由张炎出面宴请许爱周等10多名外地知名绅商，在宴会上，张炎介绍宣传队的情况，吁请商家捐助。在座的人都踊跃捐款，总计捐赠了白银3 000元。经费问题解决后，抗日救亡自卫话剧团正式成立，由张炎夫人郑坤廉女士担任总顾问，团长为符汝榆。该剧团在梅菉市及菜园村、隔塘村、坡心岭村，将对话剧有兴趣的青年吸收入团，并从合浦、北海聘请一些主要演员，配齐各种角色，旋即开始排练大型剧目。他们首先在梅菉及附近农村演出，每场观众常常过千人。那时，舞台的灯光是汽灯，又没有扩音器，但由于戏演得好，观众秩序好，戏场非常静肃。

后来，郑坤廉以剧团的总顾问名义，率领该团到高州六属（茂名、信宜、电白、化县、吴川、廉江）和广州湾巡回演出。

剧团到广州湾，是在赤坎一间大电影院演出；到廉江、化县等县，是在县城演出。各县政府对剧团演出非常重视，接待工作做得很周到。剧团到来前，当地便搭好舞台，安排好住处，准备好饭食供应。剧团在每个演出点演出两个晚上，剧目有《飞将军》《秋风秋雨》《重逢》《汉奸末路》《铁扫帚》《秋阳》等抗日救亡话剧，内容都是鼓励人民起来抗日救亡，唤醒民众打倒汉奸走狗。巡回演出由苏翰彦担任导演，公演了30多场，观众达数万人，得到好评，大大鼓舞了各县人民团结起来抗日救亡的斗志。随着剧团发展到八九十人，为了便于调动大家积极性，采纳了苏觉民同志的意见，在第七宣传队中设立骨干组，分工领导——肖光护负责全面工作，张德钦负责乡村工作，苏觉民负责自卫剧团及知识分子工作，陈培泽负责学生工作，杨子儒负责吴川工作，袁俊元负责对外工作。武汉沦陷后，肖光护病倒，符汝翰、欧旭载把剧团搬到祎塘屋。此后，剧团除搞一些街头剧外，无大型演出。

为了提高宣传队队员的思想觉悟，肖光护经常组织大家学习毛泽东同志的《论反对日本帝国主义的策略》《中国共产党抗日时期的任务》《为争取千百万群众进入抗日民族统一战线而斗争》等文章，并阅读《新华日报》《抗日救亡日报》等革命报刊，对进步青年学生进行思想教育。

1938年11月，第十一区游击司令部正气剧团成立，代替了抗日救亡自卫话剧团。

1939年7月，刚从梅菉市立中学毕业的学生欧鼎寰、容启钦、全家荣、王慧兰（莫虹）等人发起组织了梅菉抗战话剧团和抗日宣传队（队址设在陈家祠内）。他们经常在梅菉和郊区农村演出抗日话剧，并在十字街华光庙出墙报，抨击时政，宣传团结抗日，揭露国民党的独裁统治和投降政策。

1939年12月，振文镇沙洲村青年学生李永平受中共广东省委委派从高州中学带领文工团返回吴川宣传抗日救亡，在沙洲村以文艺演出、宣讲等形式开展革命工作。后来李永平被叛徒出卖，在回高州途中被捕，最后英勇就义。吴川吴阳镇上能村的李森（又名李全春，后改名为吕克），于1937年9月考上梅菉市立中学高中部，后来参加广东省第十一区统率委员会第七宣传队，负责学运工作。从此之后，他积极投身抗日救亡运动，1938年4月，被学校开除学籍，肖光护便介绍他奔赴延安抗日军政大学学习，成为吴川县最早的一位的"抗大"学员。

1940年4月，第七宣传队被国民党反动当局下令强行解散。第七宣传队解散后，原宣传队成员便转入地下斗争，油印《五月》月刊，继续宣传抗日救亡。

二、抗日救亡乡村工作团吴川工作队的宣传活动

为了更好地进行抗日宣传工作，1938年10月，张炎任广东省

第十一区游击司令部司令后，更加重视干部人才问题，在中共广东省委的支持下，抗日救亡乡村工作团在高州县城西岸红花庙成立，招收来自各县的学员300多人进行培训。张炎亲任团长，亲自培训，亲自给大家作政治军事形势演讲。学员毕业时，张炎为学员送行，嘱咐他们多与老百姓交朋友，努力做好工作。

参加高州红花庙学习培训的吴川工作队有60人，队长为陈信材。学习培训结束时，张炎掏出白银100元交给吴川工作队的杨子儒，吩咐他们回吴川后组织全县木偶剧团，利用吴川人民喜爱的传统艺术，开展抗日救亡宣传活动。

吴川工作队专门委派杨子儒、孙文山召集吴川30多个木偶戏班的60多人在龙头圩进行改编集训，编写抗日内容木偶戏歌曲，利用传统形式宣传抗日（被称为"旧瓶装新酒"）。这项工作花了很大力量和时间，这些木偶戏班收集不少旧歌曲来改编，收到很好的宣传效果。

1938年下半年，吴川工作人员回到梅菉，进驻隔塘庙，吴川工作队以第七宣传队的工作为基础，针对工会做宣传。工作队除利用国民党的动员委员会召开群众大会进行宣传外，他们还单独深入到瓦窑工会、小商业同业工会中间去，通过街头剧、口头演讲等方式进行宣传。工作队队员每天早上5点起床，15分钟集队从隔塘庙跑步出发，喊口令、高呼口号，高唱抗日救亡歌曲《动员、动员》《义勇军进行曲》。他们的宣传活动对梅菉震动很大。

吴川工作队宣传工作任务之一是组织抗日儿童歌咏队（后改为抗日儿童先锋队）。肖光护布置张德钦负责组织抗日儿童歌咏队。沈德润组织在坡心岭组织了第一个儿童歌咏队。不久，柯明、陈伟志在菜园各自组织起两个歌咏队。尔后，几乎整个梅菉市的每个角落日日夜夜都听到抗日救亡的歌声。

此后，日军每侵占吴川的一寸领土，儿童歌咏队都组织火炬游行，每次参与活动1 000多人，声势浩大。1939年儿童节，在谢玖同志的带领下，儿童歌咏队上街宣传，队长沈德润作演讲。他激情的演讲，得到群众高度赞赏。

吴川工作队组织的一个运动对梅菉影响较大，就是倒肖组运动。肖组（中山人）是国民党顽固派，1938年任梅菉管理局局长。1937至1938年，正是张炎回南路工作初期，他的抗日救亡工作就面临肖组的阻挠。陈信材以《南声日报》跟肖组斗，吴川工作队就发动工会、同业工会及各阶层人民写告状书，控告肖组贪污腐化和欺压百姓，告他贩运烟土、走私等等。结果国民党广东省府派人来调查情况，不久把肖组调走。肖组调走那天，吴川工作队组织商会人员，到梅菉头列队"欢送"。

肖组坐轿至梅菉头，看见很多人列队欢送，他很高兴地落轿。谁知走到人群中间，有人突然高呼口号："打倒日本帝国主义！""全民总动员，抗战到底！""打倒贪官污吏！""荷条小梅市，组织大荷包！"结果肖组像过街老鼠一样，灰溜溜地走了，这个场面真是大快人心！肖组调走后，吴川工作队继续揭发肖组的罪行，进行更广泛的抗日救亡宣传工作。1939年3月，抗日救亡乡村工作团改组为专署战时工作团。

三、《南声日报》宣传抗日救亡

在抗日救亡运动中，党组织先后派了不少干部到梅菉、吴川开展革命工作。大革命时期的中共党员陈信材、彭中英，曾先后到吴川工作。

抗战开始后，陈信材回到梅菉。他根据党的意见，在张炎将军支持下，在梅菉市漳州街创办了一个宣传抗日救亡的报刊《南声日报》。报社设址漳州街85号，陈信材任社长兼主编，肖光护、彭中英任顾问，杨子儒任秘书。《南声日报》还相继聘请了一批进步青年苏觉民、吴世光、冯廉生、刘雨帆任编辑，特约进步青年梁同新、叶春、袁俊元、陈泽、陈志、符危周任记者。在筹办中，陈信材首先在其弟陈寿处拿出800元光洋，其后杨子儒又多面筹集资金。经大家的共同努力，1938年6月20日，《南声日报》终于正式出版，报纸由梅菉广南印刷厂承印。

《南声日报》每天出四开版一张，一般每期发行2 000至3 000份，有重大新闻时发行量达5 000份。报纸发行至高州六属、雷州三属、钦廉四属和广州湾。

《南声日报》揭露日本帝国主义的罪行，报道共产党领导的八路军、新四军在前线英勇杀敌的战绩，宣传共产党的抗日民族统一战线，批评国民党顽固派及反动当局消极抗日、不抵抗政策等为主要内容。

1938年冬，张炎任国民党广东省第七区专员，搬到高州办公，一批共产党员和进步青年也随张炎迁到高州办公。《南声日报》旋即终止出版。

四、民众夜校

在抗日救亡运动中，共产党员和进步人士在吴川、梅菉办了一批民众夜校，这些夜校成为抗日救亡宣传的重要阵地。

梅菉市立中学的师生到隔海、山脚、瓦窑等地，在工人和菜农中间办起民众夜校，利用这块阵地进行抗日救亡宣传。欧鼎寰和容启钦同学经常分头去上政治课，有时还通过参加工人的劳动，与工人谈心进行宣传。

王惠兰（莫虹）同学负责上文化课和教唱抗日歌曲，此外在白天还办了一个妓女学习班。当时梅菉妓女特别多，大多数是为生活所迫卖为妓女，是受压迫的最底层。各阶层群众都运员起来了，只有她们仍然对局势一无所知。这个学习班的目的是提高她们的思想觉悟，改变"商女不知亡国恨"的状况。这个班由梅菉国技馆杨文初同志（地下党员）组织的。每周上课3次，每次1小时。容启钦同学负责上政治课，王惠兰同学负责上文化课。

1941年，陈以铁、麦永周到振文麦屋村以麦屋祠堂为据点，办起抗日救亡夜校，教村民唱抗日歌曲，进行抗日救亡宣传。

王国强、程耀连（程西屏）在塘塅塘吉村利用该村的康皇庙办民众夜校，杨子儒任校长。

1945年，革命青年陈坚、陈济光等回到家乡三浪村，办了一间民校（设夜班）。他们以学校为宣传阵地，一方面向学生宣传抗日救亡思想，一方面揭露国民党顽固派对日本的妥协政策、对人民的黑暗统治。进步青年陈福兴、陈济文等20多人受到感召，参加了游击小组。

抗日救亡运动影响深远，动员了广大人民群众投入反法西斯阵线。参加救亡工作的，不但有广大青年、革命师生，还有如杨爵堂（雀堂）先生（原同盟会会员，约六七十岁）这样的老人家，为抗日，不顾年迈及身体欠佳，主动到梅菉参加救亡工作。经过抗日救亡运动，人民群众普遍受到了反法西斯斗争的教育，团结抗日思想深入人心，也为后期武装斗争打下良好的基础。

五、妇女服务总队

吴川、梅菉地区深入开展抗日救亡运动的一个重要标志，就是把广大妇女的积极性调动起来，参与轰轰烈烈的抗日救亡工作。

1938年2月21日，广东省第十一区妇女抗日服务总队在梅菉成立。大会在梅菉中山纪念堂进行，高州六属各县均派代表参加。除第七区专员周景臻，十一区统率委员会主任张炎、副主任庞成和郑为楫以外，还有国民党市党部特派员林炳燊、各县长及夫人等人参加。高州中学的男女学生代表、第十一区干部教导队全体武装人员参加。

妇女服务总队有队员280人，会上推选郑坤廉（张炎夫人）为总队长、李朝晖为副队长，队部设在伯南楼（今运动场司令台旁边）。

妇女抗日服务总队明确提出"团结起来，打倒日本帝国主义，封建主义，谋求民族解放和妇女解放"的口号。会后，与会人员进行抗日示威大游行。当晚，他们还与第七宣传队在梅菉漳洲街民众广场演出话剧《祭旗》《东北之家》《口角》，场面十分热烈。梅菉大绅士李泮香的太太也登台演戏，在她的推动下，李泮香先生捐款资助抗日救亡工作。

妇女抗日服务总队成立后，组织队员进行军事和卫生救护训练，学习进步书刊及国际形势知识，提高政治觉悟。

1938年冬，张炎将军在梅菉市举办抗日游击干部训练班，妇女抗日服务总队全体队员参加训练，她们和男学员一样，学习军事理论、步兵操练、站岗放哨、实弹射击等技能。年底，张炎领导的第十一区统率委员会迁往高州办公，妇女抗日服务总队也随之迁到高州城。这时，香港回国服务团到达高州，开展抗战服务工作，随即派出女党员张越到妇女抗日服务总队任总干事，协助郑坤廉工作，妇女抗日服务总队进一步发展壮大。后该队增设宣传组、救护组、生产组，并在高州城观音山建立儿童保育院，还在广州湾郊区楼下村设立分院，收养因战乱失去父母的孤儿300多人。妇女抗日服务总队抽调人员来保育院担任教师，负责教养这些孤儿。妇女抗日服务总队把抗日救亡的浪潮推到广州湾，成为南路妇女抗日救亡阵线之先声。

第二节 民众抗日武装自卫团的建立

为了做好武装群众的工作，以武力对付顽敌，在党组织的领导及张炎将军的支持下，吴川、梅菉等地及广大农村建立了国技馆、"睇垌会"等形式的抗日游击小组。这些组织建立后，广泛发动群众，大力开展抗日救亡运动，组织广大青年强身练武，在查奸、锄奸、缉私等活动中发挥了积极作用。其中，国技馆成为南路武装起义的革命力量之一。

1937年冬，与广东省党组织失去联系的原中共广东省南路委员会委员彭中英、陈信材赴武汉八路军办事处找周恩来，因周恩来去了重庆没有见到，便根据八路军办事处转达的中共长江局指示返回。

1938年3月上旬，彭中英受上级党组织的委派来到梅菉，与几个月前由上级党组织派到梅菉的党员肖光护研究如何开展抗日救亡工作。彭中英针对当时的形势，提出采取合法的多种形式隐蔽地发展进步力量，诸如建立国技馆或其他民间组织。肖光护认为他的意见很好，并为开辟国技馆活动作准备。

1938年5月中旬，陈信材由西江回到梅菉，参与抗日救亡运动。6月，肖光护、张德钦首先在群众抗日救亡热情高涨的坡心岭村酝酿成立国技馆。

中秋节前夕，坡心岭村成立了国技馆。陈信材赠送广东纸币200元，郑坤廉资助打造大刀48把，推选戴伯隆、沈耀初、欧七爷等人为教头。国技馆每晚教青年练杀敌本领，并成立了抗日大刀队，准备日军入侵时，开展游击战争。

坡心岭村国技馆成立后，陈信材、肖光护又到梅菉头村联系张法享教头。在两人的教育下，张法享表示愿意参加抗日救亡运动。经群众讨论，决定以张法享的一批徒弟为基础，以全村武术兄弟为主力，成立梅菉国技馆，馆址设在祖庙内。

1938年冬，孙均泰在石桥街设馆，李侠雄在水口渡街三官堂设馆，杨文初在漳洲街设馆（梅菉国技馆）。梅菉国技馆开始时设在漳州街14号一间葵衣店（即雨衣店）内，有队员11人，1939年迁移去天后宫（新庙）。1940年馆址扩大，在横塘基头由三乡群众填地基建馆。瓦窑工人捐砖瓦，水口渡工人捐石灰，竹栏街群众捐竹木桁，泥水工义务出工，很快就把国技馆建成。国技馆成立后，有数百名青年在馆内练功习武，梅菉国技馆成为当时湛江地区规模最大的国技馆。

1938年11月，肖光护同志因积劳成疾回家乡医治，1939年在家乡病逝。上级党组织即派林林同志到梅菉领导工作。

林林同志以国技馆为阵地，先后吸收国技馆骨干孙均泰、韦成荣、杨文初等人入党，使梅菉在抗日战争时期又重新有了党组织活动。为了解决革命骨干的生活困难、使他们安心为革命工作，在陈信材的帮助下，党组织筹措到一笔资金开展经商和工农业生产。1939年春夏，利用这笔资金，韦成荣经营鞋厂，李载昌经营米贩生意；同年秋冬，彭成贵经营麻贩，李侠雄在三官堂开设百货；1940年，韦成荣等在五里营办农场；等等。这些经营活动，一方面可以使骨干有活动场所，另一方面经营收入可以作为党组织的活动经费。

林林为了提高干部的政治觉悟，在中山公园工人宿舍挂起"英志堂国技馆"招牌，以此为掩护，经常召集张德钦、杨文初、岑瑞南、李芝莲、陈德、张瑞伦、叶芳卿、李伦模等人上政治课。

为了扩大组织，林林派武术骨干联系覃巴南山村梁振初在该村设馆，杨文初等人派人到化州下村、南岭村、长岐村等地设立国技馆，孙均泰到振文独竹村设馆，李侠雄到赤坎振隆园开馆，蔡华元到银岭及三柏开馆，李时清回南寨开馆。由此，国技馆从十几人发展到几十人。

国技馆成立后，除强身习武之外，积极开展查奸缉私工作。

当时，吴川县的党组织尚未恢复，且陈信材刚被批准恢复组织关系，因此他着重在梅菉开展活动。为了收集敌情，陈信材通过张炎的关系，推荐袁俊元任吴川通讯分站站长，张德钦、李子安为情报员，孙均泰为通讯员。吴川通讯分站的主要任务是开展侦奸肃奸工作。漳州街梅菉国技馆杨文初同志举办妓女学习班，派王惠兰、容启钦夫妻二人负责政治思想教育工作，动员和布置妓女协助查奸。1939年6月，梅菉国技馆送来博茂港一带大恶霸邓秀川（邓龙光之父）偷运桐油、钨矿等大批物资助敌的情报。张炎获悉此情报，便命令梅菉自卫队追缉，缴获大批走私物资。振文国技馆彭成贵（中共党员）获悉大汉奸彭东元和地方上的黄焕文互相勾结，马上对其布置监视，逼得黄焕文逃走，终止了二人互相勾结作恶的企图。

1940年1月，梅菉国技馆发现有人使用伪造的纸币，派张德钦、岑瑞南、杨文初等人跟踪追查，不久便在电白水东圩破获汉奸伪造币案。侦奸肃奸工作的开展，给国民党顽固派与地方反动势力以有力的打击。

1940年春，国民党顽固派疯狂反共。为了保存革命力量，梅菉党组织负责人林林采取措施，将韦成荣安排到灰炉街袁俊元开的手工作坊当工人，暗中负责交通站及领导三官堂武术社；

同时，派李侠雄到五里营为秘密办的党员学习班做后勤、供应工作。

1940年冬，陈信材派人到上海等地的日占区购买棉纱布匹等物资，运入内地做生意，以积蓄革命活动的资金。陈信材还派袁俊元、李载昌沿途保护，措施得力，终使人货终无一损失，胜利完成任务。

1941年春，国民党顽固派在南路的活动非常猖獗，推行"限共反共"的政策，梅菉的进步力量受到打击。当时梅菉地下领导人陈醒吾通知各国技馆人员离开梅菉。于是，张德钦布置李侠雄到吴川上郭村设馆；孙均泰、蔡华元、韦成荣等跟张德钦及其爱人叶芳卿回家乡——法租界烟楼、南寨、三柏、东村一带，以教武艺为名隐蔽开展革命活动；杨文初和梅菉国技馆的一些兄弟继续留在梅菉隐蔽活动。

1942年，李侠雄被派到赤坎振隆园设立国技馆。不久，孙均泰也被派到赤坎怡园后背设馆。当时两馆开办的经费均由陈信材设法解决。各个国技馆一直与共产党保持密切的联系。1943年下半年，广州湾地下组织派陈军、杨杨和进步青年苏虹在孙均泰馆内办夜校。1944年至1945年，夜校改为国技小学，地下组织又派戴洪、吴雪、陈明等同志到该校任老师。

1942年秋，中共南路特委温焯华派交通员与李侠雄联系工作。中共南路特委负责搞经济工作的杨克毅，曾找李侠雄帮助开展经济工作。

1943年春，日军占据广州湾后，向廉江推进，吴川县三面受敌。当时，张炎将军号召乡亲们起来武装保家卫国，通过李济深的关系，推荐抗日爱国军人詹式邦回吴川当县长。为了应对新形势，陈信材通过张德钦等人，将隐蔽于法租界烟楼村一带的革命同志全部转移至梅菉。陈信材授意当时在吴川县伪政府中负责情报工作的袁俊元向县长詹式邦提出建议，批准将吴川沿海的新地村、海山村、沙角旋、莫村4个防空监视卡（设兵额18名、粮饷稻谷24石）交给张德钦负责；并安排邓兴杰、蔡华之、邓平、李时清等人，一面负责防空情报，一面联系当地群众，开展地下活动。

1945年春，游击队在廉江县境内作战失利后，国民党军警在梅菉四处捉人，一时出现白色恐怖。国技馆人员又进入隐蔽活动或转移。梅菉国技馆人员由沈德润布置隐蔽活动；张德钦、韦成荣、李载昌等人，转移回广州湾烟楼南寨一带活动，该地位置偏僻，群众基础又好，便成为吴川游击队分散转移掩藏的安全地方。

1945年6月27日，日军第二十三混成旅团卜河边宪二部，凌晨占领黄坡，接着进犯梅菉。在梅菉地下组织的领导下，沈德润、杨文初带领梅菉国技馆成员及坡心岭大刀队岑瑞南、李芝莲、邓兴杰、陈德、陈伟志、杨国强、龙飞、吴利元、吴利享、林正端、黄亚福、李振英、大翻茹仔（花名）、陈介神仔（花名）、杨理光、朱明德等人参加谢麟图（后叛变）的义警中队，在公子渡与日军激战一夜。由于日军火力太猛，大刀队等不敌，只好退回养生亭。日军在槟榔公继续开枪追击，最后义警中队退回梅菉。6月29日上午8时许，国技馆、大刀队参战人员撤出梅菉到扎塘村休整。两天后，日军到博铺和兰石抢劫，兰石村民到扎塘村报告敌情，义警中队、国技馆、大刀队立即出发，在兰石对日军作战。战斗中，有3位同志牺牲，最后队伍直上白沙祠堂休整。

1944年10月，中共南路特委组织部部长温焯华在塘塚低岭村召开各大区负责人会议，组织武装队伍、部署起义。1945年1月，南路武装起义爆发，国技馆大部分成员都参加了武装起义。

学府抗日浪潮

抗战时期，吴川县、梅菉中小学在梅菉中共地下组织的领导下，抗日热情高涨。进步爱国的师生在与日军及国民党顽固派等反动势力的反复较量中，进步力量不断成长壮大，在斗争中锻炼，培养造就了大批革命青年，为革命队伍不断输送新生力量。

一、梅菉市立中学

抗日战争爆发后，抗日救国的思想传到沉睡的梅菉，当时吴川县、梅菉市的最高学府——梅菉市立中学也逐渐觉醒。当时的梅中校长林炳燊（欧鼎寰同学的舅父）是国民党梅菉市党部特派员，他的思想比较进步，是我党当时团结、利用对象。任职期间，林炳燊校长做了两件好事：一是在校中创设图书阅览室。陈列当时称为"红皮书"的进步书籍，如斯诺的《西行漫记》、艾思奇的《大众哲学》，许多进步的同学从中吸取了政治营养。二是聘用了江大冀为理学教员。江大冀曾参加国大革命，读过不少马列的书，思想进步。他选用艾思奇的《大众哲学》为教材，对学生思想有很大启发。在这期间，江老师以欧鼎寰、容启钦、全家荣等同学为骨干，组成梅中抗日救亡宣传队，到梅菉、吴川、黄坡一带开展抗日救亡宣传工作。

1937年，"七七"卢沟桥事变爆发，中共广州市外县工作委员会委派肖光护同志到梅菉开展抗日救亡运动。1938年春，肖光护同志在梅菉中学吸收李森（又名吕克）同学参加广东省第十一区统率委员会第七宣传队。李森同学团结一批进步青年宣传抗日，批评国民党卖国投降政策，并发动群众开展抗日火炬大游行。1938年4月，李森同学被学校开除学籍，后经肖光护介绍，奔赴延安，成为吴川县最早的一位"抗大"学员。欧鼎寰、容启钦、全家荣等骨干学生，继续坚持开展抗日救亡工作，发展革命力量。

1940年夏，林林在学生中吸收李一鸣、叶翘森等入党后，不久又发展了沈德润、李载庚入党，建立了梅中党小组。李一鸣任组长。

1939年到1945年秋，梅菉市立中学学生在中共梅菉地下组织周天明、林林、黄明德、庞谦之等人领导下，继续组织阅览室、读书会，向师生秘密介绍《新华日报》《青年导报》等报刊，以及南路地下组织编印的马、恩、列、斯、毛的著作和《大众哲学》《西行漫记》《铁流》等进步书籍。初中毕业后，容启钦与欧鼎寰、全家荣、王慧兰等人发起组织了梅菉市抗战话剧宣传队。欧鼎寰同学任队长，容启钦、全家荣、王慧兰为副队长。该宣传队下乡到隔海、瓦窑、山脚等地，以大办民众夜校、出街头墙报等形式进行抗日救亡宣传。1940年元旦，该宣传队到高州参加学生技能比赛，演出三幕抗战话剧《流寇队长》等。这是第十一区抗日青年的一次大集会，从此宣传队便在全区出了名。

1941年秋，梅中党小组通过欧秀琪、欧秀瑶、欧琼莲等几位女同学成立一个进步组织——萌芽社，积极在女生中开展革命工作。该社做了如下几件工作：

出版《萌芽》墙报、组织萌芽读书会，大讲妇女权利，争取妇女解放，宣传妇女在抗日救亡运动中的光辉事迹及应起的作用；在女同学中广泛交朋友，争取中间及后进同学参加抗日救亡工作；带头组织女子游泳队、篮球队，把广大爱好文体活动的女同学吸引到萌芽社的周围。

梅菉市立中学抗日救国的行动还有：学生举行罢课，揭露反动校长贪污、禁止学生参加抗日宣传活动、迫害爱国学生的罪行，迫使反动当局撤销反动校长仇球英的职务。

二、世德学校

1931年6月，张炎与广东军政领导陈济棠及社会各界人士请准拨款在吴川县樟山村筹办世德中学，以示纪念张世德。是年秋，学校建成，招收小学两个班；1932年秋，正式命名为世德初级农业职业学校（简称"世德学校"），开始招收初一新生。中学部由省库每月拨4 000元经费，小学部由吴川县库拨办公经费。1933年，世德学校在梅菉五里营建新校舍。1934年夏，初中部迁出梅菉。学校迁建得到广东军政要人的大力支持，学校迅速发展。日军曾轰炸梅菉，为保护师生安全，1940年秋，学校又搬回樟山。1942年，世德学校改为普通中学，命名为世德中学，招收高、初中各一班，广州湾富商大户子女及粤西各地皆有学生慕名入读。1943年2月，日军入侵雷州半岛及进占广州湾后，学校又迁到化州那罗山区。詹式邦任吴川县县长后，与地下组织组建抗日联防队，决心保家卫国，学校又由那罗迁回樟山。

世德学校由张炎任董事会主席，陈铭枢、陈济棠、蒋光鼐、蔡廷锴等43位政府要人及社会名流任董事。学校的办学宗旨是"纪念先烈、作育后昆"，主要培养"雪耻救国"和"生产救国"的人才。

为了实现培养目标，学校既重视文化知识教育，又重视时事、政治思想教育，还进行严格的军事训练。学生的纪律性很强，除了统一着装、统一开饭、统一作息，还要唱饭前歌、睡前歌。

世德学校的师资力量雄厚。校长是省内教育名家陈智乾，教导主任周曼青是大革命时期的共青团员，英语老师周明（即周印心）是大革命时期的中共党员。周子旋、朱刚键、张述明等老师均是中山大学本科毕业。

张炎调任七区行政督察专员后，学校进一步发展。1942年夏秋，学校建立了党小组，旋成立了党支部，杨子儒任书记。学校师生在党组织的领导下，积极参加抗日救亡活动。

世德学校的学生运动，方向明、决心大、行动猛，斗争坚决、声势猛烈，效果显著。学生运动的主要活动内容有：

一是大搞学潮与反动势力做针锋相对的斗争，赶走反动校长冯卓玥，抗议校长解雇革命教师谭静，抗议谭任元校长收缴学生的武器；二是组织抗日救亡宣传队，四处活动演讲、演戏进行宣传抗日救亡；三是严密组织学校进步力量，传阅革命书刊，壮大革命队伍；四是建立学生武装，公开进行军事训练，这是该校学生运动的最大特色。

在中共地下组织的积极领导和张炎热情支持下，该校成立了独立的学生军训团。军训团的编制为中队，下设3个分队，每个分队设3个班，共有100多人。中队长由麦忠廉（中共党员）担任，副中队长由陈武担任并兼一分队长。分队长有黄克林、柯炽明等。武器的来源以学校武器为主，武装到各分队的同学，同时学生自己也设法去找武器。有手枪的同学，不管白天黑夜都携带短枪出入学校。军训团培养了大批学生武装骨干，为南路人民抗日武装起义做好军事准备。1945年，该校师生近200人参加张炎将军的武装起义。

三、吴阳中学

在抗日战争时期，吴阳中学的革命师生爱国热情高涨，为民族解放事业英勇献身。

1941年11月26日，两架日军飞机因视线不清迫降于吴阳那蒙村沙滩上。吴阳中学学生林熙棠、欧鼎桓、庞学言、黄星辉、龙廷云、李洽熙、倪文达等参与活捉日军飞行员的战斗，勇敢机智地活捉了日军飞行员井上习曹，并将他捆绑回校、送押县府。该校学生杨子儒1932年至1935年在校学习，1939年，任战时吴川工作队队长，并以共产党员的身份回校发动师生开展抗日救亡运动；1945年1月，参加南路人民抗日武装起义。

吴阳中学学生李金杰（后改为李通），1941年毕业，后考入世德学校高中部，并于1943年加入中国共产党，在吴川县特委书记黄明德指示下，牵头组织世德学校军训团，指定他任团长兼政治指导员。1945年1月14日，他率领军训团组成一个学生中队，自己任指导员兼中队长，参加南路以吴川为中心的武装起义。李金杰还动员上能村青年农民李全辉、李荣富、李全贵、李全棣、林牛儿、李亚振、许金星、卢福英、许亚有、李亚德、李上德等11人到泗岸参加陈以铁大队武装起义，攻打塘㙍圩、活捉反共县长邓侠并将其枪决，震动了南路地区。2月19日，李金杰随军北上到化州中峒，起义部队大调整，他到战斗连队任政治指导员，后西征入广西，开辟十万大山区根据地。1945年4月，在日军大扫荡、主力部队撤离的情况下，他在白石水地区养伤期间，仍然坚持对敌斗争，发动群众，重新组建了一支留守部队，继续作战。

该校教师邹汉尧（邹贞业、中共党员），曾宪周（后改名曾锡驹，中共党员）带领本校10多名学生参加南路人民武装起义。其中林孔昭、吴崇兵、王权东等人为革命光荣献身。

四、三乡小学（今梅岭小学）

1938年，肖光护受中共广州市外县工作委员会委派来到梅菉，在三乡小学以教师身份作掩护进行革命活动。他团结市内一批进步青年，如杨子儒、袁俊元、李森（吕克）、孙文山、简国辉、董周、李千云、苏娴远、沈德润、柯明、蔡华元等，开展抗日救亡活动。他发动社会知识青年20多人、群众300多人，举行抗日火炬大游行。肖光护等人多次演出抗日救亡的话剧；还开办夜校，教群众学文化，高唱抗日歌曲等。

在抗日战争中，三乡小学成为中共梅菉地下组织的一个重要联络点。

五、育英小学

中山区（今黄坡）岭头育英小学创办于清末。抗日战争期间，该校教师、学生积极投身到抗日救亡运动中去，为抗日救亡贡献应有的力量。

该校教师和高年级学生组成一支抗日救亡宣传队，利用节假日，在本村或到黄坡、平泽、蕉子岭、美堂、唐禄、吴阳等地演出《打东洋》《送郎出征》《打杀汉奸》等剧目或演唱自编的方言山歌，深受群众欢迎，获得吴川县政府颁发红缎大锦旗。他们抓紧时机及时传播抗日捷报，激励群众抗日的斗志。当报纸上传来台儿庄大捷、南浔战果辉煌等歼敌喜讯时，就举行庆祝大会，同时组织师生前往黄坡、蕉子岭、美堂等地举行火炬欢呼大巡行。

学校组织师生参加备战训练，例如举行防空、防毒、防火演习，以及野餐、野营、夜行军等活动。他们协助本村群众扫盲，移风易俗。该校教师利用课余时间，组织妇女识字班，有30多人参加。教师除了教她们识字学文化之外，还对她们进行抗日救亡形势宣传教育，让她们摒弃当地尚存的封建陋习。该校教师多次自编自演抗日救亡和破除封建迷信的话剧，对于维护妇女权益，起到了积极的作用。

该校女教师陈卓霖（原名陈秀英、曾用名陈露明）原籍广东南海县人，生于香港一个破产中小商人家庭，父母早逝，初中毕业。1939年初，她毅然参加香港长洲回国服务团，分配到高州分界圩抗日服务队工作。她日夜奔走，深入群众，宣传团结抗日。翌年夏出现反革命逆流，广东省第七区专员张炎被解职，抗日服务队被解散。她先后被派到本县博铺小学、育英小学、上杭小学和信宜全渠塘小学当教师。1944年12月，她参加南路抗日游击大队陈以铁大队，后因部队转移，奉命留守吴川工作，带着女儿和两个女同志到梅菉隐蔽下来（当时住在万安街三号）。翌年3月，陈卓霖不幸被捕，被押往塘塥。在狱中受尽严刑折磨，宁死不屈，在解赴刑场杀害时，不断高呼："共产党万岁！"

第四节 吴川党组织的重建

1937年10月，张文彬受中央委派到广东后，撤销南方临时工作委员会，成立中共南方工作委员会，张文彬任书记。中共南方工作委员会的任务是迅速恢复和发展广东党组织，建立各阶层人民群众的抗日团体，发展广泛的抗日民族统一战线，推动国共合作，进行抗日战争。1938年4月，中共南方工作委员会撤销，中共广东省委成立，张文彬任书记。随即，中共广东省委召开第一次执委扩大会议，分析广东地区的抗日形势，并根据中央《关于大量发展党员的决定》和长江局要求广东党组织发展5倍党员的指示，制定了广东党组织工作的方针。会议决定集中全力抓党的建设工作，指出"广东工作应以建党为中心，一切工作以党组织的结果为目的"。党组织的工作任务是：以建党为中心，切实做好建党工作；大力开展群众运动，争取群众运动的合法地位或派人到以当局名义组织的团体中去任职，以便有利于开展抗日工作和掩护党的发展；利用广东当局部分上层人士比较开明的有利条件，以谌小岑、钟天心、余汉谋为主要对象，积极开展广东抗日民族统一战线工作；积极参加自卫团，领导地方抗日武装。中共广东省委在建党方法上，强调在抗日救亡中物色先进分子作为培养对象，把信仰马列主义的、拥护和支持党的抗日民族统一战线的先进分子吸收入党，建立强大的群众性的广东党组织。

抗日战争全面爆发后，中共广东省委、广州市委先后几次派党员来南路各县工作。1937年10月，中共广州外县工作委员会派肖光护、黄存立（入党培养对象）到吴川、梅菉，发动群众，宣传党的抗日主张，开展抗日救亡工作。他们把吴（川）梅（菉）各地的中、小学进步师生组织起来，利用假日，深入圩镇乡村，宣传发动抗日群众运动。从外地读书回乡的进步知识分子杨子儒、孙文山、陈培泽等也积极加入抗日救亡运动的行列。是年冬，原中共南路特委委员陈信材、彭中英到武汉八路军办事处向周恩来请示工作，要求恢复党籍。周恩来因故临时离开武汉，由办事处人员向二人转达周的指示：回原地参加抗日，联系张炎开展工作，党籍问题由当地党组织审查解决。1939年夏，他们与中共广州组织取得联系，先后回到梅菉与肖光护等人联系并与张炎合作抗日，开展形式多样的抗日救亡工作。肖光护组织进步青年、学生、爱国知识分子进行思想教育，定期学习党的抗日路线、方针、政策，提高他们的思想政治觉悟，大大推动了吴川、梅菉城乡抗日救亡运动的蓬勃发展，为吴川、梅菉重建党组织打下了思想基础和群众基础。1938年10月，肖光护积劳成疾，党组织派人护送他回家乡广西养病，不久病逝，吴川、梅菉的党组织发展因而延缓。

1938年10月，中共粤中特委书记罗范群派周明、林林、阮明3人到南路联络大革命失败后与党失去联系的党员，继续开展建党工作。西行之前，罗范群组织周明等3人在开平赤坎学习了10多天，主要是学习党的建设等内容。3人组成一个党支部，周明任书记。11月，他们到达梅菉，周明通过陈信材与张炎取得联系，利用党同张炎的合作关系，在梅菉市郊的窑地开展工人运动，组织工人学习，团结教育工人，物色建党对象。不久，周明等帮助张炎建立第十一区乡村工作团，张炎以缺少抗日干部为由，要求共产党派干部来协助工作。1939年春，周明离开梅菉去找中共广东省委，他先到开平赤坎找罗范群，但罗范群已去了香港，他又到香港找罗范群。周明向罗范群汇报工作后，在香港住了一个月，党组织决定留他在香港工作。1939年3月，中共广东省委派周楠到高州建立中共高雷工作委员会（简称"中共高雷工委"），书记为周楠，秘书为陆新。参加中共高雷工委的还有刘淡锋、黄其江。中共高雷工委领导信宜、茂名、电白、化县、廉江、吴川、梅菉、海康、徐闻、广州湾等县市及香港回国服务团的党组织。中共高雷工委成立后，确定大力发展党员，建立强大的党的基础。1939年夏，中共高雷工委派林林来梅菉建立中共梅菉特支部并任书记，林林先后吸收杨子儒、张德钦入党；5月，吸收孙均太、叶芳卿、张瑞彭入党。6月，党组织在梅菉市和吴川县毗邻的坡心岭村建立抗战后第一个党的基层支部，支部书记为张德钦、组织委员为孙均太、宣传委员为韦成荣、女工委员为叶芳卿。7月，经林林批准，又发展杨文初、李枝莲、曾亚帝、邓兴云（邓平）、邓兴杰、邓桂初、陈文辉等为党员。

除此之外，香港回国服务团副团长黄秋耘（黄络思）根据党组织关于可以联系恢复陈信材党组织关系的指示，主动找陈信材单独谈话。陈信材迫切要求恢复组织关系，并按要求写自传。同时期，振文党小组成立，彭成贵任组长。为了加强领导，林林决定把吴川的振文党小组与坡心岭支部合并，成立吴（川）梅（菉）边党支部，支部书记为张德钦、副书记为彭成贵。支部建立不久，吸收梁振初、蔡华源、李时清入党。10月，林林又吸收欧鼎寰、容启钦、全家荣、李载庚等入党，成立党小组，欧鼎寰为组长。12月，林林派张德钦到滨海区建立南二党小组。这样，吴川、梅菉的党组织便得到恢复和发展。

1940年2月，中共广东省委决定撤销中共高雷工委，成立中共南路特委，周楠任书记。随后中共广东省委派温焯华任特委组织部部长，特委机关由高州迁到广州湾赤坎。党组织的主要任务是贯彻执行党中央关于国统区党组织要"隐蔽精干，积蓄力量，长期埋伏，等待时机"的指示。

1941年9月，中共南路特委根据形势需要，决定将党的组织领导形式改为特派员制，撤销中共梅菉特支，派黄明德任中共茂化吴梅地区特派员，主管吴川、梅菉及化县东南地区的党的组织工作。

第五节 成立吴川抗日联防队，狠狠打击日、伪军

一、吴川各地成立抗日联防队

1943年春，中共南路特委正确分析形势，要求全体党员立即行动起来，坚守岗位，以"联防自卫，保卫家乡"为号召，团结群众，共同战斗。特委领导作重头部署：中共南路特委委员、组织部部长温焯华从高州调往吴川，加强吴川、化县、梅菉等前线地区的领导。同年2月16日，日军占领雷州半岛，21日占领广州湾，此后，吴川处在抗日斗争的前线。在这样严峻斗争形势下，吴川必须尽快建立起抗日武装力量，进行抗日自卫。3月，吴川县抗日联防区筹备会议在吴川高岭村召开，会上一致推举詹式邦为吴川县抗日联防区主任，陈信材为副主任。会后，詹式邦、陈信材、郭达辉深入各乡做发动工作，在各地党组织推动下，吴西南区（吴廉边区）特派员黄景文、吴川北部特派员黄明德、吴川东北部特派员王国强分别建立了3个抗日联防区。3个抗日联防区由特派员温焯华领导，下属3个联防大队共有400多人和400多支枪。按照特委部署，各级党组织、党员积极向群众开展抗日形势教育，发动群众投身抗日；同时，在思想上、组织上和物资上做好抗日的准备。不久，村村几乎都有抗日联防队。一些小村庄的"睇垌会""巡夜队"实质上也是抗日联防队。吴川及吴、廉、梅、边区出现了各界团体抗日的新局面。

1945年1月在中共南路特委领导的、以吴川为中心的抗日武装战斗中，不少抗日联防队队员纷纷响应，投入战斗。张炎、詹式邦起义失利后，党组织决定把小部分非战斗人员中的青年、学生分散回各地农村掩蔽继续开展革命工作。

二、狠狠打击日、伪军

为了加强对抗日的领导，1943年，吴廉边区特派员黄景文把领导机关设在石门泮北遗风小学内。

1944年，日军北上广西，打通湘桂线，频频向遂溪、廉江、吴川、梅菉、化县等地进犯。吴川抗日联防区和人民抗日武装在党的领导下，日益壮大，对日、伪军给予有力抗击。

1944年下半年，廉江县抗日武装斗争有了新的发展——在敌后和边缘地区开展游击活动，主动打击日、伪军。但由于联防队的枪弹比较缺乏，且质量很差，因而只能针对小股日、伪军出击，以骚扰为主，对大股日、伪军则用"敌进我退，敌退我回，敌止我扰"的方法，不打无把握之战，保存实力再战。

驻扎在廉江东南地区成安乡黄泥地村的日、伪军1个中队70多人，经常到附近村庄抢劫、"扫荡"。每逢农历初一、初四、初七两家滩圩日，还派出约二十人到两家滩圩抢收捐税。期期圩日如此，从不间断。根据这些情况，黄景文与林林、黄飞、全明、马振英等人研究决定，在石头桥（又称拱桥）伏击日、伪军。石头桥是黄泥地到两家滩的必经之路，桥窄水深，桥头两岸有甘蔗林，易于设伏。会议指定肖联均、马振英率成安乡抗日联防队，林林、黄飞分别率正奏、新民小学的抗日游击小组参加战斗，由林林任指挥，黄飞任副指挥。

1944年10月3日晨4时左右，成安乡抗日联防队50多人，正奏、新民小学抗日游击小组20多人到达石头桥，兵分两路，分别在桥东、桥西两头的甘蔗林中埋伏下来。

上午9时左右，当10多名日、伪军进入桥中伏击圈时，林林一声令下，几十支抢分别在桥的两头向日、伪军射击。这一战打得干净利落，速战速决，不到5分钟中共部队就毙敌2名，伤敌2名，缴获长枪2支，抗日联防队无一伤亡。这是廉东南区打响廉吴边武装抗日主动出击的第一枪。边区人民奔走相告，敲锣打鼓欢庆胜利。

战后第2天，林林又带着这支抗日武装队伍，到成安乡竹仔山、吉水仔等村庄，逮捕了一批伪政权维持会头目及为他们种鸦片的人，并当场枪毙了2名恶霸分子，有力地打击了日、伪军的嚣张气焰。

1944年11月22日，驻黄泥地据点的伪军获得成安乡抗日联防队在石门海边的湍流村整训的情报，即向驻广州湾的日军头目渡边上报。1个多月前，驻黄泥地的伪军到两家滩抢收捐税时曾遭成安乡抗日联防队和东桥、白鸽港抗日联防队联合伏击，一直怀恨在心。获悉这一战机，渡边立即派出日军小队长松川，于当晚带着一个小队纠合驻两家滩附近之廉江民众自治联合队（伪军）以及黄剑夫率领的"和平队"一个中队共100余人，分成3艘双栀木船到湍流村，企图一举消灭成安乡抗日联防队。

11月23日凌晨，成安乡抗日联防队发现日、伪军后，将队伍转移到后岭，并派人火速告知中共吴廉边区特派员黄景文及东桥、白鸽港、泮北等村抗日联防队。日、伪军扑空后，洗劫湍流村。黄景文组织成安乡抗日联防队及白鸽港、泮北等村的抗日联防队对向石门方向窜犯的日、伪军紧追不放。当日、伪军在钩镰岭欲冲过长100多米的海堤向石门埠方向逃跑时，被石门乡抗日联防队堵截，无法逃脱，龟缩于钩镰岭傍海一侧负隅顽抗。此时，黄景文率领的新民小学和遗风小学抗日联防队已从正面攻击日、伪军；林林率领的东桥小学及鹤山村抗日联防队控制了东桥埠头一带，堵截良峒、两家滩方向可能来援的日、伪军；陈汉雄等率领的石门乡抗日联防队在左翼截击日、伪军，并控制了石门、南埇村一带，防止日、伪军逃跑；肖联均、马振英等率领的成安乡抗日联防队在右翼追击日、伪军。钩镰岭附近村民闻讯后也纷纷赶来，在附近的山头上呐喊助威。"杀死日本鬼子"，"驱除日寇，还我山河"的呼声此起彼伏，震得地动山摇。日、伪军已被三面包围，且3艘木桅船已被打沉，无法逃跑，只好在此负隅顽抗。为了避免伤亡，黄景文、林林命令各队不要强攻，欲待日、伪军弹尽粮绝之时把他们歼灭。陈信材将情况报告张炎，张炎通知詹式邦带领300多人前来增援，同时出兵河岸堵日、伪军退路。日、伪军进退失据，乃凭旧战壕顽抗，至黄昏被消灭过半。24日凌晨2时，广州湾日军中村中尉分队长率兵20余人强渡增援，战至上午8时突围逃脱。

钩镰岭战斗共击毙日军中尉小队长松川部下10多人，缴获望远镜1副、指挥刀1把，由詹式邦部保留。钩镰岭成为日、伪军的"勾魂岭"。

第六节 以吴川为中心的南路抗日武装起义

1944年，世界反法西斯战争的欧洲战场开始战略反攻，日本帝国主义陷于孤立境地，为了挽救败势，在中国战场的日军从4月起，调集五个军、十六个师团和若干个旅团共40余万兵力，对豫、湘、桂、粤等省、区和铁路实施"一号作战计划"。为了打破日军的作战计划，中共南路特委根据中央南方局周恩来、董必武的指示，决定在雷州半岛的敌后首先举行抗日武装起义，继而以此为依托向沦陷区外围发展，进一步与张炎等合作，发展廉、化、吴、梅的抗日武装，把抗日武装斗争推向南路。

1943年2月21日，日军占领广州湾，继而侵占北部湾沿岸地区，遂溪、安铺、廉江、北海、合浦、钦州、防城等市县相继沦陷。吴川便成为抗日最前线，为了开展抗日游击战争，中共南路特委决定派温焯华和他的领导机关，从高州搬到吴川塘㙍低岭村，组织建立中共南路特委抗日前线指挥部，指挥吴、化、廉、梅各县武装起义的统一行动。1944年4月，中共南路特委书记周楠从重庆回来，传达了中央领导周恩来、王若飞、董必武的指示——在敌后要独立自主发展自己的武装力量，开展游击战争。10月底，前线指挥部的温焯华在低岭小学召开吴、化、廉、梅边四个大区特派员会议，传达了中共南路特委的会议精神，从思想上、组织上和物资筹集等方面做好抗日斗争的准备，中共南路特委决定在低岭成立以吴川为中心的抗日武装起义指挥部，并决定于1945年1月以吴川为中心、联合张炎、詹式邦两位将军一齐发动武装起义。

一、廉化吴边抗日武装起义

1945年1月6日，吴西南区特派员黄景文获悉，国民党廉江县长黄镇召开各乡乡长会议，部署兵力袭击中共吴廉边党组织活动中心东桥正泰小学，并企图消灭平坦乡抗日联防队等人民抗日武装（即廉江东桥、白鸽港、成安乡及吴川石门、陇水、龙头、泮北等地的抗日游击队及联防队700余人）。黄景文首先在廉、吴边区宣布起义，组成以林林为大队长兼政委的林大队和以陈汉雄为大队长、郭达辉为政委的陈大队。林林率部在良垌附近截击进犯的顽军，使黄镇偷袭的阴谋完全破灭。新民小学、遗风小学的师生及白鸽港、东埔、贵墩、泮北等起义队伍，携带陈信材、陈寿出钱购买的40支长短枪及一批弹药，充实起义部队的战斗力。随后，林林率部在良垌附拦截击进犯的顽军，打破了顽固派的阴谋。在林林大队起义后，廉（江）化（县）、廉吴边各地党组织领导的人民武装纷纷响应。

1945年1月8日，廉化边党组织负责人陈醒亚、罗明获悉国民党顽固派将进攻人民抗日武装的情况，当即决定集结武装队伍举行起义。9日，赖鸿维、陈炯东带领平坦乡公所30多名士兵，携带2支驳壳、40多支步枪，与鹤山村抗日联防队汇合，在化县良光红埔农场举行武装起义。罗明带领的化南抗日武装，以及李郁、李鸿带领的杨梅、黄槐等地抗日武装共700多人举行起义。他们几天内先后攻克国民党良光、石东、梅北、出拔等乡公所。当地农民、青年学生等各界群众对国民党顽固派镇压人民抗日的行径早已极端不满，纷纷参加人民抗日武装队伍。10日晚，在内应陆之钦的密切配合下，林林大队顺利收缴国民党陈熙晟大队的武器。

1月14日，杨生以龙湾抗日游击中队为骨干力量，在蓬山、稔子坡、村尾、坡头一带组织了300余人的队伍，以送地税粮为名，突然袭击龙湾乡公所，击毙国民党龙湾乡乡长郑正卿和稽征员矮仔林（绰号），开仓分粮300余石济贫，缴获步枪20余支及弹药一批，宣布起义。该乡自卫队旋即起义，加入龙湾抗日游击中队。

1月16日，中共南路特委在平坦乡鹤山村集中廉化吴边区各地起义部队进行整编，宣布成立南路人民抗日游击队（遗风小学会议后改称南路人民抗日解放军）。廉化吴边抗日武装起义队伍编入林大队和陈大队。

二、吴川中区抗日武装起义

1945年1月6日，中共吴中区特派员王国强突然接到中共南路特委通知，决定于7日凌晨以吴川为中心，举行廉、化、吴、梅边抗日武装起义，首先攻打不抗日的吴川县府（塘㙍）顽固派军队。起义前约定，黄景文率队攻打西边，王国强、陈以铁率队攻打东边。王国强早已率队埋伏在塘㙍圩边缘，但迟迟未见黄景文部队动静，故王国强率队撤退回到大洋村、上杭一带活动。

早在雷州半岛、广州湾沦陷后，根据中共南路特委部署，中共高州特派员温焯华从高州转移到吴川，以吴川为中心领导廉、化、吴、梅边前线地区党组织开展抗日斗争。不久，中共南路特委调整前线地区党组织管辖范围和充实力量，把吴梅地区及相邻的地区划分为3个部分：梅（菉）茂（名）化（县）吴（川）边，特派员为黄明德；吴中区，包括通津、塘溪、板桥、博棹（即山㙍）等乡，特派员为王国强；吴（川）廉（江）边，特派员为黄景文。上述3个地区的特派员由温焯华领导。这样，廉、化、吴、梅前线地区党的工作得到进一步加强。1944年10月，根据中共南路特委的指示组织武装起义，要求每个县都组织一个武装大队。温焯华在塘㙍低岭村召开一次各大区负责人会议，部署组织武装队伍和研究起义问题。会议决定，王国强组织1个大队，黄明德组织2个大队，杨子儒组织1个独立中队。

1945年1月9日，王国强将吴川北区的抗日联防队和板桥、泗岸、翟屋一带睇禾会的积极分子、抗日民众夜校学员、学校革命师生骨干集结起来，在泗岸泗水小学组成陈以铁大队。大队长为陈以铁，政委为王国强，副大队长为朱兰清，下分3个中队，第一中队长为张虎，第二中队长为陈福灿，第三中队长为黄新。全大队拥有约600人的武装力量。次日，该大队收缴板桥乡公所顽固派武装的枪支，宣布起义。

1月14日早上，杨子儒到大洋村转告王国强，张炎已经率队起义。南路特委通知陈以铁大队开到塘㙍同张炎部队一起进攻吴川县府。9时多，陈以铁部队到达塘㙍时，张炎部队已攻下县府。陈以铁大队随即攻入吴川县府监狱，释放革命者和无辜群众200多人。随后，陈以铁大队收缴廉江反动县长黄镇家（中堂村）的枪支弹药并向上杭、吴阳进军。陈以铁大队所到之处，群情激奋，革命青年踊跃参军。几天内，陈以铁大队从400多人增加到600多人，加上程耀连在樟山建立的1个独立中队100多人，共700余人。陈以铁大队后正式编入广东南路人民抗日解放军第二支队第三大队，大队长为陈以铁，政委王国强。中共领导的人民抗日武装攻下塘㙍后，林林大队、陈汉雄大队、陈以铁大队以及黄明德、梁弘道、李一鸣大队与张炎部队相配合，将吴川境内所在乡公所的反动武装全部收缴，控制了吴川全境。

三、吴梅茂化边抗日武装起义

1945年1月16日，吴（川）梅（菉）茂（名）化（县）边特派员黄明德根据中共南路特委的统一部署，组织举行吴梅茂化边抗日武装起义，以长岐附近的良村张氏宗祠为指挥中心，率领共产党员、游击小组、地下军举行武装起义。张帝养等人带领先锋队打头阵，连夜攻克了国民党顽固派盘踞的三民、南安、南岐、庆和、罗安乡公所及长岐警务所，缴获了一批枪支、弹药，武装了抗日力量。次日，各路起义队伍集中良村，成立南路人民抗日游击队，被编为李一鸣大队，李一鸣任大队长，黄明德任政委，李雨山任副大队长。大队下编4个中队和1个独立排、1个宣传工作队，共400多人。第一中队中队长由李雨山兼任，第二中队中队长为李益泰，第三中队中队长为李兴基，第四中队中队长为陈可楷，独立排由柯日轮、柯荣宣率30多人组成，宣传队由陈志诚、凌宵、王世坦、欧琼莲等20多名青年学生组成。

10天后，国民党团长李均阳带领两队人马前来"围剿"，一队从蓝溪、高辣方向扑来，被良村起义队伍包围缴了枪，打死10人，活捉几人；第二队从沙尾江堤方向一路开枪向良村杀来，当场打死了几个良村村民。后来先锋队及时赶到，将敌人赶入良村祠堂包围起来。良村起义人员发起的几次冲锋都因敌人有机枪而无法成功，先锋队翻上屋顶扔下几颗手榴弹，又准备火攻，后因下雨及敌援兵将至而放弃包围。敌趁机逃离。

1945年1月22日，梁弘道率领吴川起义的程耀连中队到南安与李一鸣大队会合整编。整编后，部队被编为南路人民抗日解放军第一支队第四大队，约500人。梁弘道任大队长，黄明德任政委，李一鸣任副大队长，大队下辖5个中队和1个独立排。李雨山任第一中队队长，程耀连任第二中队队长，李益泰任第三中队队长，李兴基任第四中队队长，陈可楷任第五中队队长，柯捷才任独立排排长，苏少婉、王世坦负责宣传队工作。1月25日，队伍转驻上岭村。次日，驻茂名、电白的国民党自卫队到上岭村一带"扫荡"，第四大队奋起还击，毙敌8名，俘敌10多名，缴获步枪20余支，队员牺牲1人，中队长李雨山在战斗中负伤。

该大队击溃顽军多次进攻后转到南巢整训（大队政委黄明德因重病转移地方治疗）。1945年1月31日凌晨，驻梅菉的国民党警四大队和茂名、电白的国民党自卫中队分3路前来进攻。第四大队因对情况不明和缺乏作战经验，部队沿江北撤时被打散，大队长梁弘道因不谙水性，牺牲于河中。副大队长李一鸣收集余下数十人与第三大队王国强、陈以铁部队会合。活动于吴川中部和西南部地区的第二中队在外执行任务，没有参加南巢战斗，但因天气寒冷，战士生病，减员很快，全队仅剩下40多人。第五中队在化南一带扩军，于樟村遭茂名的国民党自卫队袭击，损失严重，中队长陈可楷、指导员李鹤年被俘杀害。2月20日，第三支队政治处主任邓麟彰向第三、第四大队领导传达中共南路特委指示：要求两个大队200多人联合进军茂西。2月25日，在邓麟彰率领下，部队从吴川县山岭仔向茂西进军，到达茂西时，茂西地区的白色恐怖已十分严重，群众基础差。那时国民党顽军在当地进行"扫荡"，群众不敢接近队员，信息不通，敌情不明。3月4日，部队到达茂西伦道乡木坑塘村时，被国民党袭击，部队被打散，欧鼎寰、苏少婉、李贤高、张胜隆、张惠东、骆期初牺牲，第三大队大队长陈以铁以及陈志成、翟明、朱康生、李茂和、黄聚东等13人被俘，除其中二人因未满16岁被保释外，陈以铁等11人被杀害于高州。李一鸣、朱兰清、王国强等人脱险后陆续回到茂化吴梅边继续活动，恢复扩大武装队伍。

在抗日战争中，张亚德、张亚水、张胜龙、张锦荣、张述清、张贵荣等6名优秀男儿献出了宝贵的生命，中华人民共和国成立后，他们被追认为抗日战争烈士，成为中华民族的英雄。

四、张炎、詹式邦领导的武装起义

（一）起义前的准备与策划

1945年1月9日晚，张炎在塘㙍樟山村后背山的"慎终追远"墓园内，召开研究武装起义的联席会议。出席会议有张炎、郑坤廉、曾伟、叶春、郑洪潮、陈信材（中共党员）、黄景文。会议一致同意在中共南路特委的领导下，联合举行抗日武装起义，团结抗日，共同奋战，反击国民党顽固派的猖狂进攻。张炎还主动谈及他联系散居各地的原十九路军一部分旧部属一同举行武装起义，准备与三罗谭启秀联合夹攻高州城的计划等。武装起义作战指挥部设在张炎故居内。

不料该会议讨论的机密被内奸郑洪潮泄露给邓侠（反共县长）。1945年1月11日晨，邓侠便从两阳抽调增补保安三团1 500人赶到高州，配合增补保安二团，加固高州城工事，固守高州城。13日凌晨，保安一团团长李昌率领1 500人，奔袭围攻化州城，解除化县自卫总队的武装，将张炎的得力助手文邵昌杀害，逼化县县长兼自卫队总队长庞成吞枪自杀，并准备挥师南下樟山，围捕张炎。同时李昌发电报撤掉詹式邦的职务，把兵权移交邓侠。

张炎获悉化州城的事变后，立即做好紧急应变措施。晚饭后，他派10名警卫护送郑坤廉及子女连夜赶到麻斜张明西家隐蔽。

当晚9时，詹式邦接到被撤职和移交兵权的电报后，立即与秘书梁宏道（中共党员）赶到樟山村向张炎汇报。在这紧要关头，他们毅然作出立即连夜发动武装起义的决定，并通报中共南路特委接应。

（二）张炎、詹式邦武装起义经过

1月14日凌晨，张炎宣布起义，并通报中共南路特委。因时间紧，特委来不及通知黄景文，只能通知王国强率部参战。张炎率领张世才、张怡和两个基本大队及张启彬警卫连共400多人，携六零炮1门、重机枪2挺、轻机14挺，于凌晨2时包围国民党吴川县府所在地塘㙍圩。詹式邦与梁宏道率领自己尚能控制的警五大队400余人（包括郑康惠一个中队）也于凌晨2时赶到参战。拂晓5时，张炎负责进攻塘㙍上圩林屋祠堂（县府及邓侠住地及一个中队部）和郑家祠（一个中队），詹式邦、梁宏道负责进攻塘㙍中圩亚婆庙（一个中队）及拜斋坡陈济棠别墅（一个中队）和塘㙍下圩关帝庙（一个中队）。战斗到上午9时止，张炎、詹式邦两部胜利结束战斗，生俘反共县长邓侠、国民党县党部书记林太初、县参议长林昭文及其下属职员100多人，共解除5个中队500人的反动武装。同时，原十九路军散居在吴川各地旧部属亦响应武装起义。县长邓侠被押回樟山村关押，当晚因看守不严逃脱，但在吴西南上圩附近被陈汉雄大队郑惠康中队抓获，当天公审后执行枪决。

1月14日凌晨，住在大洋村的三大队王国强、陈以铁所部（4个中队400余人）忽接到中共南路特委的命令，跑步赶到塘㙍圩参战。但他们率部赶到塘㙍圩时已是上午9时30分，即赶不上参战，只好奉命破狱释放200多名政治犯，开仓赈济，平祟仓谷，竖旗招新兵。

1月15日，他们又率部荡平芷寮、吴阳、银岭、振文等乡反动武装，收缴霞街村反动地主武装轻机一挺。

独立中队在队长程耀连、指导员杨子儒的领导下，于1月14日，联合塘溪通津两乡乡公所的官兵及白藤小学部分师生150人在樟山埠头村祠堂（世德小学）同时宣布起义。世德学校军训团在指导员兼中队长李通、副中队长麦忠廉率领下，在世德学校宣布起义，并于13日夜就剪断塘㙍与黄坡、梅菉、廉江、化州等地联系的电话线。

由于南路游击队第二支队的一、二、三、四大队的配合作战，中共部队控制了吴川全境。

五、南路人民抗日解放军的成立

1945年1月中旬，李筱峰奉中共广东临时省委之命到达广州湾，向周楠传达省委关于南路人民抗日武装采用"抗日解放军"番号的指示。19日，中共南路特委在泮北遗风小学召开特委会议，决定成立南路人民抗日解放军，周楠任司令员兼政委，李筱峰任参谋长，温焯华任政治部主任。

1945年1月19日，南路人民抗日解放军第二支队所属部队成立，由吴梅地区的抗日武装三个大队、吴廉边区的抗日武装一个大队组成。

1月19日，张炎、詹式邦在官渡镇高岭村将他们的起义部队组成高雷人民抗日军，军部设在高岭村詹式邦书房。张炎任军长，詹式邦任副军长，叶春任政委，曾伟、彭千玺分任政治部正、副主任；陈泽任军需处处长。高雷人民抗日军下辖两个团：第五团和第六团，团长分别为张世才和张怡和，警卫营营长为张启彬。高雷人民抗日军2 000多人在高岭村马路尾大广场召开誓师大会，张炎、詹式邦在大会上讲话，公开宣示联共抗日。

1945年1月24日，国民党茂阳师管区副司令肖仲明率保安团近千人攻占吴川塘㙍，大肆烧杀。中共南路特委已经提前获悉顽军的企图，放弃在吴川建立根据地的计划。1月27日，中共南路特委在中垌村召开战地军事会议，邀请张炎、詹式邦、曾伟、叶春、彭千玺参加，会议由周楠主持，李筱峰作军事形势报告，决定张炎部队与陈醒亚大队进攻塘莲。

2月1日，张炎率领高雷人民抗日军向廉西北进军途中，打下武陵圩后，由于张炎误信廉江县长黄镇、雷州挺进队戴朝恩伪造的电报，放弃进攻塘莲计划，把队伍拉回灯草村。是日日薄西山，该军遭到广东省保安第六大队、廉江县县长黄镇带领县自卫队及戴朝恩率领的雷州挺进队等1 000余人突然袭击，队伍被打散。随后，张炎、詹式邦、曾伟3人商谈部队去向，一种意见以詹式邦为首，主张部队回吴川；一种意见以曾伟为首，主张去找共产党。僵持不下，詹式邦拔枪说："由军长定，谁再讲话，我就开枪。"张炎说："我不回吴川，谁想回吴川跟詹式邦去；我也不想跟共产党，谁想跟曾伟去。我去广西找李济深。"随后张炎往广西找李济深，途经广西博白被玉林行政督察专员梁朝玑逮捕。奉蒋介石命令，梁朝玑于1945年3月20日在玉林将张炎杀害。张炎牺牲时年仅43岁。中华人民共和国成立后，广东省人民政府从广西玉林将张炎将军的遗骨迁回，安葬在广州银河革命公墓。1958年1月8日，中央人民政府毛泽东主席签署命令，追认张炎为革命烈士。

六、覃巴南山村武装起义

1945年6月30日，梅菉秘二区特派员庞达在覃巴区南山村集结梅菉、覃巴和滨海区其他组织，郑奎、梁振初、杨伦等人组织地下游击队160多人，以及由共产党员郑奎策反过来的梅菉伪军郏剑大队90多人，在覃巴南山村祠堂举行武装起义。部队当天攻陷覃巴乡公所和邓龙光的当铺，解除了他们的反动武装，同时宣布成立茂名人民抗日游击大队，大队长为郑奎，副大队长为梁振初、郑南美，教导员周礼，下辖二个中队。起义后，游击大队在吴川覃巴沿海地区留下100余人坚持在原地活动。7月1日，他们遭到茂名国民党顽军重兵"进剿"，队伍被逼退到博茂村，在博茂村党支部陈广昌、陈洪瑞（猪牯）等党员的帮助下，从海陇村撤到吴阳东海上塘村，但又遭到吴阳林增煜带领的联防队出动堵截，致使队伍陷入绝境。幸得该村的地下民兵邱锦尧、邱锦伦、邱锦泉、邱上康、邱琼玉等人的努力，用渔船载他们出海。部队从海上撤至南二大寓村，经休整后下遂溪，编入主力团。

7月下旬，特派员庞达带领150多人摆脱国民党顽军的追击，经吴川等地转移到遂廉边抗日根据地新塘，编入南路抗日解放军第四团六连。该连连长为郑奎，指导员为周亮，下辖3个排。

七、梅菉武装起义

1945年1月15日，庞达奉命在梅菉组建一个大队，准备发动武装起义。原准备由庄冠洲、李荫华、窦超群等策反梅菉自卫中队起义，后因泄密，加上经验不足，联络不上等候接应起义的民兵。此时只有李时清等数人冲入广神庙，抢到敌人的一挺轻机枪。李时清见到己方人力不足，敌人已发觉，只好托着轻机就跑出敌据点。事后因泄露机密，负责策反人员庄冠洲、庄冠华被捕牺牲，李荫华被捕入狱，后由家属用重金赎出来。窦超群也被杀害，策反失败。最后又从梅菉市立中学和六堡中学（今吴川二中）抽出一批学生党员组成一个宣传工作队，再输送到李一鸣大队参加南路武装起义。起义前，沈德润、韦成荣、张德钦、杨文初在梅菉市郊农村建立了游击小组。

吴川一中退休教师黎国魂在《43—46年梅中学生运动的回忆》一文中讲述，1945年1月，在校参加梅菉武装起义的情景："1943至1946年间，我在梅中读书。1945年1月，化南李一鸣、吴川陈以铁、杨子儒在农村起义了，张炎、詹式邦也跟着宣布起义，我们梅菉也抓紧进行。这时学校当局怕学生在校搞暴动，校舍由警四大队一个中队进驻。在此情况下，当时梅菉地下党领导人庞达同志决定：校内只留凌霄、周亮、王世坦、李荫华4位同学，以家乡离梅较远，而且家乡已被起义军占领无法返家为借口，住在学生会内，侦察和掌握（警）四大队的活动规律；并指定李荫华同志搞兵运，计划争取其中一部分参加我们的起义。其余同学，分四五人一个小组，指定联络点、住在市里候令。当时我和3个同学每人身怀1支尺多长的铁条，住在十字街德义糕饼铺楼上，负责起义时监缴鉴江酒店门前警岗的枪支。一连住了3天未见有特别命令，到了第四天夜里12时许，王世坦来通知我们立即撤退，并指定我们过化州渡，直奔长岐良村李一鸣队伍，当时他不说明为什么撤退，后来才知道李荫华同学被捕，梅菉起义计划不能实现，故把学生队撤下农村。"

八、吴川人民抗日武装起义

1943年，南路党组织为了宣传抗日救亡，在塘㙍镇上杭碣南公祠设立文林小学，实为张炎将军的秘密办公场所，张炎将军赠送了书柜、椅子给文林小学。当时中共南路特委派温焯华、黄明德等人到文林小学活动，并先后派共产党员张虎、梁尚文任文林小学校长和教导主任，并成立上杭党支部，张虎任书记，上杭党支部组织发动了当地的抗日救亡运动；李一鸣及吴中区特派员王国强也常到文林小学开展宣传和组织革命活动；杨子儒、陈以铁、张怡和、王载源等革命干部与上杭党支部在文林小学成立抗日联防队，上杭、东岸等村有200多人参加抗日联防队。1945年1月，抗日联防队队员参加了震惊粤西的吴川抗日革命武装起义，为抗日战争作出卓越的贡献。

4

第四章
解放战争时期

第一节 抗战胜利后的局势

　　1945年8月15日，日本帝国主义宣布无条件投降，抗日战争取得胜利。14年抗战后，全国人民渴望和平民主，休养生息，重建家园。中国共产党从广大人民的根本利益出发，力争通过和平的途径，建设一个独立、自由、民主、统一的新中国。与此相反，国民党统治集团却企图依靠美国政府的支持，在中国继续实行国民党一党专政，恢复和维持其在全国的统治。

　　为了争取中国光明的前途，中国共产党领导广大人民同国民党统治集团展开了复杂而激烈的斗争。中国革命由此进入了新时期——全国解放战争时期。

　　1945年10月，广东省国民政府制定《广东省复原计划大纲》，部署各地接收日、伪民政机构，编整保甲及户政，编练警察、保安团队，加强地方武力。

　　国民党南路当局为了强化和巩固其专制统治，成立了粤桂南区绥靖指挥部，集结正规军、保安团及各县自卫队、职防队共1.5万多人的反动武装，对高雷、钦廉地区进行"清乡""扫荡"。在吴川、化县地区，国民党茂阳师管区和化吴"清剿"指挥部出动大批军警进行穿梭"耙田式扫荡"，在1946年1月至2月间，逮捕、杀害共产党员和革命群众数百人。

　　敌军六十四军一个师驻扎在吴川西南区，师部驻在官渡镇的山嘴村，他们和地方反动武装、保安团一起，对吴川西南的泮北等地和中区的樟山、低岭、翟屋、白蓁等革命村庄进行重点"大扫荡"，到处抓人杀人、烧毁房屋、洗劫财物。中共南路各级组织和人民面临新的困境。

1946年初，吴川县国民党反动派"烟屎公"（真名不详）带人围封泗岸五教岭村，抓走陈增祥同志，并把他打至重伤。后全村筹200多元，陈增祥才得以释放。

同年6月，乡长李兴让又带领乡兵围封村，烧毁陈焕祥的3间屋，并从村中抢走猪4头，"三鸟"、财物一批。

1946年秋，国民党乡公所乡兵先后三次到振文奇艳苏陈村封村，搜家抢劫村民粮食500多斤、耕牛2头、衣物一大批。陈亚胜、陈亚景两家被封门，陈亚胜、陈宏龙二人被捕入狱，经历几番严刑拷打，后经乡民筹款设法投保才得以释放。

在国民党"清乡""扫荡"中，吴川县党组织为了人民群众的生命财产安全，布置党员白天隐蔽于村庄附近的灌木丛和蔗林、山洞里，夜晚进村做群众工作，帮助群众排忧解难。他们的行动，得到广大群众掩护，群众自觉起来，为他们站岗放哨、通风报信，保护其安全，生活上也给予很大照顾。

吴川各级党组织、人民武装在分散活动中，遵照中共南路特委关于武装自卫批示，伺机袭击分散、弱小的国民党据点，镇压反动分子和锄奸肃特。如处决曾杀害革命干部翟林3位亲人的国民党反动保甲长翟德庆、翟世峰，处决上杭村特务易子达，处决特务分子李文新以及为虎作伥的走狗詹建欧等。

在化吴地区，武工队袭击梅菉市围兰镇分所后，又在板桥圩秘密处决了民愤极大的国民党乡长；此外，还诱歼了经常盗用共产党员名义打家劫舍的股匪，在一定程度上打击了国民党反动派的嚣张气焰。

吴川县、梅茂县党组织，带领吴川县、梅茂县人民开展各种各样的斗争，在斗争中不断壮大人民武装力量，在上级武装力量的支持下，最终解放了梅茂县、吴川县。

党组织的恢复、发展和领导解放斗争

  吴川县党组织，包括吴西南区、海滨区的党组织，由于全部党员参加了1945年初的南路人民抗日武装起义，原组织系统已不复存在。日本投降后，由于国民党反动军队对南路抗日游击区的大举"扫荡"，南路主力部队已作战略转移，留在吴川坚持斗争的部队和党员成立游击小组、武工队，分散各地掩蔽活动，利用各种条件找职业或进学校做地下秘工。分散各地的党员一时未能重新组织起来。吴川县是以陈醒亚为书记的中共化吴工委领导下的一个大区，由工委委员王国强负责。1945年9月下旬，由于工作需要，中共南路特委调王国强到信宜县工作。为此，中共化吴工委要求吴川大区迅速把分散县内各地的党员和干部集中起来，建立起党的组织，同时着手建立武装。以武工队的组织形式，首先在群众基础较好的地区活动，坚持反"扫荡"斗争，开创武装斗争的新局面。

  1946年2月初，国民党军大"扫荡"后，南路人民抗日解放军第四团派出武装人员协助程耀连回吴西南区恢复工作。程耀连等人一面联系部队的散失人员，护送回队，一面发展党员、地下游击小组。

  2月中旬，以程耀连为队长、翟林为副队长的吴川武工队成立。队员有刘汉、陈福灿、张家隆、翟福初、翟康远、郑康养、翟有、杨华等9人。武工队活动于吴中区和西南区，独立作战，还多次与化县武工队协同战斗。在此前后，以李时清为队长的武工队在滨海区成立，活动于坡头、南二、南三一带沿海村庄。在经历了国民党反动军队残酷的"扫荡"残杀后，群众见到自己的子弟兵，悲喜交集，纷纷控诉国民党军队和当地反动派的罪行，要求武工队为死难者报仇。在人民群众的支持下，武工队积极寻找战机，先后镇压了一批极端反动的保长、特务头子、流氓地痞、恶霸等。与此同时，武工队继续联系在各地掩蔽的党员干部和战士，并有计划在武装斗争中锻炼、培养吸收他们参党，增强党的领导力量；围绕发动群众开展反"三征"斗争，开展地方上层人士的统战工作，恢复和建立交通、情报联络站、联络网等方面工作。不久，黄华、叶玲、张贞、陈轩、龙华等与组织取得联系，参加了武工队。程耀连武工队在扩大，党员也由原来的9人增至16人。

此时，国民党设点封锁沿海一带交通线，企图中断中共南路组织的联系网络。为保证中共南路特委交通线的安全，使上下级及时联系，活动在南二、南三沿海一带的武工队李时清、韦成荣亲抓各交通站工作，派袁德权常驻碰田启站，直接与中共南路特委机关联系。当时党组织建立了多个交通站，其中烟楼总站的作用尤为重要。烟楼总站从湛江、滨海、梅菉、阳江、江门直到香港，许多来往的革命人士和中共南路特委的文件都是通过这条交通线护送。

在此前后，张德钦在南三霞瑶村等地成立交通联络站，由陈清负责，并指派陈福、陈智良在巴东圩收集情报，有计划地安排一些进步青年到区公所当差，以便获取情报。南三岛外的主要交通站有南二张杰站、章冻站、田站、南寨烟楼站、梅菉新地站、邓兴杰站；南三岛内的交通站有莫村的陈耀初站、莫善端站、莫英如站，田头村的陈进行站、陈亚保站，围岭村的钟秀春站，上林历村的郑王贵站，南兴村的陈真妹站、陈亚权站，地聚下村的何莫华站，麻林村的谢英站、庞钩钓站，新华村的陈安妮六站、陈土汉站，湖村的张树颐站。张德钦还筹集经费10万元，派霞瑶村陈光在赤坎九二一路开办"永成行"，以经营日杂生意为名建立市区联络站，使南二、南三、东海、赤坎、梅菉等地的交通情报站连成一片。

与此同时，反"三征"斗争和减租减息运动，在武工队活动的地区普遍开展起来。党提出的政策深得群众拥护。而由进步人士或共产党人担任的国民党保长、甲长，也与群众一道对付国民党当局，破坏他们的"三征"。

开展对上层人士统战工作，团结一切可以团结的人，尤其是地方上有较大影响的人士，争取他们支持解放战争，在一定的条件下，是一项关键性的工作任务。吴川武工队的领导程耀连等人亲自抓这一工作。他多次上门向一些上层人士宣传形势和共产党的政策。西南区黄逸云、鲁学洪、詹洪畴等人，原来对共产党有隔阂，采取不介入任何一方的态度。经多次思想工作后，他们表示支持革命，有的帮武工队买枪支和医药品。中区板桥乡乡长龙英昌、黄坡商会长龙大逵，怕得罪国民党不敢接近武工队，经崔林、程耀连等反复对他们进行工作后，表示愿意做共产党的真诚朋友。他们为武工队购买武器弹药，包括轻机枪2挺，手提机枪、快掣驳壳手枪各1支，子弹一大批。张炎旧部崔森，在张炎起义失败后，心灰意冷，表示从此不问政治，也不愿接近共产党。党组织做通他的工作后，他把珍藏的军用地图献出来。这是化吴主力部队亟须的军用品，武工队得之如获至宝。以上这些地方上层人士，帮武工队做了不少事，更重要的是把这些人的工作做好了，群众顾虑就大大减少，革命行动也就更积极。

1946年4月初，中共广东区党委根据国共双方达成的协议，将各地部分暴露的党员干部随东江纵队北撤山东，并对留在广东的党组织和党员的工作重新作了布置，确立了"长期埋伏、埋头苦干、积蓄力量、待机发展"的方针。广东各地基本停止了武装斗争，进入分散隐蔽新阶段。此时，各地党组织改为特派员制，采取单线联系的方式秘密活动，利用各种条件坚持斗争。1946年4至5月间，中共广东区党委决定撤销中共南路特委，设立中共广东南路特派员，温焯华任特派员（原中共南路特委书记周楠调回中共广东区党委另安排工作）；5月，中共广东区党委又调吴有恒任南路副特派员。5月起，其他南路党组织相应地也改为特派员制。在化吴地区，党组织调唐多慧任化吴特派员，管辖化县、吴川、梅菉市（后）及廉（江）东南、茂（名）南部分地区党的组织。党组织调陈军任梅菉秘工区特派员，不久，中共广东南路特派员将梅菉秘工区特派员交给化吴特派员领导。

一、中共粤桂边地委成立及各级党委恢复

1947年3月，中共广东区党委为了加强党对南路地区革命斗争的集中领导，撤销中共广东南路特派员，成立中共粤桂边区地方委员会（简称"中共粤桂边区地委"），任命温焯华为书记，吴有恒为副书记，欧初为委员兼宣传部部长。

中共粤桂边区地委成立后，随即撤销各地特派员，成立各级党委制。此时，高雷地区各县党组织作了调整：撤销中共化（县）吴（川）特派员，4月成立中共化吴中心县委，化吴中心县委书记为唐多慧（同年6月牺牲），后由罗明接任。

各中心县委、工委（县委）建立后，所辖各级党组织也相继恢复党委制。7月，中共茂（名）化（县）吴（川）梅菉边工委成立，陈炯东任书记。

8月，化北工委成立，李鸿任书记。1948年2月，吴川县工

委成立，杨子儒任书记。各中心县委、工委成立后，党委书记大多兼任人民武装部队政委，加强对地方工作和部队工作的统一领导。部队中的连队也逐步建立了党组织。

1947年5月，化吴地区党组织在吴川组建了粤桂边区人民解放军独立第一团（简称"独一团"），后为了纪念张炎，于10月改称"光中团"。团长为张启彬，政委为杨子儒（后为程耀连）。

二、红色政权的建立

为了更好地、广泛地发动和组织群众，为党及其领导的人民武装建立革命基地，中共粤桂边区地委决定取虚实结合，扩大政治影响的策略，成立党领导下的各级人民解放政府。

1947年6月，吴川县人民解放政府成立，杨子儒任县长，随后区、乡红色政权相继成立。政府下设吴西南区：冯汉英任区长，指导员吴振声；吴东北区：庞雄才任区长；中区负责人、翟林；海滨区：李时清任区长，韦成荣任副区长；银岭区（未建）：负责人为梁平；化南区：李植森任区长；梅菉秘工区（未建立）：负责人为陈培；茂南区：李雨山任区长。

吴化梅区党组织在樟铺厚埇村祝秀英家公开成立南路安乡人民政府，管辖范围包括化县所属的赤沙、坛岭、安南，吴川县属的五境至沙美及化县的塘北、新塘儿等地。乡长：陈梅初，副乡长：李周，妇女主任：李景芳，文书：陈土才。乡政府下设行政村和村政权组织。在区、乡两级政权的统一领导下，厚埇村及附近文村开展了轰轰烈烈的革命活动。至1947年夏秋间，吴川革命老区全部恢复，新区得到很大发展。特别在1947年的武装斗争期间，茂化梅边区建党支部15个，党员118人。全区范围内建立人民政权有：三民乡、罗中乡、南坡乡、交心乡等大乡。在民主政权建立的村庄，普遍建立了农会、睇垌会、妇女会、儿童团等革命群众组织，为解放战争作出了巨大贡献。

红色政权建立后，根据上级指示精神、中共粤桂边区地委部署，化吴等地党组织在游击根据地内着力开展下列工作：

在大部分农村进行"二五"减租（退返农民25%田租和利息）、退租退押运动；通过吊耕会、同心会等地方实行"吊耕"（农民联合起来以罢耕罢种方式迫使地主降低地租）；通过农会出面，工作队协助，进行解放婢女、童养媳工作。振文边山村睇垌会开展减租吊耕运动，秋收后，减得地主林启凌租谷50多石、伪币10多万元；1948年后，解放地主家中婢女31人，恢复其自由。

化（县）吴（川）梅菉地区则是在"二五"减租后对地主征收军粮，规定地主将减租后所得部分的25%作为军粮交给人民政府。

化吴地区除了在10多个主要圩镇设立税站外，并在广州至梅菉、化北至梅菉的鉴江、罗江河道及南三岛设立税站，主要征收香港、澳门往来湛江货船的货运税。这些税收成为部队的供给来源。

此外，部队攻打国民党政府的粮仓，开仓济贫并将粮食交由群众保管，部队急需时就地供给；在新开辟的地区，由武装部队向当地富户大户派捐应急。

完善交通情报网。各县建立情报系统，任务是负责搜集和递送国民党军、政治、经济等方面的情况。中共地下组织在吴梅茂特区先后建立了6个交通情报联络站。其中梅菉鸡行街30号，是抗战后期和解放战争时期中共梅菉地下中心交通站，站长为沈德润。该站向黎庆德三奶借一间铺，以广鸿泰铺号之名经营土特产生意为掩护。解放战争时期，黎庆德三奶还把一间典当铺，把40石谷款借给游击队作生活经费。她全家全力支持革命工作，作出很大贡献。

开展统战工作。在梅菉，党组织积极做好开明绅士、商人的工作，争取了李泮香等一批商界开明人士同情和支持革命工作。

此外，为了适应战争的需要，多地党组织在游击根据地内建立起修械所、医疗所、看守所等后期设施。黄坡新店村曾建有枪械修理小作坊，为游击队修理枪械。

第三节 发展人民武装开展反"扫荡"斗争

一、开展武装斗争的情况

1946年底，中共中央多次指示南方各省要积极发动公开的游击战争，建立游击根据地，要在党内消除过去认为"广东将长期黑暗，因而必须长期埋伏"的思想；指出广东党组织今后的中心任务在于全力布置游击战争。中共广东区党委接到中共中央上述指示后，于11月27日作出了"恢复武装斗争"的决定，并制定了"实行小搞，准备大搞，从无到有，从小到大，稳步前进"的战略方针，号召各地留粤武装人员，重新拿起武器，建立武装队伍，打击地方反动势力，保护人民群众利益，发展和壮大武装队伍。此前，已率先恢复武装斗争的南路地区的广大党员、干部和人民群众，因有害怕武装斗争发展起来之后，又要再收缩的思想顾虑，而不能放开手脚"大搞"。中共中央的指示和中共广东区党委的决定，极大地鼓舞了他们的斗志，进一步明确了今后发展武装斗争的方向。

1946年11月，国民党当局为了加速内战，挽救其失败，抽调驻广东的正规部队北上，广东和南路的形势又起了新的变化。中共广东南路副特派员吴有恒要求各县立即着手建立武装部队。1947年3月，南路臭名昭著的反共头子、国民党遂溪县县长戴朝恩（绰号"铁胆"），被遂溪西南区游击队击毙。南路各地尤其是遂溪、廉江、化县、吴川等县的人民群众欢呼雀跃，奔走相告。吴有恒得知戴朝思（又名铁胆）被击毙的消息后，决定乘此大好形势，放手发展党的人民武装，将武装斗争推向新高潮。吴有恒和唐多慧又决定将化吴部队整编为粤桂边区人民解放军新编第四团（简称"新四团"），团长为罗明、政委为唐多慧，全团编为7个连，共700余人。吴川大区也成立地方武装。杨植芳、庞阔首先成立吴中区独立中队，共24人，不久因上送队员10人参加主力部队新四团，另行组建杨士培中队，共20多人。3月底，吴中区区连成立，连长为崔林，副连长为张家隆。杨植芳、庞阔所建的独立中队编入吴中区区连，区连成为该区的主要部队，有指战员共60人。此时，龙延楷也建起20多人的中队。5月，吴西南区建立起区连，连长为庞鹤年，指导员为梁森。区连建立后，队员扩展到40人，还先后向新四团输送队员20多人。同月，滨海区也建立区连和手枪队。区连连长为李信，指导员为李时清；手枪队队长为李华池，队员30多人。

1947年春，中共茂电信特派员王国强率领茂电信独立六连到滨海区淡水沟、烟楼、沙城等村庄休整。吴梅边党支部书记张德钦和党员李时清、李华池等人，发动群众巡逻放哨，并组织几个党员化装到附近圩镇侦察，保护队伍的安全。他们还发动群众腾出房屋给军队住，组织群众给部队煮饭。有一次，听说国民党保安团到滨海区的烟楼沙城"扫荡"，党支部便通知党员叶芳卿立即组织船队做好准备，如少数乡兵来，就消灭他们，若乡兵太多，就坐船过海。结果，国民党军队没有出动，王国强则率领队伍在淡水沟、烟楼休整3天。使广大党员发动群众参军参战，积极支援部队，军民关系密切。

1947年4月，李雅南率领武工队与滨海区李时清等配合，在吴川县坡头海关楼附近公路伏击国民党的押款车，当场击毙警长

1人，缴获枪械、钱币一批，步枪10多支。

1947年5月，粤桂边区人民解放军独立第一团成立，10月改称光中团。人民武装迅速发展，四处出击大搞武装斗争。

滨海区在重新划归吴川管辖前，武装斗争已初具规模。划归吴川后，随着形势的变化，武装斗争更加蓬勃地发展起来。中共滨海区武装连队收缴了三合、十四、十五等保甲的武器，加强和壮大了武装连的力量。区武装连队根据这个地区的特点，采取灵活的战术打击国民党乡兵。当区武装连队得悉国民党自卫队要进驻三柏圩油行时，即派人把该油行烧掉，令乡兵不敢在圩上逗留。区武装连队还在路上布雷，埋伏截击乡兵，使其无法在三柏圩立足。同时，区武装连队还以税站为阵地，打击国民党军。在滘口税站，区武装连队击毙国民党一特务长和一少校官。国民党原吴川县长林幼鸿之子伙同国民党梁志自卫中队常到南寨、烟楼、乾塘一带收租、抢粮，多次遭到滨海区烟楼等处游击小组的袭击。5月，滨海区李雄独立大队，袭击坡头一国民党军据点，把国民党麻登乡公所撤入坡头的枪支全部缴获，计步枪40多支，弹药一批。7月，李雄独立大队遭到叛徒李鼎芬出卖，大队长李雄和李育英被杀害，大队解体。滨海区部队寻机把杀害李雄的凶手李观友抓获，在三柏圩公审后处决。

吴西南区连成立后，即进行收缴反动武装及其隐藏的枪支弹药，卓有成效。7月31日，适逢塘㙍圩日，吴中区部队乘新四团在家宅埔的胜利余威，奇袭塘㙍圩，消灭国民党通津乡公所乡兵。其时中区连（战斗员80人）担任塘㙍圩内包围两乡兵据点和突击通津乡公所的任务，杨士培连（20多人）和通津乡人民政府乡队（27人）担负警戒，截击中堂、上杭增援的国民党部队。杨子儒还布置吴西南区连担负警戒龙头方面乡兵。战斗于上午10时打响，至中午12时，中共部队全歼通津乡公所乡兵，计缴获步枪

28支，手枪2支，弹药一批。

同年9月，吴川全县展现一片革命大好形势。吴中区、吴西南区与化南、廉东南，吴、化、梅、茂边区，基本上联成一大片游击区，国民党军和反动武装被分割的各自孤立的据点，如吴中区只有上杭、中堂、塘塥、石埠等几个据点；西南区只有龙头、上圩、新圩仔据点。他们只能龟缩于据点中。这时，全县游击区已扩大到占全县面积80%以上。同时，党组织在各区连队发展一批党员，还在交通联络情报站中挑选一批骨干加强培养。

二、争取和平民主的活动

1946年2月，中共广东区党委发出了《关于目前形势与任务的指示》，1946年2月1日，中共南路特委根据中共中央、广东区党委关于争取和平民主的精神，以南路人民解放军的名义，发表了《为呼吁停止南路清乡反共、实现停战致陈公侠先生代电》，指出"今日南路人民之迫切要求，不在内战，而在和平，不在'剿'共，而在团结，不在专制独裁，而在实行民主"；敦促国民党广东省八区行政督察专员陈公侠"体恤南路人民痛苦，当机立断、毅然停止一切'清乡'、反共行动，化干戈为玉帛"。在化吴地区，李一鸣、李郁等以南路人民抗日解放军第四团团长代表的名义，向国民党地方军政要员散发《代电》揭露国民党化县当局在化北袭击共产党领导的游击队、制造摩擦的罪行，申明共产党维护"双十协定"，反对内战的立场。

中共广东区党委还制定了《关于游击区武装问题处理办法》，强调人民武装避免遭受打击，积蓄待机等。

三、"白皮红心"政权的建立

1946年初，中共南路特委负责人温焯华根据中央和中共广东区党委的指示，提出来了"长期隐蔽，积蓄力量，等待时机"的指示，已暴露的同志撤出，未暴露的继续坚持斗争，同时为打破国民党的"清剿"计划，配合人民武装开展自卫斗争。高雷各县党组织根据中共广东区党委和南路特委的指示，着力开展建立"白皮红心"两面政权的工作，挑选政治上可靠的人（共产党员、进步民主人士和群众），打进国民党的乡、保政权中去，把这些基层政权变为共产党开展活动的秘密阵地。这些"白皮红心"两面政权，对掩护地方党组织活动，同国民党反动派斗争，起到重要作用。

1946年12月，中共茂电信武工队在兰石庄垠村建立交通联络站，进步革命青年林叔文任站长。1947年6月，林叔文又被上级党组织安排到国民党茂名县三联乡当保长。林叔文利用保长的身份，冒着牺牲自己及全家人性命的风险，在几年的时间里为党组织秘密搜集情报。后来鉴江河畔白雍重坡设立税站，林叔文任税站站长，对过往商船征收商品流通税。税费收益供给时任中共茂电信武工队负责人梁关（梁雄德），解决队伍经费问题。他为中国人民的解放事业做了不少有益工作和贡献，中华人民共和国成立后，被授予"革命功臣"光荣称号。

四、粤桂边区人民解放军的建立

1947年4月，中共粤桂边地委成立，温焯华任书记；并成立粤桂边人民解放军，吴有恒任代司令员，温焯华任政委。在中共粤桂边地委的领导下，游击队整编为粤桂边人民解放军建制，成立3个主力团，化（县）吴（川）地区成立粤桂边人民解放新四团。团长罗明、政委唐多慧，全团辖7个连，共700余人。3个团转战于廉江、化县等地，摧毁民国党乡公所近20个，控制了遂溪、廉江、化县边区纵300余里、横200余里地区，使遂溪、廉江、化县、吴川游击队连成一片、武装队伍发展到5 000余人。

从这时起，不到半个月时间，化（县）吴（川）人民武装队伍扩充了1 000余人，粤桂边人民解放军新四团扩充为两个团，即九团、十团，陈炯东、叶宗屿分任九团、十团团长。吴川改编独立一团为光中团，张启彬任团长，程耀连任政委，邵福祥为政治处主任，下设4个连。同时，杨植芳、庞阔又在吴中区成立一个24人的独立中队，杨土培成立一个20人的杨土培中队。不久吴川中区又成立区连队，把杨植芳、庞阔中队编入区连队，共60多人。吴川西南区也成立区连队。至此，吴川的塘㙍、官渡成了革命的区域。

第四节 在坚守中发展

1947年9月，宋子文到广东，加紧策划对人民政权武装力量发动进攻。1947年11月至12月，国民党粤桂南"联剿"指挥部先后集结广东保一、保二、保十团和广西保六团、国民党第二九旅两个营及茂（名）电（白）信（宜）自卫队共约5 000人反动武装，大举进攻化吴地区。

郑为楫被任命为吴西南（第四团练区）"清乡"主任，采取"拉大网""耙田"等方式对化吴游击区进行疯狂进犯。"清剿"期间，有700多名党员、干部、战士及其家属遭受血腥屠杀，其中有人民解放政府的4位区长和1名化北工委委员，人民武装主力及区、乡共损失700多人，仅1947年11月22日一天之内，郑为楫的"清乡"队在大垌村抓了36人，吴西南区副区长郑康惠胞兄郑恒如被撬断脚骨。区、乡人民政权及农会民兵、妇女会等群众组织遭到严重破坏。整个化吴地区陷入白色恐怖之中。两县的党员、干部、群众共1 400人惨遭杀害。中共中央香港分局对粤桂边区的局势甚为关注，曾于1947年11月13日指示中共粤桂边地委：为了粉碎敌人"围剿"，保存有生力量，必须主动打击，东、西推进，转向外线作战，"减少保养困难，分散敌人实力，减轻老区压力"。

为了贯彻落实中共中央香港分局的指示，林美南和温焯华于1947年11月底至12月初主持召开中共粤桂边地委扩大会议，参加会议有欧初、黄其江、左洪涛、沈汉英、陈明红、黄旺生、谢王岗、王国强、支仁山、李郁、马为杰等。会议传达学习中共中央香港分局的指示，分析研究了南路的局势，决定抽调高雷人民武装主力组成两支部队，从两个不同战略方向采取外线作战：一支西进十万大山地区，一支东进粤中地区，其余部队则在原地坚持斗争。会议决定：撤销中共遂溪中心县委、钦廉四属特派员、茂名中心县委，分别成立中共雷州工委、钦廉四属工委、茂电信工委。会议还决定将全边区人民武装整编为东征支队和第二、第三支队，东征支队由欧初任司令员兼政委，第二支队司令员为支仁山，政委为温焯华（兼），辖高雷地区部队；第三支队司令员为谢王岗，政委为陈明江，政治部主任为陈华，辖钦廉地区部队。

1948年3月，中共粤桂边地委根据中共华南分局指示，决定组织部分部队撤出化吴地区。吴川光中团改为一个营编入李晓农、金耀烈率领的新一团，该团经廉江、广西合浦、钦县向十万大山进军，称西征。新一团在十万大山活动期间，因干部、战士大多是高雷地区人，对当地少数民族的风俗习惯不了解，语言不通，加上国民党严密封锁，缺少粮、油、盐和医药，处境十分困难。新一团指战员发扬阶级友爱和团结互助精神，战胜种种困难，并与当地党组织、兄弟部队及各少数民族同胞一道团结战斗，摧毁国民党地方政权、清除土匪、镇压为非作歹的恶霸，开拓了十万大山游击根据地新局面。

1949年春，新一团奉中共中央香港分局指示，经越南入云南，与先期进入滇桂边区的原南路人民抗日解放军第一团会师，合编为中国人民解放军滇桂黔边纵队第一团，为解放事业作出积极贡献。

主力部队西征后，化吴地区人民武装撤退到遂溪的部队有230余人，由于化吴地区已被国民党全面控制，游击区被分割封锁，粮食供应困难，留下坚持斗争的队伍处境十分艰难。中区、西南区与县委领导杨子儒的联络暂告中断，两区党组织各自为战。1948年1月，吴中区领导陈枫带领叶玲以及西南区的庞斗才，在极度困难的情况下，终于找到杨子儒。杨子儒部署陈枫、叶玲经银岭回吴川中区，将党员、骨干分子组成几个战斗小组进行隐蔽活动，继续坚持斗争。由于有群众支持，1948年春，虽经国民党长达半年的"扫荡"，吴川中区连以上骨干基本上没有损失。

一、陈赓桃率部起义

1949年4月下旬，中国人民解放军解放南京。广东的国民党惊恐万状，急忙调防。5月，他们把广东省保安第三师副师长兼保安第九团团长陈赓桃调防梅菉。陈赓桃驻扎在梅茂县博铺的"四知家塾"。四知家塾位于吴川市博铺街道拱北社区，是一栋纪念东汉清官杨震而建的二层楼房。

梅茂县博铺乡属革命游击区，由中共茂电信工委管辖。7月后，中共茂电信工委遵照上级党委指示，在李灏、陈孔安跟陈赓桃谈判的基础上，再派中共高州地委副书记林其材、陈兆荣和常委车振伦由李灏、陈孔安陪同前往陈家，同陈赓桃面谈，争取其早日起义。林其材等人向陈赓桃讲清当前形势，阐明中共政策，指出前途出路。陈赓桃终于接受中共建议，同意率部起义。中共高州地委派车振伦为首的工作组对陈部做起义准备工作。陈赓桃把多余的枪支弹药，交给中共组织运送茂南游击区。1949年10月15日，陈赓桃毅然率领保安第九团下属的2个营（还有一个营驻惠阳），3个直属连，1个通讯排，及其弟陈赓彬率领的保二师1个营，共1 000多人，在梅菉博铺宣布起义。

陈赓桃率部起义后北上取道茂南游击区，经茂东、茂北，进抵茂名、信宜边区，同粤桂边纵队第五支队取得联系，双方配合打下镇隆圩，解放信宜县城。1949年10月22日凌晨，中共高州地委主要领导率部会同陈赓桃起义部队，包围了信宜县城，向城内打炮，同时发出通牒，命令敌人趁早投诚，中共党员陈达增抓住兵临城下的有利时机，分别向国民党信宜县自卫队大队长麦国琨和部分中队长喊话，宣传中共政策，讲明利害，指出前途。麦国琨知道大势已去，无法抵抗，率领城内4个自卫队约400余人投诚。县长陆祖光事前带甘瑞延一个中队仓皇逃命，五支队和陈赓桃部队便解放了信宜县城。中共部队和陈赓桃起义部队在信宜县城会师，揭开了信宜县历史光辉一页。

二、梅茂、吴川县解放

1949年10月，中国人民解放军吴川县大队在塘㙍成立，翟林任大队长（后为刘汉任），杨子儒兼任政委，陈平任副政委。吴川县大队配合解放大军做好解放梅茂县准备。

10月15日，陈赓桃率部起义撤离博铺后，梅菉、博铺的国民党守军已空虚。同月中旬，解放军进军南路，追击国民党喻英奇残部，10月28日宣布梅茂县解放；10月28日深夜至29日早晨进军梅菉，吴化梅茂县工委率领武警连与梅菉地下党组织配合进入梅菉。

1949年11月初，国民党吴川县长郑为楫带领郑培林的保安营、警察局局长蔡志龙二个中队和县政府工作人员一批，从黄坡逃窜到龙头，准备再逃去湛江。11月12日，中共吴川县工委率部占领塘㙍，15日夜，吴川县游击大队和钟永月率领的粤桂边纵队第一支队一团、三团、第七支队一个团包围逃到龙头圩的郑为楫部。16日，粤桂边纵队第七支队黎政、卢文率领第七支队十团、第二十四团独立营数百人增援，指挥部设在龙头圩龙祖石，把敌人重重包围。17日晚上7时，吴川县人民政府发出军字第七号令，限令郑为楫率部于1小时内缴械投降。吴西南区领导人庞斗才找到郑为楫妻子李丽川，命其将第七号令带入龙头据点交给郑为楫，同时还带去解放军营教导员郑树辉给郑为楫的劝降信。郑为楫见兵临城下、大势已去，不得不接受投降，第七支队和吴川县人民政府共同受降。17日夜部队进入敌据点，郑为楫饬令坡头梁炳章和军械员龙光向吴川县人民政府共同投降。部队共计收缴步枪540多支，轻、重机枪7挺，俘获国民党少将县长郑为楫及其部属官兵400余人。龙头圩战斗结束，吴川县全境解放。

第五章

社会主义革命和建设时期

中华人民共和国成立初期，由于长期的战争创伤和帝国主义、封建主义以及官僚资本主义的掠夺，外加特务、土匪的猖獗破坏，造成百业萧条，经济衰落，人民生活困苦。吴川县人民政府为了建立革命秩序，巩固新生政权，积极努力做好各项工作。

第一节 建立政权，恢复稳定

1949年10月29日，梅茂县地下组织和武装部队配合中国人民解放军二野陈赓部队解放了梅茂县。11月4日，梅茂县人民政府宣布成立，县府设在梅菉；11月，中共梅茂县委员会成立，陈炯东任书记。11月17日，吴川县宣布解放，县政府设在黄坡，同月成立中共吴川县委员会，杨子儒任书记。1954年起，吴川县实行普选，通过县人民代表大会选举县级政权领导人。

1949年10月至1951年6月，吴川县全境设4个区：一区（塘㙍）、二区（龙头）、三区（吴阳）、滨海区，各区均设区党委。

1951年6月，三区（吴阳）分为三区（吴阳）和四区（振文），成立两个区委；同月，海滨区划归湛江市辖。

1952年1月始，吴川县全境调整为五个区：一区（塘㙍），二区（龙头），三区（吴阳），四区（振文），五区（川西、黄坡、通和）。同月，原属湛江市辖的坡头、南三两区划归吴川县辖。

一、支援解放海南岛和抗美援朝

1949年，吴川县成立支前司令部，支援解放海南岛，老区人民积极参与支前工作，全县征集木船530艘、船工4 399人、粮食一大批和人民币9 795万元（时币），支援人民解放军渡海作战，解放海南岛。在渡海作战中，两名船工牺牲（文寿迥，男，吴阳文屋人；许祥标，男，塘尾姓许村人），25人立功。1950年，朝鲜战争爆发，吴川人民为抗美援朝掀起增产节约、踊跃参军、捐款捐物等热潮；其间，共捐款人民币68 334万元（旧币），用于购买飞机大炮。

二、剿匪镇反，稳定社会治安

中华人民共和国成立初，吴川、梅茂两县计有武装土匪21股，匪众约1 400多人。他们自立番号，制造谣言，张贴反动标语，打家劫舍，杀人放火，活动猖獗。自封为"粤桂边区反共救国军第三支第二纵队队长"的易河章，纠集匪众52名，窜扰塘㙍、龙头、通和等圩镇村落，袭击上杭乡人民政府，抢走步枪7支，子弹多发，杀害干部群众4人。梅茂县的吴汝颂等股匪，四出扰乱社会治安，杀人越货，共有干部群众20多人被杀害。

1950年6月开始，公安机关与县大队配合高雷军分区二十三团剿匪部队对猖獗一时的股匪进行清剿。几个月后股匪基本被歼灭，有的四散逃命。1950年11月，为贯彻中央第三次公安会议精神，吴川、梅茂开展镇压反革命运动，采取专门机关与群众运动相结合的方法，实行镇压与宽大相结合的政策，对罪大恶极、抗拒交代的反革命分子坚决镇压。集中打击土匪、特务、恶霸、反动党团骨干、反动会道门头子五方面敌人；对胁从者教育释放，立功者受奖。运动期间，清理出反革命分子100多人，缴获重机枪、冲锋枪各一挺，长短枪数百支，子弹3 000多发，反革命罪证一批，取缔反动道门组织59个。

1950年，结合镇反运动，政府对反动党、团、特务人员进行登记审查，在梅茂县进行新登记共有522人，在吴川县登记有1 829人。对这些人进行审查后，依法分别作了处理，基本上肃清吴川、梅茂境内的土匪、恶霸、特务等。吴川、梅茂地方党委和政权得到巩固，人民生活趋于稳定。

三、恢复交通、生产，稳定经济秩序

中华人民共和国成立前，县境内有公路9条，总长253公里。其中省级公路3条，总长95.6公里，县级公路6条，总长157.4公里。中华人民共和国成立后，县人民政府积极发展交通事业，发挥国家、集体的优势，先后兴建不少公路。吴川县从1956年到20世纪50年代末，建成7条县级公路，总长57.6公里；20世纪60年代，建成5条公路，总长157.4公里；60年代初，已实现主要圩镇（公社所在地）公路通车。公路建设主要为了配合开发老区、山区、边远山区和水乡地区的经济发展。

吴川的乡村公路建设，主要采取民办公助的办法进行。20世纪50年代，建成9条，60年代建成14条。县成立公路江堤指挥部，修复加固破旧的公路江堤，架通县内外各路电话线。在稳定经济秩序方面，统一财政，大力整顿税收，征收公粮，禁止金银、外币在市面流通，禁止私商抬高物价，打击走私，保证商品供应，稳定物价。此外，大力禁烟、禁赌、禁娼，收留安置游民、乞丐和娼妓，整顿社会秩序；动员机关干部和群众开垦荒地共2 480亩，增产度荒。

土地改革

一、分阶段进行土地改革

1950年，吴川、梅茂两县开展清匪、反霸、退租、退押的"八字运动"，按政策规定：凡是1949年秋地主向农民收的租谷，一律实行"二五"减租；凡是地主所要农民预付押金，不管年限，一律按原数原值退还农民。当地解放前农民欠地主的租谷及债务，一律废除；当地解放后，地主强迫农民还债的，一律退还。据1951年7月15日统计，两县共减退租谷54 853.29市石（1市石=50千克）。

1950年3月吴川、梅茂两县县委贯彻中共中央的指示，根据中央人民政府公布的《中华人民共和国土地改革法》，分别成立土地改革委员会，吴川县土改委员会先由周德安兼任主任，后由刘毅继任；梅茂县土改委员会先后由陈炯东、张任良、诸芳普任主任。

土改运动分3个阶段进行。第一阶段为清匪、反霸、退租、退押，称为"八字运动"；第二阶段为划分阶级成分，分田地；第三阶段为复查发证。

1951年，中共吴川县委在二区黄坡平泽乡进行土改工作试点。5月，马良才、张军等到平泽乡开展试点工作，白瑞生负总责。中后期有军队、地方干部80多人参加试点工作，培训土改骨干。各区也选择一个乡做试点：一区塘𡒄乡、二区川西乡、三区吴阳乡，各乡再选2个自然村为重点。试点结束后，县委即抽调干部930人（含土改试点的农民积极分子组成支援队）以乡为单位组成工作队，在全县范围内分期分批，开展土改运动。

在土改运动中，当地贯彻党的阶段路线，即"依靠贫雇农、团结中农，中立富农，有步骤有分别消灭地主阶级，发展农业生产。"[1]农村阶级成分划分按查、评、公榜、批准4个步骤进行。

土改工作队到乡后，即宣传党的土改政策，访贫问苦，扎根串联，建立贫雇农主席团，成立农会，发动群众，清查地主剥削，划分阶级，批斗地主，没收地主的土地与财产，征收富农的出租地。[2]以乡为单位，在原耕地基础上，抽补调整，按人口统一分配土地。全县（1952年6月吴川、梅茂两县已合并为吴梅县）分配土地的贫雇农59 313户；其中贫农39 586户，雇农6 125户，中农13 602户，共分得土地35.7万亩。其中贫农占21.9万亩，雇农占2.4万亩，中农占11.4万亩，土地所有制发生了根本变化。

1953年5月4日开始，全县范围内117个乡开展土改复查工作。复查内容：查阶级成分有无错划，漏划；果实分配有无严重不公；查地主分子有无守法，并结合丈田填写证和调整产量工作。复整至7月15日结束。

据9个区43个乡的统计，复查共纠正阶级成分2 073户，纠正划错没收，征收土地和财产的452户；打击错的673户，摘帽并参加农会有389户503人。

1953年4月土改结束，全县转入查田定产，发放土地证工作。县委贯彻执行中共中央《关于农业生产互助合作的决议》

---

①②　《吴川市政府志》编辑部编：《吴川市政府志》，新华出版社2008年版，第214页。

（实行草案）发动农民群众开展帮工、换工、互助合作，解放农业生产中畜力、农具不足等问题。随之，互助组即在全县农村诞生。

经过土地改革，农民获得了生产资料，解放了生产力，1949至1952年，全县农业总产值年均增长9.1%，粮食平均增长491万公斤，年均递增10%。（1979年2月，县委根据中央1979年第五号文件精神，全县摘掉地主、富农的帽子。另外对全县4 603名地富子女改定出身成分，使他们享有与群众相同一切待遇）

二、农业合作化

1. 吴川县第一个互助组

吴川县农民有帮工换工的习惯。1952年，土改试点乡黄坡平泽乡的李富祥创办了本县最早的第一个互助组。全组5户，全劳动力4人，无劳动力7人，耕地44.1亩，耕牛2头，大小农具10多件。互助组在自愿、互利基础上建立，土地所有制关系不变。八区的某互助组，1953年晚稻较1952年增产23.3%，初步显示了集体经营的优越性，对周围农民产生了巨大的吸引力。

1954年6月统计，全县互助组发展到6 357个，其中常年互助组788个，临时互助组5 559个，入组农户37 470户，占总农户的46%。

2. 吴川县第一个初级农业生产合作社

互助组对提高耕作水平，改良生产技术，克服个体农民生产资料和劳动力不足有一定好处，但毕竟它规模小，生产力低，抵抗自然灾害能力弱，不能满足农民对增产更高要求，因此它便被一种新形式——初级农业生产合作社所逐步代替。

1954年1月17日，吴川县第一个初级农业生产合作社在二区黄坡平泽乡李富祥互助组的基础上扩建成立，入社农户15户。初级农业生产合作社实行土地入股，耕牛、农具折价入社，统一经营，实行土地分红与劳动分红相结合的办法分配，符合农民的意愿和要求，促进了农村生产力的发展，至1956年3月，初级社发展到1 132个，60 613户，占总农户的66.5%。及至合作化高潮的1956年，全县粮食种植面积达871 334亩，比1953年增加30 360亩，粮食总产70 361吨，比上年增产6.1%。

3．高级农业生产合作社

1955年，吴川县在龙头东所乡试办一个高级农业生产合作社。高级农业生产合作社，实行主要生产资料公有制，耕牛和大件农具折价归公，所有土地分红，产品收入按劳分配，改变了土地的私有制。至年底，全县高级农业生产合作社有1 234个，入社农户81 812户，占总农户96%。全县基本完成了对农业的社会主义的改造。

三、公私合营

我国国民经济恢复时期结束后，开始进入大规模的有计划的经济建设，为解决国内工人阶级与资产阶级这个主要矛盾，确保经济建设的顺利进行，1950年度党中央制定了过渡时期的总路线，提出对个体农业，手工业和资本主义工商业进行社会主义改造任务，改造实质就是把生产资料所有制（私有）变成社会主义公有制。

从1953年起，中共粤西区委、湛江市委开始对个体经营经济改造，对农村的个体农业与城镇的小手工业者主要通过合作化的方式进行改造。

1953年4月，吴梅县改称吴川县，同月"中共吴川县委资本主义工商业改造领导小组"成立，下设办公室。1956年元旦，吴川县长陈培参加市、县长会议回来，贯彻会议精神，充分发挥工商联委员们的积极作用，以最快的速度完成资本主义工商业的改造，1956年1月，全县工商业参加公私合营270户、629人。

1954年10月开平县毓华印刷厂全部搬迁到梅菉，与民中印务局、林记家庭印刷社合并成立吴川县毓华印刷厂（后改名"吴川县印刷厂"）。它属公私合营性质，是吴川工业企业中最早实行社会主义改造的企业之一。

第三节 农民教育

一、扫盲教育

在解放战争时期，为激发广大民众的抗日情绪，提高抗战的职能，发挥抗战救国力量，中共吴川、梅茂的党组织就派遣不少党员和爱国进步青年深入广大农村，创办小学（如李雨山创办长岐上岭小学），开展民众夜校，对广大农民群众进行抗日救亡宣传教育，同时开展扫盲识字工作。

1949年冬，吴川县文教科部门组织中小学教师20多人、民众教师70多人，开展冬学运动，学员有3 000多人。1950年底，吴川县成立冬学运动委员会，组织94名中小学教师，下乡建立33所冬学夜校，有1 242名工农群众参加学习。这些学校后来转为经常性学习民校35所。

1951年，在黄坡岭头村召开了吴川县首次农民教育会议。1953年，农民业余教育工作由教育厅统一管理。1954年下半年成立县扫盲办公室。1956年，县成立扫盲协会，县委书记胡兰生兼任会长，教育科长兼任副会长，下设办公室，负责日常事务，有专干11人，全县扫盲工作走上正轨。据1954年1月统计，冬学扫盲班有743个，参加学习15 997人。1955年底，全县办有农民业余扫盲班79个，学员1 824人，教师177人。扫盲班以互助组为学习单位，通过评工记分学文化，并开展小型多样的识字运动。

1956年6月，吴川县组织有关单位领导700多人召开会议，贯彻中共中央关于《扫除文盲的决定》。与会人员交流扫盲经验，拟订扫盲协会章程，发展会员至1 000多人，在全县掀起一个扫盲热潮。是年，扫盲班和小学班学员分别达到12 095人和87人，业余教师796人，扫盲班有376人毕业。县干部业余文化学校开办扫盲班2个，学员51人，当年毕业15人，次年扫盲班14人，学员1 010人，当年毕业133人。

1957年，吴川县调整充实扫盲干部，并组织人员编写职工农民识字课本，在夏秋两季举办扫盲干部培训班2期，每期200多人。同年6月，县委宣传部召开全县扫盲表彰大会，表彰20多个单位和100多名积极分子，进一步促进扫盲工作。入学的青壮年占入学人员的95%以上，出现了儿女教父母、夫教妻、夫妻同上学的动人场面。

1958年，全县的106 028名青壮年文盲，已有74 289人参加学习，当年毕业人数为16 872人。

1960至1961年，由于国民经济困难，农民教育基本停顿。1962年，国家经济情况好转，农民教育有所恢复。1963年，吴川县有扫盲班39个，学员1 520人；1964年，有扫盲班52个，学员2 643人；1965年，有扫盲班332个，学员8 821人；1966年，有扫盲班255个，学员6 769人。

"文化大革命"开始后，扫盲工作处于停顿状态。据统计，1973年，全县青壮年文盲总数为75 976人，已扫盲的只有9 216人。到1977年，扫盲工作才开始复苏。本县成立专干队，并在长岐公社搞试点。

1979年，全县农村12至40周岁的少、青壮年文盲和半文盲总人数约有25 000人。至1980年底，经省、地组织验收，全县15个公社有14个完成了扫盲任务，有10 007人脱盲。全县脱盲单位达93%，12至40周岁的非文盲占94%，达到了基本扫除文盲的要求。1988年，吴川县评为全国扫盲先进县。

1994年，广东省政府颁发吴川县高标准扫盲考核验收达标证书。

二、技术教育

从1949至1980年，吴川县的农民教育主要是扫盲教育，文化技术教育发展较慢。1981至1984年，吴川县开始重点抓普及农民业余初等文化教育和业余初中教育，结合开展技术教育，巩固扫盲成果。1984年，全县办起业余高小文化班179个，学员4 167人；业余初中14班，学员299人；业余农业技术班18个，学员403人；其他专业班41个，学员983人，共计有学员5 852人，占全县总人数的1.17%。1981至1984年，累计毕（结）业学员有4 780人。

1986年，吴川县农民教育已从单一的文化教育，逐渐向多形式、多内容、多层次的办学方向发展。是年已办业余高小班196个，学员4 349人；业余初中班7个，学员249人；各种职业技术班108个，学员2 805人；全县16个区（镇）已有12个办起农民技术培训中心，有学员1 601人；乡村办农业技术培训班28个，学员973人。全县参加文化、技术学习总人数共9 836人，占全县农村总人口的1.73%，业余高小合格率达68%，毕（结）业人数共7 901人。

1988年，全县办农民文化班和技术班660个，学员23 889人；1990年，办起成人中学1所，有14个班，学员449人，专任教师4人；有成人初中学校2所，有535个班，学员19 984人（含扫盲班139个，学员2 354人），专任教师3人。

1984年，吴川县切实加强农民文化技术学校的建设，广泛开展农村文化教育和技术培训，按"六有两专"的标准建设起独立农校8所。全县开展农村成人文化教育，入学人数为57 825人，参加技术培训班的有13 763人，结业853人。

1996年，吴川市贯彻落实广东省成人教育工作会议精神，加速实施科教兴农的战略方针。覃巴、兰石、王村港、中山镇新建的成人（业余）文化技术学校相继竣工投入使用，建筑面积1 370平方米。至此，全市各镇都有一所具备"六有两专"标准的文化技术学校。是年，吴川市教育局组织4个评估小组，分别对16个镇的文化技术学校进行检查评估。其中，大山江、塘㙍、中山、覃巴等镇的农校办出自己的特色，大多数农校的办学水平和办校效益得到提高，全市农村参加文化技术学校学习达18 769人。

2000年，吴川市重点抓好农村成人文化技术学校等达标工作，以达到培训农业人才、促进农村经济发展的目的；着重加强农校的领导班子和教师队伍建设，强化监督机制，使学校逐步走上规范化管理轨道。是年，老区镇覃巴、振文两镇的文化技术学校被评为湛江市成人文化技术骨干学校。

历年农民教育办学的主要形式有：（一）以长期为主，长期坚持与短期突出相结合；（二）以夜班为主，办夜班与日班相结合；（三）以集中办班为主，集中与分散相结合；（四）业余文化班以学文化为主，与学技术、学政治相结合；（五）业余技术班以学习专业知识为主，学理论与生产实践相结合。

三、艺术教育

为了很好地宣传党的土改政策，1950年，吴川县人民剧团成立。该团的主要任务是活跃全县人民文化生活和配合土改等各项政治运动的顺利进行，对群众开展宣传工作。全团50多人，县文教科科长车廖为主要负责人，吴川二中张耀崧老师为艺术总指导。团员主要是教师、机关干部、学生。这些成员都是文艺业余爱好者，具有一定的戏剧修养，他们利用业余时间进行排练，利用寒暑假下乡演出，有特殊需要时也临时下乡演出。他们的足迹走遍吴川各乡、镇，演出的道具用牛车运，风里来雨里去，生活颇艰苦。他们各人除了领供给制工资外，另无其他补助，大家本着一颗为人民服务的心，无私地奉献。

该团演出的剧目有《赤叶河》（歌剧）、《张明诉苦》（话剧）、《小二黑结婚》（粤剧）、《白毛女》（话剧）、《刘胡兰》（话剧）等，深受群众欢迎。

1953年，土改结束，吴川县与梅茂县合并为吴川县。吴川县人民剧团举办了一次盛大的总演出后，完成了它的使命，退出了历史舞台。

第四节 水利工程建设

吴川县历史上是一个水、旱、风、咸潮灾害十分频繁的地方。

为了根治这些灾害，吴川人民历来就有兴修水利的要求，但由于条件所限，历史上，水利建设的效果大多不佳。据史料记载：明洪武二十八年（1395年）筑堤岸7处、修坡塘13口，至清乾隆三十八年（1773年）大水，三江堤崩。

1949至1973年，中共吴川县委、县人民政府为改变面貌，带领全县人民自带口粮修水利，根治洪灾、旱灾，打好惠民生基础。

一、治理洪涝灾害

吴川、梅茂两县江河密布，并且居鉴江下游，每年夏秋季节频发洪涝灾害。1952年初，吴川、梅茂县委、县政府十分重视鉴江堤防工程，在广东省水利部门技术人员的指导下，立即作出修筑鉴江堤防计划并组织实施，拨出16亿元（时币）、粮食20.5万公斤，组织全民以工代赈、修筑堤围。梅茂县修筑加固长岐至邱屋堤段，吴川县修筑西岸车头、塘北、博厚、边塀、王屋、三柏堤段和维修加固东岸杨七塀、上能段。吴川县还在黄坡堤段由官江、三柏坉至大岸之间，以广湛公路为基础，正路傍筑小堤，堤防公路两用，防止鉴江水蛮流。

1955年9月，吴川县在吴阳区兴建防潮、防洪围垦工程（现称"吴阳围"），吴阳围从银岭至芷寮水闸全长18.6公里，堵塞闸口分流河和芷寮出水口，使吴阳围内4万多亩耕地和围内所有村庄免于潮水、洪水侵害。接着，吴阳区委、区政府乘势发动群众建成限口围、三端围、大地围、三埇围、芷寮围、低埇围，围垦面积1.5万多亩。该项工程于1955年建成，堤高4米、底宽18米，是中华人民共和国成立后粤西第一宗围垦工程。

1958年6月4日，化州县委、县政府动员全县人工开挖从梅菉头大山江塘至博茂港口的博茂减洪河，河底宽75至117米，长6 800米，19孔，排洪量为1 226立方米／秒。该河段在黄竹尾段和旧梅化渡口两处建水闸和节制闸，使梅江、三叉江、袂花江的洪涝得到排除，防止鉴江洪水倒灌入袂花江，有效地防止洪涝灾害，受益农田面积11.2万亩。1961年8月，梅菉分洪闸和1 960米长的鉴江、袂花江分流大堤建成。

1970年1月1日，全县工人、农民自带口粮，塘尾分洪水利工程兴建动工。参照鉴江五十年一遇洪水频率，该工程排洪量按4 300立方米／秒设计，河长3.8公里，河底宽250米，最大挖深20米，总土方量835万立方米。全县4万多人次参加大会战。1972年6月，塘尾分洪工程全线挖通。7月1日，试通水通车，8月13日，正式投入使用发挥效益。1976年9月23日，鉴江出现百年一遇的特大洪水灾害，洪峰流量4 220立方米／秒，分洪河口流量2 897立方米／秒，占鉴江洪峰流量的68.65%，大大减轻了鉴江堤防洪水压力，使灾害降至相当低的限度。

至此，在吴川沿海有鉴江、塘尾河、大山江河3条河，河水注入南海，彻底结束了吴川多洪涝灾害的历史。

二、治理旱灾

吴川虽地势低洼，河网密布，滔滔江水流过。如此丰富的水资源，历史上却没能用于农田灌溉。中华人民共和国成立后，吴川县委、县政府动员全县人工治理旱灾。1954年5月至11月，吴川遭遇大旱灾，是年10月，吴川县第一宗无坝引水工程——积尾引鉴工程建成，灌溉面积4万亩，由此振文一带的单造田陆续改为双造田。

1959年11月，吴阳拦河坝工程兴建，鉴江东堤至西堤拦河坝全长1 194米。其中，东主坝60孔、252米，西主坝58孔、202米，中间石墙280米，西土坝420米，东船闸40米。拦河坝抬高鉴江河水位，对解决灌溉、航远、发电起重要作用，主要受益在吴阳、黄坡，可灌溉2个公社5.2万亩的农田。该工程竣工后，带动吴阳公社兴建吴阳围内灌区配套工程，共开通东西两大干渠和7条支渠，全长44 900米，斗农渠519条，彻底改变吴阳围内的生产条件。

1959年，化州县委、县政府组织兴办引鉴工程，改无坝引水为有坝引水，提高水位2米，引水流量增大至8立方米／秒，受益农田6.45万亩，是全县重要灌溉骨干工程之一。

1964年7月，高岭拦河坝竣工，引水流量8立方米／秒，闸坝泄洪量3 200立方米／秒，灌溉面积10.7万亩。至1966年，吴川县经过15年苦战，人工兴建起小型山塘16口、小（二）型水库16个、小（一）型水库3个，总库容量1 478.9万立方米，灌溉库容量10.5万立方米，实现灌溉面积4.93万亩，极大改善了长期受水旱侵袭的吴川县农业生产条件。

1966年4月，青年运河吴川灌区茅山渡槽竣工放水。该槽全长2 020米，采用预应力钢筋混凝土薄壳构造，为预应力混凝土在水利工程中的应用起了示范作用。该槽解决了塘塚大部分旱情。

　　吴川县委、县政府带领人民群众，发扬愚公移山精神，历时20年靠人工锄挖、肩扛、自带口粮，大搞水利工程，根治旱、涝两患，造福吴川人民，其历程艰苦卓绝，不言而喻。这是老区人民冒着生命支持革命的又一种体现，也是与自然灾害抗争、保卫家园的具体体现，必将为吴川人民所铭记。

第六章
改革开放时期

　　1978年12月18日至22日，党的十一届三中全会召开，决定把全党的工作重点转移到社会主义现代化建设上来。由此，吴川大力开展拨乱反正，促经济发展。敢为人先的吴川人民，摸索出各种经济发展方式，促进吴川经济朝正确轨道发展，更是催生了"吴川模式"，名噪一时。

第一节 家庭联产承包责任制

推行联产承包责任制，是农村经济体制的重大改革，这一改革激发了农民的生产积极性，促进了农业生产的发展。

党的十一届三中全会以后，吴川经济体制改革首先以农村为突破口。至1979年8月，吴川已有784个生产队（占总数的13%）实行家庭联产承包责任制，承包责任田1.81万亩，占耕地总面积的4.4%，此后，家庭联产承包责任制不断完善和稳定。1979年，吴川农民人均纯收入131元。1980年，王村港的覃寮大队有5位干部、8户社员组成葵业加工联合体，葵厂实行股份制，是广东农村第一家股份制企业，次年该企业在全省农村工作会议上作经验介绍。此后，这种建立在家庭联产承包责任制基础上、统分合一的新型经济联合体在吴川各地相继出现。是年9月，吴川县委、县政府贯彻中共中央《关于进一步加强和完善农业生产责任制的几个问题》的通知，抽调60名县机关干部和1 181名区、社干部进驻11个公社的348个大队、2 359个生产队，落实农业生产责任制。是年底，全县96.75%的生产队落实各种形式的生产责任制。

1980年，贯彻中央文件，吴川县把土地、耕牛、农具按人口（或按人口劳力比例）承包到户，实行家庭联产承包责任制，这是农村经济体制改革的开端。此制度以家庭为单位生产经营，取消工分分配，承包户除包完成国家征派购任务和集体提留外，其余产品全部归己。家庭联产承包责任制，简称为"大包干"，简单易行，受到农民的欢迎。1982年，全县实行包干到户的生产队有4 109个，占总队数的99.7%。1982年10月，全县山林定权发证基本结束。随着家庭联产承包责任制不断完善和发展，"一大二公"人民公社体制已名存实亡。1983年8月，吴川县撤销人民公社建制，建立乡镇政权，家庭联产承包制日臻完善。1983年，除了责任田外，农村的林、牧、副（包含社队企业）鱼（淡水养殖）、农机等全面进行承包，全县近一半的生产队把土地承包期延长到15年。在这体制的推动下，1980年，老区村振文镇鱼笥埠村的农民积极性高涨，该村30亩试验田，平均亩产556.16公斤，创全县水稻单产最高纪录。

1984年，吴川将大田承包期延长至10或15年；在不变土地公有制前提下，实行统分结合，双层经营；农业生产由单一经营转向多种经营。此后，各种专业户，重点户相继出现，乡镇工业迅速发展。

1984年1月，中央提出"土地承包期一般应在15年以上"的方针政策，各区对农户承包的土地，按照"大稳定，小调整"的原则进行调整。同年11月，各区人民政府向承包土地的农户发放载明土地面积、地貌、坐标、土地承包期等内容的土地使用证。

推行家庭联产承包责任制后，农村出现大量剩余劳动力和剩余劳动时间，不断向多种经营和非农业生产部门转移，催生出众多乡镇企业、各类农业专业户和经济联合体。催生的行业包括禽类养殖、畜牧、水产、经济作物种植、建筑、运输等。

1985年，全县有专业户1.43万户，联合体2 166个，有专业村107条，占全县自然村7%；专业乡4个，占全县乡总数的2.7%；有各种服务公司305个。

1986年8月，在全省乡镇企业工作会议上，吴川作了"千家万户办工业"的经验介绍，该经济模式被誉为"吴川模式"。会后，广东省各地掀起参观学习革命老区镇博铺镇制鞋业的热潮。

家庭联产承包责任制使农村经济发生变化。1985年，全县乡镇企业4 881家，从业人员41 284人（占农村总劳动力的52.6%），企业总收入2.47亿元，分别比1979年增长16.9倍、1.7倍和7.4倍，全县农业商品率由1979年的25%提高到68%。

1986年，老区镇博铺镇开发博铺坡"万亩菜篮子基地"。开创农业立体种养基地。

农村这一变革，使全县农业产业结构发生明显变化，农林产业结构由传统单一种植业转向多元化商品经济结构；农业比重下降，农村工业、建筑业比重上升。1985年的全县农村社会总产值，农业所占的比重从1979年的67.8%下降至46.1%，工业所占比重从17.3%升到34.1%，建筑业所占的比重从5.3%上升到11.2%。

1989年，全县铺开第一次土地5年小调整，家庭联产承包责任制得到进一步落实。

1980至1989年，县委先后向革命老区发放生产资金17.2万元。1990年，全县农民人均纯收入达到864元。

1999年，根据中共中央、国务院《关于当前农业和农村经济发展若干政策措施》的精神，将农村集体土地承包期再延长30年不变。另外，对集体的"四荒地"（荒山、荒水、荒滩、荒丘）承包期延长至50年不变。按照"大稳定，小调整"的原则，至2000年，全市实行到第二轮土地承包有16.52万户，耕地面积36.69万亩。在承包期内，承包者可以将其承包土地经营权依法转让、转包、入股、互换、联营、出租等。土地承包经营权有偿急转的收入受到法律保护。

2000年，认真贯彻中央、广东省、湛江市农村工作会议精神，进一步调整农业结构，大力发展"三高"农业和特色农业，带动林、牧、副、渔稳步发展，吴川市完成农业总产值10.33亿元，比1979年增长3.4倍，粮食生产连续6年丰收，总产和亩产均创历史最高水平。

2001至2006年，吴川市完善农村第二轮土地承包及经营权流转工作。15个镇（街）共1 386个村组的165 600户农户已100%签订了30年《土地承包合同书》，实行家庭承包经营的耕地面积共321 100亩，土地承包合同、土地承包经营权证书、承包土地面积"三到户"工作基本完成。土地承包合同归档管理工作已全部完成，分别由镇（街）农办、村民委员会专人专柜按村组序号分册装订封存。

2015年，吴川市承包土地流转面积8.3万亩，占农村承包耕地面积的24.3%，转包形式流转0.4万亩，互换形式流转0.9万亩，其他形式流转0.3万亩。吴川市通过积极推进土地流转，有效遏制全市农田撂荒的现象，确保农业经济发展的可持续性。

据2016年年底，全市家庭承包耕地流转总面积8.7万亩，其中转包2.7万亩，转业0.4万亩，出租4.3万亩，互换0.8万亩，股份合作0.1万亩，其他0.12万亩。流转价格上差距较大，高的达到每亩1 200元，低的每亩仅220元，市场价多为每亩350元至500元。

2017年，吴川市农村土地确权工作有序进行。至当年11月29日，土地确权实测面积土地承包建农户数有165 600户，土地确权42.429 6万亩，实测率为103.2%，发证工作已全面张榜公示、签字确认、登记领证阶段。

第二节 乡镇工业

一、发展概况

乡镇工业的基础是农村的手工业。20世纪50年代初期，农业生产合作社利用当地传统的手工业与资源结合起来，兴办编织、纺织、麻绳和砖瓦生产小组和集体小厂场，工业发展初现雏形。

1958年"大炼钢铁，大办工业"，吴川县各公社共办起企业20家，涉及炼铁小高炉、小化肥、农具、土农药、建筑、运输、手工艺等行业。1961年，吴川贯彻调整方针，社办工业多数停办，年底尚存4家。

20世纪60年代初，梅菉坡心岭村（革命老区村庄）办起小工厂，生产的漆器、木箱、枕头、飞机模型、竹制品、水泥花砖和医用塑料瓶风靡一时，产品除了供给本地，还远销全国各地。其间，多个公社先后兴办农机具厂和农机修配厂。60年代中期至70年代初期，乡村大兴土织土纺业，如振文、塘㙍、长岐、覃巴4个公社，几乎家家户户都办。1969年全县有公社办企业8家。

1971年，吴川县第一家塑料模具厂由博铺大队水清生产队欧衍琪等人创建。1979年，该厂更名为"水清模具制鞋厂"，生产塑料鞋，开创了吴川塑料鞋制造业的先河。1972年，全县有乡镇企业12家；1978年，有乡镇企业236家，从业14 729人，总收入2 604万元。1980年，王村港覃寮大队8个石匠和5个大队干部，每人入股50至100元，总投资800元，创办了王村港覃寮大队葵厂，成为广东省首家农民股份制联合企业。其后这种新经济联合体迅速发展，成为吴川乡镇企业的重要特色。1980年，全县有乡镇企业279家，从业19 352人，总收入4 030万元。

1983年以后，乡镇工业推行"联利计酬""包实基数""超奖亏贴""除本分成，工资浮动"多种形式企业经营承包责任制。1989年，部分乡镇企业开始集团化经营。

20世纪90年代后期，部分乡镇企业进行调整和改造，兼并重组，部分关闭。1983年，全县有乡镇企业1 818家，从业人员35 029人，总收入12 937万元；1990年，有乡镇企业10 657家，从业人员61 533人，总收入101 254万元；1995至2000年，乡镇工业进入产业结构调整时期；2000年，有乡镇企业8 390家，从业人员57 951人；2015年，吴川市加快"三大品牌"产品基地（羽绒、鞋业、食品）的规划和建设。2015年以后，把品牌企业引进工业产业园，进行标准化生产，部分企业运用大数据云联网"智造"改变传统产业，向自动化现代生产技术手段进发。

二、各行业发展情况

（一）五金机械

五金机械是吴川县乡镇工业的主要行业之一。20世纪六七十年代，县五金机械生产基础还很薄弱。如中山镇林屋机械厂，就是在1967年，全村每人出一斤花生米作启动资金，把全村的打铁匠集中起来，打船钉、制小农具、搞修理，由此得以逐步发展起来的。到了80年代，吴川县五金机械工业发展迅猛，类似林屋机械厂这样由农民创办的企业，塘㙍镇有5家。1989年，塘㙍轻工机械厂与塘㙍甘蔗化工设备厂组成"湛江市华达实业集团公司"，由此，乡镇企业开始集团化经营。

到20世纪90年代，林屋机械厂已具备一定规模：占地面积1万平方米，拥有两幢各1 400平方米的大型车间，有职工288人，其中技术人员11人；拥有固定资产（原值）564万元，各种机械设备308台，能制造和安装日榨3 000吨原料的制料设备和日产2万公斤料酒的酿酒设备。

20世纪90年代后期，吴川对乡镇机械制造工业进行调整和改造，兼并重组，部分关闭或搬迁，一些企业得到生存和发展。作为料酒设备重镇的老区塘㙍镇，在90年代中期上规模的料酒设备企业有10家；到2000年，调整至4家。其中，塘㙍料酒机械工业公司已发展成为以生产料酒机械、食品饮料设备为主的专业化企业，拥有3家技术力量雄厚的分厂（三厂、六厂、八厂），引进具有国际水平的机械设备，产品严格按照工业标准生产，按照IS9001国际质量体系模式管理，产品畅销泰国、老挝等东南亚国家，年产值500多万元，上交税利35万元。

2000年，林屋机械厂与广州重型机械厂、华南理工大学等单位进行技术合作，开发产品包括制料酒、石油、化工、纸、药品等产品的机械设备，产品畅销全国各地及出口泰国、越南、巴基斯坦、埃塞俄比亚等国家和地区，年销售额达8 000多万元，成为全国闻名的村办机械制造企业。

2001年至2006年，吴川料酒机械设备制造基地主要分布于黄坡、塘㙍、大山江等镇。重点产品有食品、料酒、化工机械设备，有企业36家，2001年产值2.3亿元，到2006年产值增到4亿元，增长73.9%，上缴税收400万元；到2006年税收增至500万元，增长25%。

2017年，吴川林屋机械厂（广东粤凯机械有限公司），培育出100多名工程师，获得助理工程师以上资格的村民有100多人。该公司紧盯"一带一路"商机，于同年4月下旬，与江联国际公司携手合作，承接埃塞俄比亚国家OM05料厂制车间等设备制作，合同涉及金额近1亿元。

（二）塑料鞋

1979年，随着第一双塑料鞋在水清模具厂生产成功，吴川第一家塑料鞋厂诞生。此后，塑料鞋迅速在博铺相邻的乡镇连续生产和销售，行业发展迅猛。1979年底，吴川有塑料鞋厂3家，1980年发展到58家，1986年，已发展到485家，成行成市，形成著名的"吴川十里鞋街"。吴川制鞋拥有花样设计、模具制作、旧料再生，以及机械机具装配、维修的"一条龙"生产模式，并相应形成供销配套服务体系。1987年6月1日，广东省领导到该镇视察制鞋业。

1990年底，全县有塑料鞋企业600家（主要分布在博铺、梅菉、大山江），从业人员8 061人，固定资产（原值）3 450万元，工业总产值1.18亿元，占乡镇工业总产值的21%，拥有多类机械设备2 986台（套），日产塑料鞋达60多万双。20世纪90年代后期，吴川塑料鞋企业发展到近1 000家，塑料鞋生产的策源地博铺被誉为"塑料鞋王国"，全国闻名。

到2000年，吴川市加大对塑料鞋生产的引导和扶持，调整了产业结构，在1 000多家企业中，规模以上企业有36家，企业对技术和设备进行更新改造，先后引进EVA发泡鞋自动生产线62条，拥有先进鞋机3 658台。另外，吴川拥有制鞋配套企业150家，辅导性服务企业2家，从业人员达4.1万人，年产值28亿多元。产品有10大类、200多个品种、2 000个款色，创出"飞天鹅""锐发""兴鹅"等一批知名品牌。吴川已成为全国三大塑料鞋生产基地之一。2004年，吴川有塑料鞋生产企业709家，从业人员1.1万人，产量5亿多双，产值11.3亿元。

2002至2006年，吴川制鞋业产值分别为7.5亿元、8.8亿元、

12亿元、17.6亿元、20亿元，5年间增长1.67倍；2002至2006年的税收分别为1 000万元、1 104万元、1 300万元、1 680万元和2 300万元，5年间增长1.3倍。

2005年，吴川塑料鞋企业的销售方向由国内和中东逐步转向以出口非洲办主，年出口量达几百万双。

2007年，中国轻工业联合会和塑料加工业协会授予吴川市"中国塑料鞋之乡"称号。

2009年，吴川市率先在广东省公布实施塑料鞋联盟标准，这是国内最早推出的区域性塑料鞋产业联盟标准。联盟标准发布意味吴川塑料鞋产业在谋求产业话语权，对提升区域品牌形象、未来产业走向都有重要意义。这一做法，提高了产业的"技术门槛"，彰显了吴川塑料鞋业在全国同行的领先优势。

2009年以后，吴川市意识到科研创新的重要性，由政府牵头组织了专门的科研中心，并配置专门的科研队伍，专注于研发鞋的颜色、款式，还有专门的队伍进行推广，许多鞋厂也有了自己的研发中心。近年来，吴川鞋企运用商标开拓市场的能力有所加强；注重运用高商标品牌去开拓市场、培育市场，品牌的市场竞争力有所提升。

2015年，吴川市荣泰模具有限公司塑料鞋模具生产项目开工建设，项目占地面积22亩，总投资2 500万元，主要生产加工塑料鞋模具，2016年项目建成后年产值可达3 000多万元。当年，博铺镇170家制鞋企业年产塑料鞋12亿双，占国内产量的1/3。

2016年，大山江镇建设东埇鞋业产业园。

2018年，吴川共有塑料鞋生产企业368家，其中上规模企业35家，主要分布在革命老区博铺、梅菉、大山江、覃巴等镇（街）。经济开发区工业园D区建设了规模宏大的"吴川鞋业产业基地"，已吸引了7家鞋业企业进驻。塑料鞋生产从业人员达2

万多人，年产量塑料鞋系列12亿双，产品远销非洲、中美洲和南美洲，占据东南亚塑料鞋产品一半市场。非洲市场销售的塑料鞋九成来自中国，其中五成以上是"吴川制造"。当年，吴川鞋厂已在坦桑尼亚、安哥拉、刚果（金）、加纳等国家设立了销售办事处。

2018年，广东全兴橡胶塑胶鞋业有限公司（1986年创办）被中国塑料加工工业协会授予"中国塑料鞋业功勋企业"称号；与上海申花集团合作，投资1.6亿元，建设上海申花恒兴鞋业生产基地。

（三）纺织品

1978年前，吴川乡村纺织以土纺织为主，土纺土织的生产技术和生产机具（所用的是木制织布机）都比较落后，产品粗糙，多数用作包装或坯布内垫。20世纪70年代末，因产品销路不畅，土纺土织日渐萎缩，相关企业不足20家，从业人员只有150人左右。从1979年开始，以针织生产为主体的纺织业在革命老区覃巴、王村港、大山江等镇重新兴起。主要产品有针织手套、毛巾、坯布、地毡、服装等。此后，机械设备有很大进步，使用的是当时国内较先进的自动和半自动设备，产品多数在国内销售，部分服装和坯布出口。1990年，纺织企业发展到554家，从业人员达到4 374人，固定资产（原值）1 662万元，纺织机械设备962台（套），工业总产值5 192万元，占乡镇工业总产值近一成（9.2%）。

1995年之后，全市的纺织工业经过产业结构调整，迈向平稳发展。是年，作为纺织业的骨干产品的棉布产量为70万米，比1990年的35万米增长100%。2000年，棉布产量80万米，比1995年增长14.29%。

2001至2006年，手套针织生产基地主要分布在覃巴、王村港、吴阳、浅水等镇，重点生产手套系列产品，有企业100家，2001年产值1.21亿元，2006年增至2亿元，增长65.3%；2001年上缴税收150万元，2006年上缴税收400万元，增长1.67倍。

（四）羽绒制品

20世纪七八十年代，吴川已经是闻名全国的羽绒生产、销售集散地，初步形成以塘尾镇为中心的羽绒加工生产基地。1984年，长岐青年何杰伟办起广东省第一间羽绒行业私营企业，潘文强成为吴川最早掌握水洗羽绒技术的人。2000年，全市有羽绒制品生产企业100多家，其中规模较大的水洗羽绒企业15家，高级羽绒制品企业6家，羽绒制品深加工企业8家，拥有先进的水洗羽绒生产线35条，高绒生产线20条，高级分绒机100台，进口高速制衣缝纫机13 000多台，年分毛能力近5万吨，水洗能力近4万吨。年产值超6亿元的羽绒企业有6家，超千万元的15家。吴川羽绒产品不仅占有港澳、东南亚市场，还远销欧美、中东、非洲等地，出口量约占全国的35%，是全国三大羽绒产业基地之一。2000年，吴川市政府把羽绒工业划入新规划工业园。塘尾街道被批准为广东省羽绒特色产业基地。

2002至2006年，羽绒产业基地主要分布于塘尾、长岐、振文、梅菉及开发区，重点产品是水洗羽绒及其制品，有企业405家，2002至2006年产值分别为9.08亿元、12亿元、15亿元、18亿元和22亿元，5年间增长1.42倍。2002至2006年税收分别为1 000万元、1 271万元、1 900万元、2 700万元和3 800万元，5年间增长2.8倍。

2003年，老区村塘尾村委会建起了羽绒工业城，占地1 500亩，产值达16亿元，占全市工业总产值的36%。

2015年，吴川市羽绒产业基地首期6家企业进驻鉴江工业园投产。6月2日，吴川市羽绒产业人才培训基地成立。

2016年，吴川创羽羽绒"互联网+"商务平台正式开张。

2018年，广东百如森羽绒制品有限公司等企业运用大数据、云联网二维码"智造"改变传统产业，向自动化现代生产技术迈进。

2017年10月，吴川首个电商城在吴川羽绒产业基地建成，"嘉裕电商城"占地1.5万平方米，入驻企业30家，通过"互联网+特色产业"模式，把吴川羽绒产业做大做强。

（五）建筑材料

吴川建筑材料中的砖、瓦生产历史悠久。梅菉窑地及博铺在清代就成为砖瓦生产之乡，梅菉的砖瓦颇有名气，畅销茂名、化州、电白、廉江以及县内各区镇。中华人民共和国成立后，砖瓦业有所发展。1955年，全县有乡村砖瓦厂（窑）13个，1965年有18个，1977年增加到24个。进入20世纪80年代，随着基础建设的完善，带动了乡镇建筑材料工业蓬勃发展，先后建起轮窑机砖、水泥、石料、铁木材料、玻璃及装饰材料等企业，尤其是轮窑机砖遍及全县各镇。

1990年，全市共有建材企业140家，其中轮机砖厂32家，瓦窑3条，水泥厂1家，其他建材企业97家，职工4 647人；有机械设备450台，固定资产（原值）1 350万元。工业总产值3 168万元，占全县乡镇工业总产值的5.7%。1995年全市轮窑机厂发展到10家，生产红砖22 560万块，比1990年的19 489万块增长15.76%。2000年全市轮窑砖厂增加到16家，生产红砖38 650万块，比1995年增长71.32%。

2012年，陈亚光、吴上进、吴土德在大山江街道覃榜村投资6 000多万元，成立吴川市联达混凝土有限公司、混凝土搅拌站（三级资质企业）；至2018年上半年，向政府缴纳税款1 200多万元。2016年，吴川市永强新型墙体建材有限公司成为浅水镇龙头企业，规模较大企业有信晟混凝土有限公司。

（六）食品加工

1. 粮、油、糖食品加工

20世纪50年代初，吴川县有米粉厂、榨油行、酿酒厂、酱料厂等30多家，60年代中期至70年代初期，由于企业竞争力不足，多数食品加工厂停产或半停产，坚持生产的不足10家。改革开放后，乡镇食品加工工业复苏。尤其进入80年代，政府积极鼓励农民大力发展商品生产，乡镇食品工业有了新的发展机遇，据有关部门统计，1986年，全县约有1650公斤粮食就地酿酒、加工成粉条或用作其他食品加工，占粮食总产量的10%；约有770万公斤花生（占花生总产量的70%）用作榨油；大豆总产75万公斤，除部分销往外地，九成以上供当地加工，成为豆豉、豆酱、苏乳、豉油、豆腐、腐竹等食品。另外，全县加工糖蔗8万吨，霍香油250万公斤，水产品870万公斤。

1990年底，吴川县有食品加工生产企业85家，从业人员1600多人，产值1742万元，加工食品有6大类——酒、豆制品、米制品、油脂、水产、药品，此外，还有水果、红薯加工等。

1995年，全市乡镇食品加工企业发展到150多家，从业人员1600多人，产值5.6亿元。

2000年，全市乡镇食品加工企业200多家，从业人员2500多人，产值10.2亿元。2001至2006年，食品酒类产业基地主要分布在梅菉、振文、海滨、大山江等镇（街道），产品重点是食品酒类系列，有企业30余家，2001年产值1.3亿元，2006年增到1.8亿元，增长38.5%；2001年上缴税收140万元，2006年增至480万元，增长2.43倍。

2. 海蜇加工

吴川的海蜇加工产业始于20世纪80年代中期。80年代，兴起以天然食品为主的世界食品消费潮流，尤其是日本每年从吴川县订购海蜇，从此全县沿海乡镇掀起"海蜇热"，加工销售海蜇的企业近100家，年产值超亿元。海蜇加工成各种商品远销海内外，而且进入酒家、食肆，深受食客喜爱。

创立于20世纪80年代中期的吴川天然食品加工有限公司（位于革命老区的博茂村），于90年代中期与华南理工大学、湛江海洋大学等科研单位共同开发即食海蜇等系列产品，以"公司+基地+农户"形成收购、加工、销售"一条龙"的经营模式，海蜇加工业持续发展。2000年，该公司已拥有固定资产902万元，经营场地1万平方米，生产车间8 000平方米，年加工海蜇成品2 000多吨，销售收入345万元，利税375万元，出口创汇236万美元。"博茂"牌海蜇系列产品远销美国、韩国、加拿大、澳大利亚等国家和地区，国内销售遍及北京、上海、贵州、湖北、海南等省市。2000年，广东省人民政府批准该公司为湛江市海蜇加工出口基地。2003年，吴川嘉洲海产有限公司改进保鲜技术，创立"嘉洲""吉川"两大海蜇品牌。

2001至2006年，吴川加工海蜇、咸海味系列的有企业30家，2001年产值1.1亿元，2006年增到1.3亿，增长18.2%；2001年，上缴税收40万元，2006年50万元，增长25%。

三、塑料绳网加工

塑料绳网加工始于20世80年代初，成为乡镇工业一个较大行业。塑料绳网加工从过去沿海渔民手工织网（麻类）过渡而来。20世纪五六十年代，沿海渔民开始使用进口塑料胶绳织网。这种塑料胶绳是国家用外汇进口的，按指标计划分配，使用受到限制。到70年代，塑料渔网才广泛应用于渔业，产品以手工编织为主。1980年，湛江市分配给吴川2台渔网织机，开始机织渔网。

20世纪80年代中后期，不少个体户投资引进机器，进行技术改造，扩大渔网生产。1990年末，塑料绳网加工企业有96家，其中引进国外电脑控制织网设备有2家。全行业有工人1 335人，有机械设备240台，固定资产（总值）265万元。企业主要分布在塘尾、吴阳、大山江3个镇，产品绳、网（包括安全网）丝等28个品种、123种规格，产品主销全国各地，部分出口港澳、东南亚等地区。

到1990年中期，网具企业发展到100多家。2000年，根据专业化生产要求，一些小型厂合并经营，将原有的96家企业调整为39家，这些企业年产值7 000多万元，出口总额3 000多万元。

2001至2006年，网具生产基地主要分布在梅菉、塘尾、海滨、大山江等镇（街道），重点产品为网具系列。相关企业有23家，2001年产值1.22亿元，2006年增至1.7亿元，增长39.3%；2001年税收上缴80万元，2006年税收上缴280万元，增长2.5倍。

2002年，塘尾镇新城开发区富强网业有限公司，通过ISO9001国际质量管理体系认证，生产的"富强牌"三重活鲜网获"广东省优秀新产品奖"。2003年，"富强牌"获"广东省名牌产品"称号；2005年，被认定为"广东省著名商标"。

随着乡镇企业的发展，全县形成6个以业为主、互相配套、互相依存、互相竞争、各具特色的专业化生产基地和专业化商品市场：革命老区塘㙍和中山镇形成了生产糖酒、食品、化工机械设备为主的专业化生产基地；革命老区博铺、梅菉、大山江镇形成以生产塑料鞋为主的专业化生产基地；覃巴、王村港镇形成生产针织品为主的专业生产基地；黄坡（中山）镇形成以生产烟花爆竹专业化基地；振文镇形成以废胶再生加工为主的专业化生产基地。在各个专业化生产基地中，它们又形成了产、供、销、服务"一条龙"的配套体系，从而成为"小生产、大群体，小商品、大市场"的"吴川模式"。

乡镇企业的发展,使农村的面貌发生了巨大变化:

一是,改变和调整了农村的产业结构,开始迈入农村工业化的进程。昔日单一的传统农业已被农、工、商、建筑、运输综合经营的合理结构所代替,农业比重逐渐减少,工业比重逐步增大。1992年,全县乡镇企业总产值占全县社会总产值的七成多,塘㙍、博铺等乡镇企业较发达的镇高达80%或78.3%;而其中工业产值又占乡镇企业总产值的67.4%。由于乡镇企业的发展,一大批昔日农民已成为掌握一定工业技术的人才。

二是,为农村劳动力找到新的出路。本县的乡镇企业大多为劳动密集型企业,这就为农村剩余劳动力提供了众多的就业机会。2000年,全县乡镇企业8 390家,从业57 951人,基本上解决了当地剩余劳动力就业问题。

三是,增加农民收入,改善农民生活。1992年,全县乡镇企业人均收入2 307元,特别是乡镇企业发展较快的镇,群众生活水平显著提高。1992年,中山镇林屋机械厂产值突破3 000万元,职工人均工资达8 518元,全村人均年收入2 500元,家家有存款,户户住楼房,高档家电进入寻常百姓家。

四是,农民对国家贡献越来越大。1992年,全县乡镇企业向国家缴纳税金(包括建筑业和县外缴交部分)4 212万元,占全县财政收入的68%,成为地方财政收入的支柱。2000年,全县乡镇企业上缴税金1.01亿元,实际利润3.51亿元。

五是,促进乡村的精神文明建设。乡镇企业的发展使农村的精神文明建设有了可靠的物质基础,从而有效地促进精神文明建设。如,中山镇林屋机械厂带动全村富起来后,积极兴办文化教育事业和社会福利事业。几年来,该村已投资787万元兴办了一所颇具规模的中学和一所小学,还为村中修路、农田基本建设、村委会和孤寡老人的工资福利支持了不少资金。据不完全统计，全县乡镇企业支持社会公益事业的资金近4 000万元。

附表：

吴川市乡镇企业规模及收入

年份	企业单位数（个）	企业人数（人）	总收入（万元）
1969	8		
1972	12		
1978	236	14 729	2 604
1979	273	15 391	2 951
1980	279	19 352	4 030
1981	375	20 392	4 992
1982	1 359	30 179	9 631
1983	1 818	35 029	12 937
1984	1 868	34 691	17 245
1985	4 881	41 284	24 702
1986	8 333	49 076	30 310
1987	9 925	64 153	48 086
1988	10 868	68 323	64 908
1989	10 999	64 423	86 409
1990	10 657	61 533	101 254
1991	11 188	63 272	120 346
1992	11 379	64 951	153 118
1993	11 810	68 296	247 086
1994	11 960	68 500	389 687
1995	12 155	72 335	591 628
1996	12 311	76 196	766 425

（续上表）

年份	企业单位数（个）	企业人数（人）	总收入（万元）
1997	3 760	46 703	493 365
1998	8 794	61 518	811 238
1999	8 664	57 537	743 228
2000	8 390	57 951	利润3.51亿元

第三节 回归工程

　　1994年5月26日，经国务院批准，撤销吴川县，设立吴川市（县级），以原吴川县的行政区域为吴川市行政区域。广东省人民政府决定，将吴川市委托湛江市代管。吴川撤县建市标志着，吴川自隋朝以来长达1 400多年的县制历史结束，吴川从此走上新的发展阶段，走向新的纪元。

　　改革开放以后，吴川市在外经商、办企业的人员每年有20万人以上。千百名吴川籍亿万富豪，分布在全国各地。吴川的个体和民营经济非常发达，是全国富豪人数最多的县级市之一。据统计，在现有的119万人口中，每100人中就有一个千万富翁，超级豪车随处可见，被人们誉为"土豪出产地"。

　　为了促使在外经商、务工人员了解家乡，促进家乡的发展，吴川市委、市政府采取"走出去、请回来"的方式与他们沟通联系。市委、市政府每年组团到吴川驻外商会召开座谈会，介绍家乡经济发展状况和投资政策，请在外企业家们有空回乡看看，择机回乡投资。每年春节期间，趁乡贤回乡过节时机，请他们到梅菉参加座谈会，市委书记、市长亲自介绍家乡发展变化情况，邀请他们在家多看看，用亲情感动他们"回归"。如浅水镇革命老区村金富旺村乡贤李忠先生，在深圳办了电厂，在回镇参加新春座谈会后，萌生了想为家乡做些实事的想法。经与镇领导商量，他于1997年自费400多万元建设一间小学——金鹏学校，学校建好后产权移交给教育部门办学。同时为了改变学校周围环境，他于1997年率先修筑了一条3.5公里长的乡道硬底化水泥路。李忠先生的两次善举开了吴川"回归工程"的先河。

其他乡贤也不甘落后，纷纷回乡投资，或无偿或置办实体经济等。如吴阳革命老区村蛤岭村陈华先生、黄坡镇石头坉村龙庆棠先生等纷纷回乡投资置业。据不完全统计，到2018年止，全市乡贤回归投资超过700亿元，其中：用于交通道路建设乡道3 860万元，用于乡村公益事业的有1.99亿元，用于城镇建设的有20亿元，用于乡村建设（新农村建设）4.25亿元，支持教育事业的1.52亿元，用于扶贫的353万元，投资于实体经济的610亿元等。革命老区镇塘㙍镇新增宏发养猪场等规模以上养猪场3家，总投资16亿元，解决老区1 000多人就业。

革命老区村塘㙍镇杨赤里村乡贤杨松先生，出资兴建35幢别墅，别墅装修完备、设施齐全，每幢三层半、共400多平方米，无偿交给本村村民居住。用他的话说："做人要懂得感恩，今天的成就，要感恩乡亲的关怀，感恩党的改革开放好政策，要听共产党的话，一生走正道。"

第四节 社会主义新农村建设

改革开放以来，吴川市牢固树立和落实科学发展观，把创建社会主义新农村作为建设和谐社会的加速器，在全市开展了一场改变农村面貌和落后生产生活方式的社会主义新农村创建活动，在欠发达地区率先走出一条独具地方特色的文明村创建路子。

在创建文明村活动中，市委、市政府制定了"能高则高""能低则低"的计划，根据各地经济社会发展的特点和差异，把全市划分为三大板块。即把经济比较发达的吴阳、黄坡、振文等镇的村庄，定为第一板块，创建小康型社会主义新农村；把经济相对较好的塘塊、樟铺等镇的村庄，定为第二板块，创建宽裕型社会主义新农村；把经济相对落后的覃巴、浅水等镇的村庄，定为第三板块，创建生态型社会主义新农村。在创建活动中，吴川市积极探索"政府推动、老板带动、集体联动、群众齐动"的社会主义新农村创建模式。市政府每年拿出100万元作为农村公路建设和文明村建设辅助资金，使群众创建热情空前高涨。大多数靠建筑发家的吴川人，先建好别人的家园，然后回来建设自己的家乡。2001年起，外出经商老板积极响应市委、市政府实施"回归工程"的决定，慷慨解囊，支持家乡建设。如吴阳镇革命老区蛤岭村陈华、芝蔼村的林上观、黄坡镇山溪洋村李建伟、塘塊镇革命老区山瑶村龙观生、黄坡镇牛路头村李田生等都为自己的村庄捐上百万或超数千万以上的巨款。全国十大魅力乡村黄坡镇林屋村以村办林屋机械厂为依托，先后投入2 000多万元整治村容村貌和建设文化阵地，投入4 000多万元建设林屋中学、小学和幼儿园，使村庄建成国家级文明村。在创建中，广大农民从原来的"要我干"变成"我要干"，出钱出力，比干劲、比贡献，形成全民参与、争先恐后、你追我赶的创建热潮。比如：黄坡镇革命老区新店村湛江港务局退休回乡的吴庆文，动员4个儿子回乡，出钱出力建设新农村。吴庆文的每个儿子建设一两个项目，出资少的有500万元，多的有2 000万元，使该村成为花园式新农村，农业部命名其为"美丽乡村"。

创建社会主义新农村是一项系统工程。创建工作须要抓好如下5个环节：抓好科学规划，先规划，后建设；抓好道路硬底化建设，有条件的修水泥路，没有条件的建红砖路或柏油路；抓好村容村貌整治，努力做到庭院净化、村庄绿化美化；抓好农民素质提高，以移风易俗、革除陈规陋习、营造积极向上健康和谐的村风民风为重点，以开展"爱国、守法、诚信、知礼"现代公民道德教育，文化、科技、卫生"三下乡"和农业科技知识技能培训活动为载体，努力提高农民的科技文化水平和思想道德素质；抓好民主管理，落实村务公开、财务公开、村民大会和村民代表大会等制度，制订完善"村规民约"。塘㙍镇革命老区杨赤里村是典型的别墅村，村民思想素质较高，村风文明蔚然成风，使该村成为旅游观光新亮点。

2006年1月6日，新华社广东分社采访老区村蛤岭村的文明村建设情况，并在新华社发了通稿。同年11月9日，省委领导到吴川视察老区村哈蛤岭村等，对吴川新农村建设给予高度评价。

截至2018年，吴川投入资金2.58亿元，完成省级新农村示范工程建设，已创建全国文明村4条（黄坡林屋村，吴阳蛤岭村，吴阳芝蔼村、塘㙍山瑶村），其中革命老区村占75%；广东省文明村11条，湛江市文明村555条，湛江市最美乡村24条，吴川市文明村1 266条（占村庄总数的80%），其中林屋村、蛤岭村、芝蔼村、新店村、杨赤里村等正以它们独特的魅力吸引全国各地人们前来观光学习。

发展滨海旅游

吴川市是一个濒海小城，海滨旅游资源十分丰富，也非常有特色，传统景区有吉兆湾，吴阳金海岸，现在又开发出鼎龙湾国际海洋度假区。该项目是广东省发改委批准投资600亿元的文旅项目，占地25 000亩，拥有16公里黄金海岸线。该项目被打造成一个集旅游、度假、娱乐、休闲、文化、教育、购物、美食、健康疗养于一体，为消费者提供欢乐、健康体验的世界滨海欢乐王国。鼎龙湾国际海洋度假区已建成并投入运营的是德萨斯水世界，它是全球最大的海滨水上乐园。目前规划建设的有湿地海洋公园、鼎龙湾野生动物王国、南中国最大星级酒店群、环球特色小镇、16公里黄金海岸线、半岛游艇会、海田温泉 以及鼎龙高尔夫等。

广东省发改委批复吴川建设国家3A级旅游区吉兆湾"养老小镇"。广东省发改委公布省级特色小镇名单公示，不但赋予国家3A级旅游区吉兆湾"养老小镇"的新衔头，更为传统的滨海旅游产业，开辟了一条转型升级的新路径。

20世纪90年代便获评省级旅游区的革命老区吉兆湾，本世纪初又接连获评国家3A级景区、全国"避暑胜地"称号，是吴川滨海旅游产业的"开山鼻祖"。如今，吴川全力打造粤西首个吴川滨海旅游产业聚集带，投资规模数十亿甚至上百亿元的项目接连抢滩，令这一"开山鼻祖"面临精准定位、改革创新、推动高质量发展的新时代任务。

借助特色小镇这一新型资源融合平台，携39.5亿元推动吉兆湾养老小镇建设的广东卓粤集团，在保留优越滨海旅游景观资源的基础上，以海景养老、高端诊疗、中央商务为核心，引入高等教育、诊疗终端、养老金融、海湾旅游、健康产业等板块，多元化主动延伸全产业链。该公司近期以3年内搭建资源融合平台基本框架并配套软硬件设施、5年内基本建成养老小镇并实现产业规模化为目标，远期以打造全国养老产业开发典范为目标，逐步打破产业体系空间的掣肘及传统行业季节性的时间掣肘，高效实施供给侧改革，破解传统同质化难题。

同时，吉兆湾借助高铁、高速公路、滨海旅游公路以及新机场等重大交通项目快速推进的有利条件，以及交旅互融、养老健康大产业等政策导向，主动承接粤港澳大湾区辐射效应，打破交通、人才、资金、技术等交汇空间的掣肘。

现代的吉兆湾，28平方公里的景区内穿梭着休闲小镇建设者繁忙的身影，原先使用权零散、同质化的数百座休闲别墅及小酒店，其大部分已通过并购、长期租赁的模式，整合为一体，为统一规划及功能区细化打下良好基础。来自广东医科大学的技术力量将在此开办健康门诊，并参与养老护理。国内绿色农业技术人员已进驻，将在此打造养老健康食材基地。高端养老社区的逾千个床位正在安置，其中示范房及床位已随时可对外展示。

通过特色小镇平台融合资源，吉兆湾传统滨海旅游产业正迈向转型升级之路，不久的将来，将迎来脱胎换骨的巨变。

目前，吴川滨海旅游大项目南海明珠现已开始动工建设，该项目占地面积1 988亩，总投资28亿元。项目包括南海明珠广场、明珠塔、明珠公园、游艇俱乐部、垂钓俱乐部、海景五星级酒店、休闲生态湿地公园等。未来这颗"南海明珠"，将与鼎龙湾国际生态度假区、海上丝路公园等景点连成一片，串珠成链，成为吴川海岸线的一幅旅游新画卷。

第六节 科技创新促发展

科学技术是第一生产力。身处于吴川私营经济实体的"小人物"深谙此理,因此他们积极探讨,取得突破和成功。

一、创办"大米银行",破解"储粮难"

2018年9月26日,在吴川吴阳镇老区村那郭垌的"广东东农粮食加工基地"上,作为省内首创的"大米银行"控制性项目正式投产,粮食加工基地的建成,有效解决周边地区"储粮难""卖粮难""加工贵"等问题,大大调动农民种粮积极性,促进农业增产农民增收。

广东东农公司经过4年多的辛勤付出,坚持"公司+基地+农户+合作社"的模式,承包土地6 200多亩,年产稻米4 500吨,蔬菜6 800吨,年产值超过2 200万元,并投资建设现代化日产大米50吨的精米加工生产线和3 360吨恒温稻谷贮藏仓库,打造"大米银行"。公司带动周边5个镇村及廉江等地的1 800多农户参与、合作开展优质稻米和蔬菜种植,调动了农民种粮积极性,让农民持有的荒地变成良田,使农户每亩平均增加收入1 000多元,带动农民共同致富,实现共赢发展。

广东东农公司从一个濒临破产的企业,创建成一家集"生产、加工、仓库、营销、研发"于一体的现代科技农业龙头企业,助力乡村振兴,取得了令人瞩目的成绩。

广东东农公司的终极目标是通过搭建"大银行"平台，将农户生产的稻谷可以放进公司粮仓存放，需要时可以前来取回，以此解决农户"储粮难"问题。同时，农户可以直接卖粮给公司，换取钞票以后再购买大米，解决农户"卖粮难"问题。农户也可以带稻谷过来加工，或者兑换不同品质的大米，解决"加工贵"难题。公司为农户或合作社提供全程保姆式的服务，消除他们的后顾之忧，调动他们种粮积极性，促进农业增产农户增收，助力乡村振兴。

二、国鸡育种技术创新

由《南方农村报》、新牧网主办，新禽况、广东省国家产业技术体系、国鸡文化推广联盟承办的"2018国鸡产业高峰论坛"在广州举办。在万众瞩目的"2018国鸡产业风云奖"颁奖典礼上，吴川市粤凤农牧有限公司（简称"粤凤公司"）荣获年度国鸡育种技术创新企业殊荣。

位于覃巴镇对面坡村委会的吴川市粤凤农牧有限公司成立于2015年，现有存栏种鸡12万只，月产鸡苗100万羽，员工40人，是粤西地区较大的国鸡龙头企业。目前公司主要饲养的品类为粤金凤三黄鸡。公司配备孵化间，孵化月产商品鸡苗100万羽，销路通往全国。

"给鸡一个'五星级的家'，在舒适的环境下，无论是种鸡、蛋鸡还是肉鸡，都能发挥出最大的生长潜能"，这就是粤凤公司的生产理念。

粤凤公司将疾病防控、种源把控、环境管理、营养技术4个要素建立起成熟的管理体系，使养殖过程中不使用抗生素成为可能。

粤凤公司所有的养殖笼底下铺满了厚厚的垫料。垫料里面富含"活力99",使得鸡粪充分发酵,减少臭味。为了调动员工生产积极性,员工工资直接与生产效益挂钩。该公司无论是产值、员工工资甚至是环境卫生水平,都远高于行业平均。

该论坛以"突围、突破、突跃"为主题,通过剖析现状、分析局势,探讨国鸡在环保、生鲜转型背景下,产业西进与北上、消费市场机遇与挑战,《2018国鸡产业白皮书》与《国鸡日历》交相辉映。来自全国超过500名家禽企业代表与行业专家参加此次论坛,见证行业发展历史时刻。

三、生物能源将地沟油变废为宝

当前,由"地沟油""垃圾猪"等餐厨废弃物引发的各类食品安全问题备受社会关注,成为影响人民群众生命健康的一大问题。推动餐厨废弃物资源化利用和无害处理,有利于从源头斩断"地沟油"回流餐桌和餐厨废弃物直接饲养畜禽等非法利益链,使地沟油有合法的去路,变废为宝,实现社会效益、环境和经济效益的统一。

吴川贸盛生物能源有限公司年产9万吨生物资源(生物液态燃料)项目被列为湛江市和吴川市十三五规划的重点项目工程。公司发明的"一种生物柴油酯化塔"于2013年8月获得国家知识产权局《实用新型专利证书》,该公司利用该设备发展成为具备生物润滑油生产线、生物柴油生产线及调油洗油一体化综合性企业,是广东乃至国内生物能源行业、节能环保经济的综合性企业。

该项目位于吴川市黄坡镇海关楼2区新圩岭内,占地总面积为77 606平方米,总投资16 800万元,环保投资924万元。项目分两个厂区,分两期建设;每年使用原料非食用植物油脂10.6万吨,年产主要产品生物能源(生物液体燃料)9万吨,副产品低中碳脂肪酸甲脂0.3万吨，副产品植物沥青与甘油1.3万吨。

目前，该项目一期已投产，二期正在建设中。

四、一个执着于技术发明的农村支部书记

林海是广东省吴川市黄坡镇林屋村委会党总支书记、林屋村支部书记和林屋村企业联合党支部书记。同时又是湛江粤海机器有限公司董事长兼任广东省粤凯机械有限公司主要领导。

2013年8月，广东省领导到林屋视察时，问已开办68年之久的村办企业靠什么巩固和不断发展？林海答，"靠创新"。多年来，林海同志着力钻研生物能源装备技术创新。

他在2010年研发《DBD等离子体空气净化与杀菌机装置》和《新型耦合分离技术及智能柔性化酒精生产装备技术》被列为国家星火计划并立项；《分布式生物柴油生产工艺及装置》《节能型无声放电催化氧化协同空气净化装备》和《木薯生产燃料乙醇成套设备技术》被列入省科技计划并立项；2011年研发的《先进智能高效换热技术应用在糖厂加热与蒸发装置》被列入省科技重点计划并立项，该技术应用糖厂经中科院广州能源所测定，其换热效率提高近1倍；2012年与华南理工大学化工学院、食品学院共同承担广东省蔗糖产业联盟的制糖关键技术创新中之"高效分离技术""雾化式喷射节能技术"和"高效率换热节能技术"的研究，被省列入重大科技计划并立项；2013年研发《农产品制造生物质能源成套技术》被国家列入科技计划并立项。此外，其主持的《高密度酒精发酵工艺与装备技术研发》通过科技成果鉴定，于2010年、2011年分别获得湛江市科技进步二等奖和广东省科技进步三等奖；2009年至2013年，主持发明"可拆式高效捕汁器""节能减排蒸馏塔""无蒸汽酒精蒸馏塔""无味酒精生产设备"等11种实用新型专利；2013年，研究糖厂隔膜高效蒸

发、桑式强循、环结晶器和蔗汁渗出萃取新技术、淀粉生产已醇低温蒸煮、高效CO_2分离技术等；2018年，获国家实用新型专利11项。

由于技术创新突出，成效显著，林海于1991年被评为全国农村青年星火带头；2013年，被评为全国农业科技兴林杰出带头人。2012年，他当选中共广东省第十一次党代会代表。

着力解决"五难"，服务老区

革命老区"饮水难""行路难""读书难""就医难"以及"人居难"，一直是困扰老区人民的一大难题。吴川采取切实有效的措施，根治"五难"问题。

一、解决饮水安全

改革开放后，吴川不少革命老区村庄的群众还是引用地表水、江河水，水质和用水问题严重影响居民的生活质量和身体健康。

为了改变群众饮水难的问题，吴川市遵照广东省下达的人畜安全饮水指标，在市自来水公司支持下，采取群众集资、老板捐资等方式，取得较好的效果。吴阳镇革命老区村上郭村的企业家吴杰出资360多万元，或新铺设或更换村中自来水管道，切实解决村中及附近村庄4 500人的安全饮水问题。

长岐镇肖山村企业家吴日阳、吴日康等捐资，解决1 100户、4 500多人的饮水安全问题。

塘㙍镇老区山瑶村企业家龙观生出资200万元，在村打水井、建水塔，引入自来水，解决村民的饮水难的问题。

2004年2月，中国地质大学武汉信息工程学院院长吴信才，利用国际先进的核磁共振找水仪，免费帮助覃巴新村探测饮水水源。2月9日，该村成功钻出一口井深135米左右水井。

据统计，企业家已投入过亿资金，使吴川市革命老区67 608

人，能饮用上清洁的自来水，大大提高了老区人民的生活质量。

二、改善交通道路行路难

抗日战争前，吴川、茂名的商绅集资兴建了黄西公路、黄梅公路、黄化公路、黄章公路、梅东公路、梅化公路、梅寮公路等7段公路。抗日战争爆发后，广东省国民政府为了阻挠日军的迅速深入、实行所谓焦土抗战，于1938年12月和1939年4月，先后两次下令全面破坏公路，吴川境内私营的7段公路受到彻底破坏，不能通车了。

中华人民共和国成立后，吴川、梅茂县人民政府根据广东省人民政府的指示，经过多次发动民工建勤修复，原来被破坏的公路已被修复通车。从1955年起，吴川就开始修建六王、覃吉、彭塘等路线；至60年代初，县内主要圩镇（公社所在地），已有公路通达。

改革开放前，吴川绝大多数革命老区村庄的村道没有水泥硬底化，经常出现"晴天尘土飞扬，雨天坑坑洼洼"的景象。

自从吴川市实施"回归工程"后，在外地的企业家纷纷回家乡，捐资资助村道的硬底化建设。1997年，浅水镇老区金富旺村乡贤李忠投资200万元建设吴川第一条水泥硬底化乡道。塘㙍镇的乐根村是边远偏僻的革命老区小山村，该村一直没有公路，交通闭塞，导致经济落后。该村企业家林森捐资600万元，从2001年起开辟路基，经过8年的艰苦努力，于2008年终于建成一条6米宽、长13公里、直通塘㙍圩镇的硬底化公路，结束了村民"行路难"的历史。这样的事迹还有：塘㙍横岗村人陈钦捐资265万元为家乡建设长5公里、宽5米的水泥公路；黄坡西坡村人符日源于2016年捐资70多万元建设家乡环村公路。

党的十八大以来，全市累计投入资金58.47亿万，新（改）

建国道、省道、县道201.56公里，乡村公路506公里。7个老区镇和310多条老区村庄（占老区村总数的80%），实现硬底水泥路通车；还投资500多万元建起89个候车亭，使全市老区村委会都通了客车。2018年，全市老区村庄村道实现了水泥硬底化，使老区群众走上了致富之路。

革命老区镇塘㙍镇现有茂湛高速公路、汕湛高速公路、湛江吴川机场高速公路过境，而且还有正在建设的4E等级国防机场。该镇将成为新兴交通枢纽镇，未来经济效益可期。

三、支持文化教育

1949年，吴川县有91所公办小学，至1979年有小学416所，其中241所为公办。但这些小学的校舍比较残旧。为改变这一状况，从2001年起，历时3年多，吴川市老促会和教育局对全市168所老区小学进行实地考察调查，争取省拨资金1 890万元，改造63间小学，发动乡贤捐资6 382万元，使老区小学改危工作得到顺利完成。此项工作改危9.6万平方米，新建校舍6.5万平方米，增加教室533间，扩充校园16.8万平方米。

吴川乡贤也积极捐资建校。1996年，樟铺镇斗门村企业家祝华寿捐资建设华寿小学。20多年来他为该村的教育事业捐款600多万元。1997年，浅水金富旺村李忠捐资400多万元建成金鹏小学。

2008年，黄坡镇平城村企业家陈阳南，得知家乡平城初级中学进行危改扩建，他大力支持，派回工程队完成迁祖坟的工作，他还出资1 950多万元，为改危建起一幢高6层、建筑面积6 300多平方米的教学大楼，之后建成学生饭堂、师生宿舍等，建筑面积共9 900平方米。完工后，校园面积扩大，环境优雅，平城初级中学成为花园式校园。该校教学水平有所提升，从原来的300多学生增加到近1 000人。

企业家捐资助学的例子还有很多。据统计，全市企业家捐资建教学楼67幢，师生宿舍59幢，建筑面积13.64万平方米；极大地改善了学校环境，提高了教学质量。

2011年起，吴川市老促会开始实施对革命烈士后裔发放助学金的制度，每年一次，至2018年共发放助学金290人次，共29万元。

为了不断丰富和提高老区人民精神文化生活。吴阳企业家李光煜捐资1 800多万元，在家乡中街村建成2万平方米的新极浦公园，使吴川旧八景"极浦渔归"现新景。振文三江村林任福捐资400万元在村中建起1 800平方米的文化楼。据统计，近年来，老区儿女为家乡建文化楼66幢、篮球场85个。

四、协助解决就医难问题

吴川市原有10间老区卫生院，这些卫生院比较陈旧，有的是危房，且规模小，技术薄弱，设备落后，对于卫生业务开展十分不利，无法满足老区人民有病治病的需求。为了解决这一难题，吴川市老促会多次与卫生部门研究解决方案。2005年9月，吴川市老促会与市卫生局就这些卫生院进行全面实地调查，形成调查报告上报省老促会，省老促会十分重视，并多次与省卫生厅领导座谈、协商，逐步达成共识，就资金问题向省委领导呼吁、向省领导汇报，经过几年的努力，2009年终于得到解决。6月，老区乡镇卫生院建设工作会议召开，明确由省财政厅拨款4亿元，加上其他筹款共8.5亿元用于乡镇卫生院业务用房改造建设。广东省、湛江市两级政府共拨给吴川市10间老区医院改造资金1 697.5万元，吴川市也积极筹措资金参与建设，最后全市10所卫生院业务用房面积扩大21 000平方米，以及新增一批设备，使老区人民看病难的问题基本得到解决。

五、接力扶贫，回报老区

在中国共产党的领导下，吴川革命老区人民为解放全中国经历了艰辛的革命斗争，遭受敌人严重的洗劫，对革命事业作出了巨大的贡献。中华人民共和国成立以后，县委、县人民政府各级领导一直没有忘记老区人民，对老区人民热情关怀，积极支持他们重建家园，发展生产。

1950至1957年，县人民政府先后给老区人民发放救济款75 749元（旧币）、粮食47 940斤、棉被574张、棉衣128件、卫生衣600件、单衣2 143件。受救济农户有1 147户、4 372人，占当时划定的老区人口的32%。县人民政府还拨补助款3 619元给30户革命堡垒户和革命人员定期定量发抚恤金；赠给农户耕牛9头，大小农具一大批；为57户修复房屋。

1963年，县政府拨给革命老区村木材100立方米，帮助老区人民修复以前被敌人烧毁的房屋170余间。

1981至1989年，给政府老区发放特殊救济款26万元，帮助老区人民解决生活困难；1985年再拨5 000元，帮助25户烈属、堡垒户修复房屋26间。

1980至1989年，县政府发放生产资金17.2万元、修建学校补助费18.3万元、水利建设费4.25万元、打井费4.8万元、公路建设费28万元，分配化肥165吨、水泥80吨。老区人民在政府支持下，发扬革命传统，艰苦奋斗，共修建校舍5 040平方米；建设小水电工程11宗；自来水2处；打井60口，修筑公路14公里，住房211间；种植水果612亩，经济作物1 700亩，开发鱼塘338亩，新办工企业8个；改造低产田2 500亩。各项举措使老区人民生产得到发展，人民生活水平逐年提高。1990年，政府又拨给老区生产资金3.1万元。1994年，吴川为老区建设投入3 000多万元。到2000年，老区村庄人口38万人，脱贫数373 932人，脱贫率为98.4%；老区管区脱贫82个，占总数的92.1%。2003年以来，吴川市扶贫资助500多名贫困户子女免费或办免费读中专。2003年1月，市委、市府切实抓好"乡村扶贫"工程，争取省财政安排350万元首批扶助11个重点贫困行政村。

2009年起，吴川市就开展扶贫"双到"（新农村建设与现代农业双转移）工作，全市有16个省定贫困村（以下简称"贫困村"）和167个非贫困村，其中由佛山市实施帮扶吴川的贫困村有14个；由湛江市直单位实施帮扶贫困村有2个、贫困人口较多的非贫困村有12个，由吴川市实施帮扶的非贫困村有155个。

至2018年底，吴川市共有贫困户9 327户、24 659人，按劳动能力类别统计，可分为有劳动能力的贫困户有4 767户、18 750人；无劳动能力的贫困户有4 560户、5 909人；按贫困程度类别统计，可分为一般贫困户642户、2 524人；低保户5 136户、18 376人；五保贫困户3 549户、3 759人；在全市贫困户中，分布在16个贫困村的贫困户有1 552户、19 292人，分散在非贫困村的贫困人口占全市所有贫困人口的78.24%。

2018年，在各级党委政府和各帮扶单位的共同努力下，吴川市扶贫工作成效明显，到2018年底，实现建档立卡贫困人口21 125人脱贫，占现有贫困人口的85.67%。

安居工程是扶贫工作重中之重。在解决人居难问题中，全市从2002年至2010年有3 600多户，每户得到5 000元的改危及改造茅草房补助，2013年每户补助款提高到1.5万元。有的村庄，除政府补助外，又得到乡贤的资助，如浅水镇莲秀村除政府补助外，该村乡贤柯水木又给每户资助5 000元，使该村45座茅草房或危房全部变成水泥钢筋结构的楼房。

7

第七章
展望未来，充满梦想

一、以"五个坚定"推进建设发展

回顾历史，展望未来，充满梦想。现在，吴川站在了新的发展起点上。阔步新时代，开启新征程，正以改革开放再出发的新担当、新作为，加快建设湛茂阳沿海经济带重要滨海城市，奋力谱写吴川高质量发展的壮美华章。近5年经济社会愿景是：生产总值增长8.5%左右，规模以上工业增加值增长13%，社会消费品零售总额增加12%，外贸进出口总额增长10%，实际利用外贸增长10%，城乡居民人均可支配收入增长8%，城镇登记失业率控制在3.5%以内，人口自然增长率控制在12‰以内。为实现这些愿景，吴川提出推进发展的"五个坚定"。

一是，坚定不移举旗帜、讲政治。吴川市始终坚持和加强党的领导，坚定不移走中国特色社会主义道路；高举习近平新时代中国特色社会主义思想伟大旗帜，切实树牢"四个意识"、坚定"四个自信"、"两个维护"，同以习近平同志为核心的党中央保持高度一致；坚定以政治建设为统领，推动政治建设向基层延伸，把党的政治纪律和政治规矩融入党员干部的工作和生活，做到有令必行、有禁必止，决不让中央、广东省委和湛江市委的决定部署出现"温差""落差"和"偏差"。

二是，坚定不移谋发展、兴大业。吴川市坚持稳中求进工作总基调，坚决贯彻新发展理念，加快推动高质量发展，深入推进"四大抓手""五大产业发展计划"，保持经济社会持续健康发展的大好势头。抢抓机遇，对接好服务好粤港澳大湾区、海南自贸区（港）两大国家战略，主动融入省"一核一带一区"区域协调发展格局以及湛江"建设省域副中心城市、打造现代化沿海经济带重要发展极"工作大局，充分发挥吴川作为湛江东部门户、连接粤港澳大湾区桥头堡的优势，按湾区所需、吴川所能，找准切入口和落脚点，加快打造粤西快速立体交通的重要枢纽、海洋经济发展示范区的重要区域、广东滨海休闲度假旅游的理想目的地、大湾区和海南自贸区的重要战略腹地、宜居宜业宜游的江海魅力之城，使吴川在新一轮区域大发展中出新出彩。

三是，坚定不移抓改革、促开放。吴川市以更加坚定的决心和勇气全面深化改革，以更加宽广的视野和胸襟扩大对内对外开放，让改革开放成为新时代吴川最显著的特征、最壮丽的气象。具体做法是：积极推进供给侧结构性改革，持续深化"放管服"改革，深入实施创新驱动发展战略，推动"吴川制造"向"吴川智造"升级；全力优化营商环境，打造项目审批"绿色通道"；加强与周边及先进地区的经济社会文化合作交流，鼓励本土优势企业以联合组团、产业联盟等方式"走出去"，深耕国际国内"两个市场"，建设沿海开放型经济体系。

四是，坚定不移增福祉、惠民生。吴川市始终坚持人民立场，一以贯之地尊重民意、关注民情、致力民生。具体为要以更大力度推进脱贫攻坚，努力实现贫困村全部出列、贫困人口全面脱贫，不断巩固提升脱贫成果，夺取精准脱贫攻坚战的决定性胜利；以更高要求推进乡村振兴，做强富民兴村产业，完成农村人居环境整治，打造生态宜居美丽乡村；以更实举措办好民生实事，让人民群众共享改革发展的成果；以更大决心推进平安吴川建设，确保社会大局和谐稳定。

五是，坚定不移强党建、勇担当。吴川市深入贯彻落实新时代党的建设总要求，纵深推进全面从严治党，为开创吴川振兴发展新局面提供坚强有力的政治保证。具体为：抓紧抓实抓好"不忘初心、牢记使命"主题教育，进一步筑牢思想根基；坚持正确选人用人导向，建设适应新时代发展要求的高素质专业化干部队伍；强化基层组织建设，全面夯实引领发展的组织基础；进一步完善制度、教育、监督并重的惩治和预防腐败体系，大力整治群众反映强烈的"为官不为"问题和发生在群众身边的腐败和作风问题，巩固发展反腐败斗争压倒性胜利；突出"实干担当"，引导干部发扬斗争精神，增强斗争本领，敢啃"硬骨头"，敢于"涉险滩"，在真抓实干中建功立业。

二、依托区域战略部署，紧抓多重机遇

站在新的历史起点上，广东举全省之力推进粤港澳大湾区建设，湛江市加快建设省域副中心城市，为吴川带来了战略部署交汇、改革创新叠加、政策红利释放的多重机遇。一方面，全省全面实施以功能区为引领的区域协调发展新战略，构建"一核一带一区"发展格局，大力推进世界级机场群、港口群建设，加快完善快速轨道交通、高速公路网，推动资金、设备、人才等创新要素加快流动，将对沿海经济带两翼地区产生巨大的辐射带动作用，加速形成"湾+带"协同发展的联运优势。吴川作为湛江东部门户城市、茂湛都市圈的黄金走廊和连接大湾区核心城市的桥头堡，"湾""带"交汇，区位优势突出、战略位置重要，必将在湛江与粤港澳大湾区的互动中充分享受到政策红利，必将优先汇聚沿海经济带的资金流、产业流、信息流、人流、物流，更好地承接大湾区先进生产力转移、加快现代产业体系构建，成为湛江对接粤港澳大湾区、海南自由贸易区乃至全国的"超级联系人"。另一方面，湛江作为中国大西南门户城市，处于粤港澳大湾区、海南自贸区、北部湾城市群三大国家战略的交汇点，是大湾区经粤西到周边省区的综合运输通道，泛珠三角到东盟的陆海国际大通道。特别是《湛江铁路枢纽总图规划（2016—2030）》正式获批，"一通道"正式纳入国家《西部陆海新通道总体规划》，"五龙入湛"奠定了湛江作为全国性综合交通枢纽的地

位，为湛江在更广阔的区域中配置资源、实现优势互补提供了坚实支撑，辐射带动县域发展的能力大幅提升，必将为吴川加快振兴发展注入强劲动力。

下一步，吴川将紧紧围绕中央、广东省委和湛江市委的决策部署，审时度势，紧跟大势，坚持把吴川发展纳入到省和湛江发展全局中去思考、去谋划，立足自身区位条件和资源禀赋，抓住新机场全面建设的机遇，做好"空"的文章，释放"海"的潜力，激发"江"的活力，以久久为功的战略定力，坚决扛起"加快建设湛茂阳沿海经济带重要滨海城市"的使命担当，以积极进取的心态、负重赶超的姿态、奋发有为的状态，上下同心、工作同步、风雨同舟、大业同创，在全省构建"一核一带一区"区域发展新格局、推进大湾区建设和湛东"加快建设省域副中心城市、打造现代化沿海经济带重要发展极"中书写吴川篇章，作出吴川贡献。

三、2011至2035年总体规划

为指导吴川市在新时期的城市建设和发展，落实中央和全省城市工作会议精神、国家和省新型城镇化战略，推动城市转型和可持续发展，吴川市委托广东省建科建筑设计院有限公司，对吴川进行总体规划，规划期限为2011至2035年。

（一）规划范围

城市总体规划空间层次包括市域、城市规划区和城市集中建设区3个空间层次。

1. 市域：为吴川市域辖区范围，包括梅菉街道、博铺街道、大山江街道、塘尾街道、海滨街道、覃巴镇、长岐镇、兰石镇、樟铺镇、塘㙍镇、振文镇、黄坡镇、吴阳镇、王村港镇、浅水镇等15个街镇，总面积870.08平方公里。

2．城市规划区：包括梅菉街道、博铺街道、大山江街道、塘尾街道、海滨街道、覃巴镇、长岐镇以及振文镇等8个街道，总面积291.72平方公里。

3．城市集中建设区：包括梅菉街道、博铺街道、大山江街道、塘尾街道、海滨街道等5个街道全城，以及覃巴镇、长岐镇、振文镇等3个镇的部分地区，总面积89.93平方公里。

（二）发展目标

吴川市坚持"工业兴市、生态建市、商旅旺市、文化强市"发展战略，以区域基础设施建设与产业转移承接为契机，全面加快经济和社会发展步伐，积极融入湛茂阳经济发展圈，把吴川建设成为珠三角产业转移承接地、粤西区城镇群中的节点城市、湛江经济发展重要增长极，以及宜居宜业宜游的江海魅力之城。

1．经济发展目标。努力建设经济发达、文化繁荣、社会和谐、富裕安康的广东重要节点城市。

2．社会建设目标。健全社会保障体系，缩小贫富差距，促进社会保障事业社会化，建设完善的生活事业体系，推动社会均衡发展。

3．城乡统筹目标。推进新型城镇化发展，通过产业与城镇的合理布局，调整优化市域城镇和产业空间布局结构，强大与平衡城镇发展片区。

4．环境保护目标。建立循环经济体系，把生态环境建设与经济发展紧密结合，促进生态经济和社会效益协调统一。

5．文化建设目标。建立结构合理、发展均衡、网络健全、进行有效、惠及城乡居民的吴川公共文化服务体系。

（三）城市性质

空港物流业与海洋经济发达的现代化城市，粤西城镇群中部的重要纽带城市，广东制造业转型升级的示范基地，以及我国江海文化特色鲜明的著名旅游目的地。

（四）规划目标

吴川规划综合公园8个，规划社会公园31个和专业类公园4个。目标是凸显江海城市特色，以建设"生态城市"、"园林城市"为目标，构建人与自然和谐相处的宜居环境，为吴川建设湛江重要副中心城市、宜居宜业宜游的江海魅力之城提供有力支撑。吴川于2020年达到省卫生城市标准；2035年将达到省园林城市标准。

四、创建省级卫生城市

吴川市在近期目标创建省级卫生城市工作中，加大投入，坚持做到整体布局、长远谋划、分步实施、有序推进省级卫生城市创建，加大投入建造十大民生工程。

近3年多来，吴川市多渠道筹措70多亿元建设资金，对城市基础设施进行了大手笔的建设改造：投入近10亿元对城市主次干道进行升级改造；实施城市"畅通工程"，投资10亿多元规划征地兴建双向六车道的城市景观大道—滨江路；实施公园绿地提升工程，投入1.3亿改造江心岛生态公园和新建水口渡湿地公园，利用鉴江两岸打造一江两岸城市美景；投融资6.26亿元兴建一座利用垃圾焚烧发电的热力环保发电厂；投融资5.37亿元增建一座滨江污水处理厂及管网；投融资14.6亿建设覆盖全市10个乡镇的农村污水处理厂及管网；投资2.12亿元新建吴川市工人文化宫、环保监测中心、人防101工程综合体；投融资28亿迁建吴川市人民医院、中医院等4家医院。

五、着力打造实体经济，筑牢经济基础

转望未来，吴川着力打造实体经济，筑牢经济发展基础。

大交通：陆、空、海齐头并进。陆地交通方面，时速200公里的广湛动车站已开通投入营运；时速350公里的高速正在建设中；广湛高速、汕湛高速通过吴川路段已投入使用，湛江吴川机场高速正在建设中；广东滨海旅游公路吴川观光段，正在测量规划设计中；吴川村村通水泥硬底化道路。空中交通方面，位于吴川塘㙍镇的湛江吴川机场正在紧张建设中。港口方面，吴川有黄坡港、博茂港和王村港渔港。吴川的陆、海、空交通动能齐全，作为县级市全国少有。

文旅项目：投资600亿元鼎龙湾景区在德萨斯水世界建好后现继续开建其他项目；位于覃巴镇、投资28亿元的南海明珠文旅项目正在开工建设。

医疗体建设：投资23亿元搬迁吴川人民医院、吴川中医院、吴川妇幼保健院，使县级公立医院升级改造，筑牢疫情救治第一道关口。

大农业：樟铺镇的羽绒城工业园，正在规划中的第一期征地已达1 000亩；樟铺镇获省级一镇一业专业镇（鸡苗）。吴川有3个村获省一村一业专业村：覃巴镇对面坡村（砂糖橘）、覃巴镇竹山村（砂糖橘）和兰石镇顿谷村（圆椒）。

以上举措，按循序渐进方式推进，吴川的梦想一定会实现。

附　录

附录一 革命遗（旧）址

一、革命遗（旧）址概况

吴川人民在中国共产党的领导下，为争取民族独立和民族解放进行了艰苦卓绝的斗争，作出了重要贡献，付出了巨大牺牲，留下了许多革命者的足迹和感人事迹，形成了众多革命遗址、旧址。这些遗址、旧址和吴川众多的文化古迹一样，是吴川文化的重要组成部分，是中国共产党领导吴川人民弘扬伟大的爱国主义精神、建设幸福美好家园的历史见证。

全市现存62处革命遗（旧）址，有25处已于2007年由吴川市政府立下纪念碑。

这些革命遗（旧）址，铭刻着吴川地区党组织和人民群众为民族独立和人民解放而英勇奋斗的光辉历程，蕴含着吴川地区共产党人和人民群众艰苦奋斗、不屈不挠、一往无前、敢于斗争的革命精神，是对广大党员群众特别是广大青少年进行爱国主义教育和革命传统教育的重要阵地，是一笔宝贵的革命历史遗产。

吴川市革命遗（旧）址一览表
（已立纪念碑部分）

序号	遗址名称	地点	现存情况	发生时期	爱国主义教育基地（级别）	保护单位（级别）
1	中共广东南路特派员、广东省农民协会南路办事处、国民党南路特别委员会旧址	梅菉街道营盘街28号	已修复	大革命		省级
2	梅菉青年同志社旧址	梅菉街道鸡行街3号关帝庙内左侧	已修复	大革命		吴川市级
3	吴川县第一个基层农民协会、农民自卫军起义指挥部旧址	振文镇关帝庙内	已修复	大革命		吴川市级
4	李士芬故居	振文镇沙尾边村	遗址			吴川市级
5	泗水战场旧址	振文镇泗岸村牛坡岭	遗址	大革命		吴川市级
6	广东民众抗日自卫团第十一区统率委员会旧址	梅菉街道隔塘庙内	已修复	抗日战争		吴川市级
7	《南声日报》社旧址	梅菉街道漳州街	修复	抗日战争		吴川市级
8	抗日救国大刀队旧址	梅菉街道坡心岭村	修复	抗日战争		吴川市级
9	梅菉国技馆革命旧址	梅菉街道义学路1号	只存纪念碑	抗日战争		吴川市级
10	梅菉头抗日"大刀队"旧址	梅菉街道梅菉头（大塘边）	完好	抗日战争		吴川市级

（续上表）

序号	遗址名称	地点	现存情况	发生时期	爱国主义教育基地（级别）	保护单位（级别）
11	茂化梅边区办公旧址	长岐镇雨山小学	修复	解放战争		吴川市级
12	陈以铁大队抗日武装起义旧址	振文镇泗岸泗水小学	修复	抗日战争		吴川市级
13	陈以铁故居	振文镇山圩村委后背山村	遗址	抗日战争		吴川市级
14	李一鸣大队抗日武装起义旧址	长岐镇良村张氏宗祠内	完好	抗日战争	湛江市级	湛江市级
15	张炎将军抗日武装起义"七人会议"旧址	塘㙍镇樟山村后背山	修复	抗日战争		吴川市级
16	张炎故居	塘㙍镇樟山村	修复完好	抗日战争	湛江市级	省级申报全国级
17	中共南路特委抗日前线指挥部旧址	塘㙍镇低岭村	重建	抗日战争	湛江市级	湛江市级
18	杨七㙍交通联络站	塘尾街道杨七㙍村（杨三如家）	遗址，存纪念碑	抗日、解放战争		吴川市级
19	旺祥村交通联络站旧址	浅水镇旺祥村	遗址，存纪念碑	抗日战争		吴川市级
20	梅菉交通联络站旧址	梅菉街道鸡行街30号	完好	抗日、解放		吴川市级
21	五境庙税站旧址	樟铺镇五和村五境庙内	修复	解放战争	吴川人民政府立纪念碑	吴川市级

（续上表）

序号	遗址名称	地点	现存情况	发生时期	爱国主义教育基地（级别）	保护单位（级别）
22	上能农协会旧址	吴川吴阳镇上能村李氏家祠	遗址	大革命	吴川县人民政府纪念碑	吴川市级
23	上能村交通联络站旧址	吴阳镇上能村（上能小学）	遗址，存纪念碑	大革命、抗日、解放战争		吴川市级
24	东海抗日海岸监视哨所	海滨街道（东海祠堂原泰育小学）	现东海小学内	抗日战争	吴川县人民政府纪念碑	吴川市级
25	擢秀书室革命旧址	振文泗岸村委地上村	修复完好	辛亥革命、大革命，抗日、解放战争	吴川县人民政府纪念碑	吴川市级

二、部分革命遗（旧）址图片

梅菉青年同志社旧址

吴川县农民自卫军总部旧址

《南声日报》社旧址

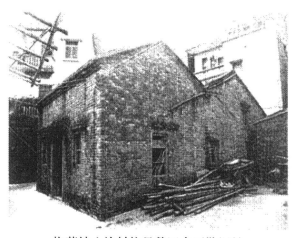

梅菉坡心岭村抗日救国大刀队旧址

茂化梅边区人民解放政府遗址

李一鸣大队抗日武装起义旧址（现为湛江市党史教育基地）

陈以铁大队抗日武装起义旧址

泗水革命烈士陵园前门

鸡行街30号梅菉交通联络站旧址

樟山村的张炎故居

边埇村李士芬故居

位于樟铺南巢大路埇岭的梁弘道烈士墓

位于博铺牛眼岭的欧鼎寰等六烈士合葬墓

附录二 历史文献①

广东南路各县农民政治经济概况（摘录）②

黄学增于1926年3月到4月，根据自己调查和各农运特派员调查所得材料写成《广东南路各县农民政治经济概况》，有关吴川县部分摘录如下：

一、该县位置：东南二面皆海面，西界遂溪、化县，西北界廉江，广州湾在其南。硇洲岛及坡头（原属吴川）亡清时已被法人占去。

二、该县行政区域之分划：本县分十区。第一区附城，第二区芷寮，第三区黄坡，第四区龙头岭，第五区振文，第六区板桥，第七区山圩，第八区石门，第九区塘㙍，第十区坡头（该区已被法占去），均以各区警察厅署所在地为名。县城太偏僻，居内部最中心、交通便利、可以策应全县的系黄坡，故现任县长苏鹗元已将县署移去该处。

三、该县人口及其职业分配法：全县人口廿万，农民则占百[十]分之九点六以上。内地皆耕种，而沿海甚业于捕鱼（最多系芷寮一带），黄坡、梅菉一带多业商。

---

① 历史文献为原文照录，原文若有错漏之处，请读者谅解。
② 中共湛江市委党史研究室编著：《黄学增研究史料》，第62—64页。（内部资料）

四、该县文化状况：全县中学一间，高小三间，学[国]民学校之数未知，私塾则大乡才有之。一般人鲜阅书报，思想甚陈腐，同善社人甚多。

五、该县特别情况：本县分东西两水（即东界、西界），西水皆贫苦农民，东水多田主，且系林李二大姓之住地（在县城一带），豪绅甚多。亡清前林兆[召]棠曾中过状元，故林李之人特别骄横，比较普宁之方姓为尤甚。县中民团局权，采[操]于二姓手中，不但鱼肉小乡小民而已，并且强夺历任县官，一般农民，甚恶而畏之。现任县长苏鹗元将县署移去黄坡，失去林李二姓操纵县行政脚步，又将各级民团局改为执行委员制，又失去他们独裁局面，他们豪绅大为不满。

六、该县土匪颇多。第七区石狗塘地方有土匪数百，黄坡附近亦有土匪数百，而海面更多，自黄坡至广州湾或至遂溪及石门、新埠一带，水路已为梗塞。匪首名阴鹭仔，虽经防军姚之荣痛剿，其势仍不衰云。

七、农民状况：塘尾乡农民康月初及杨屋村农民杨绍和报告：塘尾乡有二千多农民，每百农民中，至多有五人系自耕农。每斗米[谷]田，每年两造好，可收六七担谷，不好的，只收三四担谷。佃农要将其收入自己一半交于地主（杨绍和报告他自己本村一带地方纳租均是主六佃四）。临割禾时，由农民请田主去看过，主才均分。租由佃农送到田主家，遇着好的田主则加以招待，否则空劳一场而已。农民为结欢于田主起见，多送礼物于田主（海鱼之类）。谷价每担值五元，每斗田价格二百多元。肥料多用猪粪，每斤价格廿文钱，秤重一百六十文钱。农民耕不够食，多向海面捕鱼。农许多无饭食并无屋住，有食的只是甘薯，有住的只是狭窄之茅屋。卅岁以上未完婚，有二十至三十人的[之]多。娶一个老婆要二三百元费用。青年农民无书读，有的只住三二年之子曰馆（私塾），每年学金小的三四元，大的学生束脩五六元。借债利息三分。附近一带无绅士，大姓大村并不见压迫小姓小村，但杨屋村一带则不然。该农民报告完了。我与陈荣位同志于去年十二月二十五日至二十六日，从梅菉至吴川，又从吴川城回梅菉，一路农民皆以共产相问，他们不怕共产，而且喜欢共产。他们极赞成农民协会，第五区杨屋村农民杨绍和、文屋村农民文庆随谈十余里甚投机，并请我们到他们处组织农民协会。

八、易经同志在化县城高小学校当教员，因热烈于农民运动，即跑回吴川本乡农民运动，据云加入农会的农民已有数十人。

关于南路抗日游击队与张炎起义情况的报告[①]

周 楠

董老及王若飞同志：

（一）我于去年[②]七月（十五）日安抵南路，（十九）日（编按：此处有15字无法辨认）抵赤坎，曾自（至）贵阳、柳州。

郁、柳及南路先后寄上四信，未知收到否。

（二）七月号［二十日］自己见琼崖无线电师刘同志，已经将所交带（编按：交带为土语）的说话、信件及器材与他。彼于九月上旬安抵彼岸，惟［唯］已否到司令部，则无所悉，你们交带［代］在海口设交通站，因海口为敌海军重要根据地，封锁严密，做生意须领取护照。如由广州湾，更须广州湾日特务机关批

---

① 标题为编者所加，见中共吴川县委党史研究室编：《南路特委与张炎将军》，广东人民出版社1991年版。

② 去年，即1944年。

准。现海口商人内迁，而我们反在彼此做生意，极易使人怀疑，且干部亦成问题，因须用本地人，琼崖干部多已公开，而我们缺乏该地干部，此事究如何办理，请示。

香港、广州工作，已照你们指示进行，如武装工作、整风运动、巩固组织、隐蔽工作，审查干部等，目前中心工作是发展武装，而以建立一独立的脱离生产的武装工作队为中心工作。

（三）八月至十一月，我们已由一个大队发展到三个大队，第四个大队亦在建立中，各大队共有六七百人，游击小组一千五百人。预计大队至旧年腊月，可发展至一千人。从建立日起至今，国民党无日不在对我袭击中，我无大损失，而国民党则有相当损失，到处焚烧、抢掠、奸淫，民众财产损失最大，值百万元以上。我队伍仍在有利条件发展中，现拟名为"南路人民抗日大队游击队"。

（四）敌去年自广州湾进攻广西共四千人，其中敌伪不足两千人，余为民夫等。国民党毫无抵抗，敌寇去后，地方随即恢复原来国民党统治状态。敌伪据守雷州设有据点，敌伪合计约一千五百人，其中敌不过五六百人。国民党一五五师经敌进攻广西后已溃散，现剩一团人，此外有保安团两个团，补充团四个团，另三个警备司令部，每部约五百人，各县政府兵力三百至五百人，各县集结队伍除各县有一千人外，余皆每县三百至五百人，国民党在雷州及前线兵力共一千五百人，余皆布置后方。目前反共形势极为严重，国民党经常以其主力部队向我进攻后勾结敌伪，配合相机进攻，另方面则加强特务统治与活动，由坏人执政，而最利［厉］害者为国民党最近成立之南路游击总队部，由七区专员林时清任总队长，各县县长兼任各县大队长，并分设若干集结大队，现勒搜民枪，训练干部，凡属适龄壮丁均编入队，其目的全在对付我们，使我们无人可用，无枪可使，其谋至毒，此为反共形势中最严重者。合浦组织在去年六月已被国民党逮捕了三个干部，受到相当破坏，现将该区负责同志秘密扣留，拟调来东江，因该同志过去历史我不甚清楚。我们对付办法，在国民党统治地区下，一部分则继续掩蔽，大部分则准备武装斗争，其不能掩蔽，没有条件发动武装斗争之干部，则调入部队中，而主要的则在扩大武装队伍。

（五）我们现想设立电台与你们联系，是否可行，请示通电办法，由东江电台转知我们。

（六）以前两个通讯处取消，现我有人在东江等候你们的指示。

为南路起义致中央转董必武电①

周 楠

中央并转董老：

一、来示决遵照执行。

二、琼崖交通站现开辟新路线，即从琼崖西岸直达雷州半岛西岸，全程来回二十日即可达（过去须半年），两岸俱属我地区，都有保证，预计三个月后即可开辟。

兹介绍琼崖云涌同志到东江，向中央报告工作。

三、我们原定今年②一月底，在高州六县及钦廉各县武装起义。因情势紧迫，于一月十五日，首先在吴川，与张炎一齐起义，三日内将该县占领。五日内，我们由一大队扩大至八百人。张炎称民众抗日军，共二团，亦有八百人。我部队改为广东南路人民抗日解放军，各县次第起义。化州起义六百人，高州二百

---

① 标题为编者所加，见中共吴川县委党史研究室编：《南路特委与张炎将军》，广东人民出版社1991年版。

② 今年，指1945年。

人。我军与张炎部于一月二十三日进攻化州。惟〔唯〕在国民党其人强物力亦强之下，退于廉江转进。合浦起义四百人。灵山起义八百人，占领该县城，因缺乏战斗经验，退出剩四百人。

广西方面：陆川起义七百人，战斗后剩五百人，退廉州北部，剩三百人，因内部意见不一，已化整为零。博白起义五百人，因不强，剩三百人，现受我编制。闻桂南之起义主力在贵县、容县。

此次吴川起义，已摧毁其县府及武装，枪杀县长，又摧毁全县乡公所及其武装，散赈乡仓谷万〔石〕以上。国党伤亡四百人，逃亡几及倍数。我英勇牺牲大队长二人、中队长四人、战士五十人。张炎起义，初则非常动摇，其后受国党围困时，乃只身赴桂，为国党所获，蒋已令枪决。

四、据现有三支队共十个大队，其中主力大队六个，分散徐、海边境一个，遂溪三个，廉江四个，合浦五个，高州二个，合计：共三千二百人（博白三百人尚未整编）。

民众：（游击小组及自卫队等）共六千。我活动地区西至钦廉，北至合浦、博白，东至高州，南至雷州。

五、国民党为企图消灭我们，接应盟军登陆，并准备将来进攻琼崖，在南路加强兵力，除前报告外，现增自桂调来之一五五师三个团两千人，罗定、信宜调来两个保安大队三百人，此外各县组织反共联防队，每县约三百人。

六、国党现实行分期、分区"清乡"，到处进行野蛮之"三光"政策。在高州已杀害青年学生（俱群众）二三百人。征实加倍，由八斗征至一石六。此外又有种种苛杂，并大批训练特务，企图打入我方做内线。国党统治残酷到极，民众生活痛苦到极，民众斗争情绪继续高涨。

七、三月，敌已接收广州湾，全湾分四区（西营赤坎、太平、化州、钦州），设公局，总公局长陈学谈，陈亦积极反共，近敌拨枪六百支以防我。广州湾敌现续有增兵，连前八千人。敌人最近有进犯高州模样。

八、伪军中只有保安警察队反共。近成立有和平救国军，伪军共有二千人，大部倾向我，伪军工作有把握。

九、电台器材已备好，因日寇［军］时常扫荡，故未建立。现与东江新约定通信时间与办法。现正计划在廉江、化、博、合一带建立根据地。然后，东占高州，与中区解放军联络；西占钦、廉，南占徐闻，以接应盟军登陆。如敌人打高州，则我进占高州，预计三四月后，武装发展至一倍。关于司令部、各方干部人选如何，请示。

十、一俟电台通后，再将各情形具体报告。

南路人民抗日解放军的建立和开辟抗日根据地的斗争[①] （1944年—1945年5月）

一、中共广东省临委对发展全省抗日游击战争的部署

为了贯彻执行党中央的指示，全面开展华南游击战争，省临委和东江军政委员会于1944年8月初，在大鹏半岛的上洋村举行联席会议。会议在省临委书记兼东江军政委员会主任尹林平主持下，深入讨论了中央军委1944年7月5日《关于东江纵队开展敌后游击战争的指示》，分析了当时东江地区以及广东的斗争形势，并根据党中央指示精神，作出了如下重要决定：

第一，建立根据地与发展游击区。

第二，发展人枪，扩大部队，建立支队编制，下辖大队，相

---

① 摘自中共湛江市委党史研究室编著：《南路人民抗日解放军史》，广东人民出版社1995年版。

应建立主力团或主力大队。

第三，战略方针是独立自主的游击战争，不放松向运动战发展。

第四，普遍建立不脱产的民兵与脱产的游击队。

第五，恢复和加强地方党组织的活动，号召共产党员都要参加以武装斗争为中心的革命斗争中来，为打开广东的新局面，积极开展对敌斗争而奋斗。

会议对统战、宣传、政权、财政经济和城市工作等也作了决定。

二、中共中央南方局对南路工作的指示。南路特委广州湾会议

南路特委原属粤南省领导，1942年夏粤北省委被破坏，南方工作委员会副书记张文彬被捕后，南方局决定撤销粤南省委，成立广东临时省委。由于事态突变，南方局这一决定没有及时传达到南路。在困难环境下，南路特委继续坚持南路抗战，积极领导雷州人民开展抗日武装斗争，引起了中共中央南方局的关注，指示南路特委书记周楠到南方局机关所在地重庆报告工作。1944年3月，周楠到达重庆，至6月间，先后向南方局常委董必武、组织部长刘少文及中共中央代表王若飞作了汇报。在南路面临全面沦陷的严峻形势下，南方局负责人和王若飞对南路工作做了指示，强调指出：日军将要打通湘桂线，南路会变成敌后，必须加强党的建设，宣传群众，团结人民，建立我党直接领导的独立自主武装，搞好民族统一战线，开展抗日游击战争，并帮助琼崖特委恢复同中央的电台联系。同时，决定南路特委暂由南方局直接领导，同广东临时省委只保持横向联系。

周楠回到广州湾特委机关后，立即召集特委组织部长、高州地区特派员温焯华，雷州特派员陈恩等主要干部开会。会议传达

学习南方局负责人和王若飞的重要指示，积极发展武装力量，加紧扩大共产党直接领导的人民武装。首先，在遂溪沦陷区举行抗日武装起义，发展敌后武装斗争，同时准备在日军打通湘桂线，雷州日军进攻高州地区时，发动各地起义，配合部队攻打高州。形成了坚持雷州敌后抗日游击队，并以遂溪为依托，伺机向外围地区扩展，把武装斗争推向全南路的战略构想。会议决定周楠、陈恩立即分头到遂溪、海康扩大党的独立自主武装；将来高州和钦廉地区的部队建立时，分别由该地区的特派员负责领导。这次会议是南路特委在抗战时期召开的一次重要会议。广州湾会议的召开，是南路人民抗日游击战争转上新阶段的重要标志，它进一步推动了南路人民抗战事业向前发展。

三、南路抗日斗争的进一步开展

1944年8月，（在）为传达贯彻中共中央南方局重要指示而召开的广州湾会议，（决定）在雷州半岛沦陷区的中共组织大力扩大独立自主抗日武装的同时，吴川、梅菉、化县、廉江等前线地区、茂（名）电（白）信（宜）和钦廉四属国民党统治区的中共组织，也根据南路特委广州湾会议的精神，建立和发展秘密的或半公开的抗日武装队伍，准备开展抗日武装斗争。1944年7、8月间，雷州日军为北上广西频频进犯吴（川）梅（菉）化（县）廉（江）边时，高州特派员温焯华在广州湾参加特委会议后回到吴川，随即召开吴（川）梅（菉）化（县）廉（江）边区领导干部会议，传达南方局的指示和特委的决定，布置各地大力发展抗日联防队和秘密游击队，并团结争取国民党爱国进步人士，广泛动员和组织群众，坚决抗击日军的进犯。

中共南路特委在加紧发展党直接掌握的武装队伍的同时，派党员黄景文、陈信材以及进步人士叶春等与张炎联络，推动他领导旧部属，武装群众抗击日军入侵。1944年9月下旬，詹式邦受第四战区长官张发奎的指派，以战区少将参议身份从柳州返回吴川，统率第四、第五沿海警备大队，负责电白、吴川、梅菉沿海防务。接着，张炎也奉张发奎之命，以战区中将参议身份，从柳州回南路视察。张返抵南路后，敌积极发动原十九路军分散在高雷地区的部属，如化县县长庞成、县自卫队副文邵昌和抗日爱国军人詹式邦等人，组织人民抗日保家乡。1944年10月，党组织推动詹式邦在吴川高岭召开吴、化、廉边区乡绅会议，进一步发动群众建立各区联防队。11月23日，日、伪军混合队100多人袭击湍流村，并向石门乡窜犯。中共吴廉边（区）特派员黄景文率领游击队在钩镰岭将敌堵住。张炎闻讯后通知詹式邦派兵支援，驻廉江的詹式邦率领警卫五队赶来，并与游击队并肩作战，同敌激战至深夜。后敌从广州湾派来援兵，残敌才得以从海路狼狈撤走。是役毙敌中村分队长以下日军10多名。钩镰岭战斗是中共南路党组织同张炎、詹式邦合作抗战所取得的一个胜利，给各阶层群众很大鼓舞，推动了廉、化、吴、梅前线地区人民武装力量的发展。邓鄂对张炎和詹式邦的爱国主义行动极为不满，密谋剥夺詹式邦的军事指挥权，并调动重兵，消灭张炎200多人的抗日武装和共产党的抗日游击队。

在高雷地区国民党顽固派阴谋武装镇压人民抗日力量的紧急关头，中共南路特委决定提前集结抗日群众武装，举行抗日武装起义。1944年12月下旬，南路特委在吴川县低岭村召集吴梅化廉边地区主要领导人黄明德、王国强、黄景文、陈醒亚等人开会，决定紧急集结武装队伍，举行武装起义，并派黄景文等同张炎联系，争取张炎率部配合行动，以保存和发展抗日武装队伍，坚持敌后抗战。同月，高州特派员温焯华致函茂、电、信三县在1945年春节（2月13日）前后举行武装起义，配合主力进攻高州。与此同时，特委书记周楠通知钦廉四属党组织联络员阮明和特委政治交通兼合浦公馆区特派员谭俊，到特委所在地广州湾汇报情况，布置钦廉四属武装起义。

四、南路人民抗日解放军的成立

南路人民抗日武装逐步扩大之际，国民党顽固派决定将其消灭人民抗日武装的计划付之行动。

1945年1月初，国民党廉江县县长黄镇召开各乡乡长会议，部署兵力袭击中共吴廉边党组织活动中心地点东桥正奏小学和消灭平坦乡抗日联防队等人民抗日武装。1月6日，中共吴廉边特派员黄景文决定立即集结廉江成东乡东桥、白鸽港和吴川县石门、陇水、龙头等地的抗日联防队和游击小组、地下军等700余人，组成（以）林林为大队长兼政委的林大队和陈汉雄为大队长、郭芳（郭达辉）为政委的陈大队。

1月8日，化县党组织获悉国民党顽固派进攻人民抗日武装的阴谋后，当即决定把集结武装队伍的计划提前于9日实施，成立化廉指挥部，由陈醒亚负责。廉东南、化南、杨梅和黄槐等地人民武装700多人，集结后攻下了良光、石东、梅北、黄槐、出拔等乡公所。

1月9日，吴川中区特派员王国强集中吴川北区抗日联防队及泗岸、板桥、翟屋等地游击小组600多人，组成一个大队，陈以铁任大队长，王国强任大队政委。

1月16日，梅茂化吴边特派员黄明德下令集结茂名县三民、龙首，化县西湾、南安、同庆、山口、长岐等区乡的游击小组400多人，于茂名三民乡良村（现属吴川县长岐镇）起义，由李一鸣任大队长，黄明德任大队政委。部队经过改编，梁弘道任大队长、李一鸣改任副大队长、黄明德仍任政委。程耀连中队编入梁大队建制，全大队共500多人。

1944年12月，张炎获悉邓鄂要调一五五师南下的情报，即在吴川县樟山村召开会议商讨对策。张炎说：邓鄂已调一五五师和保安团准备进攻吴川抗日武装力量，他决定武装起义，反对顽固派的进攻。应邀参加会议的黄景文、陈信材当即表示支持和配合。会议对起义时间虽未确定，但一致认为要加紧发展队伍，积极做好准备。

1945年1月13日，邓鄂派一五五师四六四团团长李昌，率保安团包围化县抗日自卫总队，解除了该队的武装，逮捕杀害了积极支持张炎联共抗日的化县县府秘书兼自卫总队副文邵昌。同时，（邓鄂）还命令詹式邦把军事指挥权交给吴川反动县长邓侠，派兵到樟山逮捕张炎。当晚，詹式邦与梁弘道（共产党员，詹式邦的秘书）赶到樟山，向张炎报告上述情况。张炎看到形势紧迫，即决定马上起义，并派人紧急通知南路特委，要求派游击队配合攻打临时县城塘墔。

1945年1月14日凌晨，张炎将军率所部及詹式邦的警五大队两个中队700余人，分3路进攻塘墔。经4小时战斗，于上午10时占领了塘墔，国民党吴川县自卫大队5个中队400余人投降，俘反动县长邓侠。配合行动的陈以铁大队攻占监狱，释放政治犯和无辜群众200多人。在特委的领导下，抗日游击队与张炎部队相配合，收缴地方顽固势力的武装，迅速控制了吴川全境。

张炎打下塘墔后，提出要求把起义部队编入南路人民抗日游击队，并派党员加强领导，但未为南路特委接受。后经双方协商，张炎于19日将起义部队编为高雷人民抗日军，自任军长，詹式邦为副军长，曾伟为政治部主任。该军下设两个团，兵力约800人。高雷人民抗日军发表宣言，拥护中国共产党的领导，坚持团结抗战，反对对日妥协投降，废除苛捐杂税，实行减租减息，开仓济贫，改善人民生活，深受群众欢迎。

与此同时，高州特派员领导的茂（名）电（白）信（宜）地区和钦廉四属地区党组织，也根据南路特委在春节前后发动起义的部署，在1945年1、2月间先后举行了抗日武装起义。

南路人民抗日武装起义发动之际，李筱峰根据中共广东临时省委的指示，从东江抗日游击区经粤中前往南路，于1945年1月中旬到达南路特委所在地广州湾。特委书记周楠向李筱峰介绍了起义情况和组建南路人民抗日游击队的计划。李筱峰向周楠报告省临委派他来南路的任务，并说明临委意见部队建立后的番号可以称"抗日解放军"。由于起义已经发动，周楠当即决定同李筱峰等迅速进入吴（川）化（县）廉（江）边抗日游击区，以统率起义队伍，开展游击战争，建立抗日根据地。

周楠、李筱峰到达游击区后，于1945年1月19日前后在吴川泮北遗风小学召开会议，参加会议的有周楠、温焯华、李筱峰、黄景文等。周楠在会上宣布成立广东南路人民抗日解放军（原定番号为南路人民抗日游击队），周楠任司令员兼政治委员，李筱峰任参谋长，温焯华任政治部主任。（该部队）下暂辖两个支队。第一支队由雷州人民抗日游击队3个大队组成，支队长唐才猷，政治委员陈恩，政治处主任黄其江。第一支队下辖3个大队：第一大队大队长支仁山，政治委员唐多慧；第二大队大队长洪荣，政治委员沈潜；第三大队大队长郑世英，政治委员王平。第二支队由吴（川）梅（菉）化（县）廉（江）边起义部队组成，支队长黄景文，政治委员温焯华（兼），政治处主任邓麟彰。第二支下辖4个大队：第一大队大队长兼政治委员林林；第二大队大队长陈汉雄，政治委员郭达辉；第三大队大队长陈以铁，政治委员王国强；第四大队大队长梁弘道，政治委员黄明德。［1月下旬，化（县）廉（江）指挥部所属队伍组成一个独立大队，大队长兼政治委员陈醒亚，直属司令部指挥；另一部分组成一个大队，大队长罗明，属第二支队领导］全军约3 000人。

南路人民抗日解放军建立后，南路特委准备以吴川为中心，建立吴（川）梅（菉）化（县）廉（江）边抗日根据地。

五、化县中垌会师和联合进军廉江

吴、化、廉、梅人民抗日武装起义后，国民党顽固派对起义队伍疯狂进行政治、军事"围剿"。他们通过《高州民国日报》等宣传舆论工具，污蔑人民起义是"奸匪作乱"，发动南路党政军各界"声讨"张炎，强迫原十九路军团以上官员"表态"，化县县长、原十九路军旅长庞成被迫愤然自杀。同时，（国民党顽固派）下令通缉张炎、陈信材、詹式邦，并派重兵"围剿"吴川。1月24日，茂阳师管区副司令肖仲明率保安团近千人占领吴川塘缀，大肆烧杀。

顽军占领塘缀之前，南路特委已获悉顽军进攻的消息，即决定放弃在吴川建立根据地的计划，改由南路人民抗日解放军联合高雷人民抗日军进攻高州，向信宜、罗定方向发展，以打开粤桂边游击战的局面。张炎起义后也极力主张攻打高州，然后把队伍开到三罗，与蔡廷锴会合。1月23日，南路人民抗日解放军司令部率第二支队向化北转移，高雷人民抗日军直取化州，然后在化北中垌汇合，向高州挺进。但是，这时国民党顽固派已派重兵扼守化州，阻止张炎部队前进。1月25日，第二支队主力打下化县中垌，与从雷州经遂廉边北上的第一支队会合。当天，邓鄂派保安团进攻中垌。南路人民抗日解放军一部在高峰村附近与顽军展开激战。此时，张炎已通过化州城率部到达中垌圩附近，他当即指挥部队分两路跑步前进，配合抗日游击队作战，以猛烈炮火将顽军击溃。是役歼灭保安团一个连。当天，南路特委在中垌召开紧急军事会议，并邀请张炎参加。会议由周楠主持，李筱峰作军事形势报告。会议根据邓鄂已调集重兵防守高州的情况，决定放弃进军高州的计划，先攻下廉江县北部重镇塘蓬，消灭黄镇、戴朝恩的反动武装力量，再进军粤桂边，开辟廉（江）化（县）陆（川）博（白）边根据地。于是，司令部率第一、第二支队作一路，张炎部队和陈醒亚独立大队作一路，从南北两个方向运动，会攻塘蓬。

1月30日，司令部率游击队主力到达廉江三合圩，张炎部队和陈醒亚独立大队也进入灯草村。张炎率部进驻灯草后，没有迅速进击塘蓬，他认为廉江县长黄镇（原十九路军团长）是旧部属，雷州独立挺进支队司令戴朝恩是老朋友，不会与他对抗，可以用政治手段和平解决。1月31日，张炎率所部从灯草出发，在武陵圩与黄镇、戴朝恩的哨兵连发生战斗，俘连长李福兴以下50多人。打下武陵乡公所后，李福兴向张炎报告，黄镇想同张炎联系。张炎随即打电话给黄镇，黄镇在电话中说，第四战区司令长官张发奎来电，要张炎到广西百色（当时广西省府所在地）商量解决南路政局问题。张炎于当天下午把部队开回灯草等候消息。而黄镇、戴朝恩则以派人送电报为名麻痹张炎，乘其不备进行突然袭击。2月1日，雷州独立挺进支队、廉江县自卫队、省保安第六大队等共1 000多人，分三路围攻灯草。顽军于是日下午4时占领了制高点，用猛烈炮火向驻灯草村的张炎部发动攻击。张部仓促应战，未能进行有效反击，部队损失很大，独立大队稍事反击即主动撤退。当晚，张炎在廉江禾寮塘村召开紧急会议研究对策，经过激烈急论主要干部对部队去向未能取得一致意见，张炎便提出各自决定方向。他本人听说李济深从广西来高州视察，已经到达陆川，便决定往广西与李济深联系。次日，曾伟带数十人随陈醒亚独立大队回司令部。詹式邦率200多人返回吴川。2月3日，张炎及其随从人员10多人进入广西博白县英桥，即被博白县自卫队逮捕，押解玉林。张发奎、蔡廷锴等闻讯，想方设法积极营救。但蒋介石一意孤行，命令国民党玉林专员梁朝玑立刻将张炎就地枪决。3月22日，张炎不幸遇难。临刑时高呼："抗日胜利万岁！民主胜利万岁！"从容就义。

张炎部被袭击的第二天，南路人民抗日解放军司令部将驻三合一带的部队分为两路向廉西转移。第一支队经长山入草塘，第二支队经烟塘入草塘。2月4日，部队继续向廉博边转移。司令部转移到永旺村后，因部队分散，敌情不明，指挥失灵。是日晚上12时，顽军1 000多人向部队驻地麻岭试探袭扰，次日破晓即以主力向驻木高山的第二支队林林大队发动猛攻。部队仓促应战，全队被打散，大队长林林等数十人光荣牺牲。顽军继续向西南方向追击，直到咸宜林。第一支队洪荣大队、第二支队陈汉雄大队展开阻击，掩护司令部撤退。战斗空前激烈，战至下午4时，才将顽军击退。第二支队是新建立的队伍，缺乏战斗锻炼，半数被打散。至此，南路人民抗日解放军和高雷人民抗日军联合开辟廉、化、博、陆边抗日根据地的计划遭到了挫折。

六、第二支队一部进军茂西

第二支队第四大队（组建时称李一鸣大队）于1月16日在茂南良村宣布成立后，很快从400多人发展到500余人。1月25日，第四大队在高辣、长山、岭尾一带迎击来犯顽军，歼其一个排。1月30日，顽军乘机集结兵力包围南巢。在顽军进攻之前，黄明德因重病已撤离队伍到地方隐蔽治疗，只留下梁弘道指挥部队沿江北撤。队伍背水作战，处境危急，结果梁弘道在渡江突围时溺水牺牲，部队散失很大。与此同时，第三大队也同支队部失去联络，余部400多人在吴川坚持游击。直到2月下旬，第二支队政治处主任邓麟彰几经周折才同第三、第四大队联系上。于是，邓麟彰在吴川振文石狗塘村召开干部会议，传达特委和司令部的命令。参加会议的有第三、第四大队领导人陈以铁、王国强、朱兰清、李一鸣及部分中队干部。

　　会后，第三大队将战斗力较强的队员组成120人的队伍，其余200多人留下分散活动。还决定将程耀连独立中队留在吴川樟山一带活动。2月28日，第三大队120人、第四大队70多人，从吴川山岭仔出发向茂名开拨。3月4日，部队到达茂西木坑塘时。当时，茂名起义已经受挫，当地党员骨干被捕，部队与地方党组织无法联系，国民党顽军乘机袭击，队伍被打散。第四大队苏少婉、李贤高、骆期初、欧鼎寰、张胜龙、张惠东6人当场牺牲；第三大队大队长陈以铁等13人被捕，除两个（人）未满16岁被保释外，陈以铁等11人均在高州慷慨就义。至此，第三、第四大队进军茂西建立根据地的计划未能实现。

　　3月间，从茂西撤回梅茂化吴边活动的李一鸣等部，积极收集散失人员，不久，同廉西撤回化（县）廉（江）边的陈醒亚独立大队汇合。特委任命李一鸣为大队长，陈醒亚仍任政委，在化吴廉边继续坚持游击活动，后来发展为南路人民抗日解放军第四团。

　　自周楠从重庆返回南路后，南路特委坚决执行南方局指示，在敌后、战争区域放手建立和扩大武装队伍，并保存和发展爱国民主力量，联合张炎起义反击国民党顽固派的进攻。特委关于依靠雷州敌后人民群众，放手发展敌后抗日游击队武装，并随着敌占区的扩大逐步向吴、化、廉、梅地区扩展，把武装斗争推向全南路的部署，以及在反共顽固势力进攻面前，联合、推动张炎起义，都是正确的，这与中央派遣南征大军建立华南抗日游击根据地，以及与李济深合作建立抗日民族统一战线武装的战略部署，也是相吻合的。但在斗争过程中，由于对党的民族统一战线政策、策略认识不全面，不分地区、不问主客观条件全面发动武装起义，起义后对张炎信任和支持不够，以及仓促将主力推进合灵，使斗争受到挫折。尽管如此，这时期的武装斗争成绩是主要的。南路广大党员、爱国进步群众、抗日武装队伍，在同日、伪、顽的激烈斗争中经受了严峻考验，开辟了新的游击区，建立了南路人民抗日武装的主力——南路人民抗日解放军，和一批抗日游击队。党领导的抗日联区，在反对日、伪斗争中逐步建立和巩固，为遂（溪）廉（江）边敌后抗日根据地的创建奠定了坚实基础。这对坚持南路地区的抗战具有重要意义。

活捉国民党吴川县反动县长邓侠记

曾德才①

　　1945年1月14日，张炎将军在中共南路特委的支持下，率所部700余人在塘㙍樟山村举行抗日武装起义，反击国民党反动派的进攻和迫害。起义部队在张炎将军率领下，立即挥师进攻设在塘㙍圩的国民党吴川县政府，经过4个多小时的战斗，在我南路人民游击队陈以铁、王国强大队的配合下，攻克塘㙍，伪县府五个中队400多人缴枪投降，反共反人民的反动县长邓侠也被活捉了，人民群众欢欣鼓舞，兴高采烈庆祝吴川解放。可惜的是，反动县长邓侠在群众解押途中逃脱了。

　　14日夜，天气很冷，寒风袭人，我们起义部队陈汉雄大队正在龙头上圩外面埋伏。快天亮时，突然，我看见有两个人向我设伏的寮陇圩走来，其中一个肥肥胖胖的家伙戴着一顶毡帽，身着一套灰色土布衣服，手里提着一个小皮箱，像个商人模样，大摇大摆地走过来，后面还跟着几个随从。我立即报告支队参谋长黄文声，黄参谋长立即派人向前盘问并将这班家伙带到上圩，打

---

　　① 曾德材：广西浦北人，中共党员，1938年参加革命，参与广东南路人民抗日武装起义。中华人民共和国成立后历任吴川县龙头区委书记、海康县副县长、湛江市总工会副主席。

开他所带的手提箱检查，里面全是钞票，还有一枚吴川县政府大印，证实就是反动县长邓侠之后，随即召开群众大会公审，当场处决了反动县长邓侠，整个圩场群情激愤，欢呼庆贺胜利。

革命志士事迹①

略述我党与张炎将军的合作关系②

谭光义

在抗日战争时期，我党与张炎将军在广东南路建立合作关系，不但有利于发展粤桂南地区的抗日民主武装斗争，而且对恢复地方党组织也起了重要作用。

（一）

张炎是原国民党十九路军抗日爱国将领。"九一八"（事变）以后，中日矛盾日益尖锐，国内形势发生了很大的变化，中国共产党的团结抗日主张和全国人民的抗日运动，对张炎产生了重大的影响。他在实践中认识到，"只有国共和各党派切实合作，才能挽救中国的危亡"。因此，在抗日战争中积极拥护抗日民族统一战线，真诚地与共产党合作。

"七七"事变后，中国共产党号召全国人民立即行动起来，实行全民族的抗战。全国人民纷纷响应，强烈要求团结抗日，这对张炎推动很大。南京失守后，他怀着强烈的爱国思想，回到广东从事抗日活动。当时，国民党驻广东的军事首脑第四路军总司

---

① 本附录为原文照录，原文若有错漏之处，敬请读者谅解。
② 见中共吴川县委党史研究室编：《南路特委与张炎将军》，广东人民出版社1991年版。本文作者时任中央吴川县委党史办主任。

令余汉谋成立"广东省民众抗日自卫团统率委员会",任命张炎为第十一区统率委员会主任委员,派回南路工作。张炎于1938年2月在梅菉成立第十一区统率委员会,提出"抗战利益高于一切""保家卫国,有钱出钱,有力出力"等口号,动员散居南路的十九路军旧部起来抗日。当时张炎的力量十分薄弱,希望得到共产党的帮助。但是当时南路党组织还没有恢复,只有一些党员和进步人士与他合作。1938年10月,中共广东省西南特委书记罗范群派周明、林林、阮明到南路开展建党工作,帮助张炎抗日。张炎向周明提出,要求帮助解决干部问题。10月底,张炎调高州就任广东省第十一游击区司令后,更感解决干部问题是当务之急,于是亲自到香港与党组织联系。八路军驻香港办事处主任廖承志、副主任连贯在九龙半岛酒家会见张炎。张炎谈了南路的抗日救亡情况,请求派干部来南路工作。廖承志当即应允。为了帮助张炎开展工作,中共广东省东南特委以香港学生赈济会名义派了一个青年服务团到南路,第一批二十六人,后来又陆续派来近百人。与此同时,中共广东省委又先后派周楠、温焯华等到南路开展建党工作,与张炎共同抗日。

张炎对我党派来的干部很信任,热情安排他们到各县和各部门工作。而我们党对他们的工作也给予极大的支持。在张炎回南路之前,中共广州市委已于1937年冬派共产党员肖光护到梅菉开展抗日救亡工作。张炎看到肖光护领导的"梅菉各界民众抗日义务宣传队"艰苦奋斗,积极宣传抗日,十分赞赏。张炎及其夫人郑坤廉亲自陪同该队到广州湾筹款,募捐白银三千元,作为宣传经费;并支持他们成立抗日自卫话剧团,同该团一道到南路各县巡回演出进步话剧,推动南路抗日救亡运动。1938年6月,曾在大革命时期参加领导南路革命斗争的陈信材、彭中英在梅菉创办《南声日报》,宣传党的抗日主张,抨击国民党的独裁统治。梅蒙市管理局局长肖组（对《南声日报》）百般刁难，而张炎则极力维护，并拨款资助。我党通过个别党员和进步人士争取张炎抗日的工作，为后来共同开展抗日救亡运动打下良好基础。

青年服务团于1938年12月26日从香港到达高州后，张炎安排团部在高州城西"益寿庵"办公。该团除团长刘谈锋留守团部负责对张炎及上层人物做统战工作外，其余领导人及团员深入茂名、信宜、电白各县农村开展抗日救亡运动。1939年3月7日，张炎被任命为第七区行政督察专员以后，致力于整军经武，励精图治。服务团又协助张炎在茂名的沙田、云潭，化县的中垌、合江，电白的沙琅、霞洞等处建立抗日游击据点，加强沿海防务，建设民主政治。为了发挥服务团的作用，张炎应服务团的要求，发给该团枪支弹药，让他们在高州六属通行无阻。

在我们党的帮助下，张炎培训了3 000多名军事、政治干部。1938年11月，张炎招收进步青年300多人，组成第十一游击区司令部乡村工作团。张炎任团长，共产党员阮明、林林任军事政治教官。该团经短期训练，即分为六队，到各县宣传抗日、训练民众。广东省政府认为它（工作团）有"赤化"嫌疑，于1939年春下令解散；张炎为了保存抗日力量，将它改为七区专署战时工作队。1939年7月（张炎）又以效法白崇禧在广西组织学生军为名，把战工队扩充为特别守备区学生队，由原来乡工团300多人，增加到870人（包括官长131人），其中有我们党输送的100多人。张炎任总队长，不少共产党员担任了学生队的领导。从乡工团到学生队、政治领导一百多名进步青年入党。这些党员后来大多数成为各地武装斗争和群众运动的骨干。由于张炎同我党鼎力合作，高州六属的抗日救亡运动得到了蓬勃发展。

（二）

抗战前，南路一切军事、政治、经济、文化大权都操纵在土豪劣绅和军阀官僚手中。他们横行乡里，鱼肉人民，包烟庇赌，无恶不作。抗战开始以后，一些汉奸败类在他们的庇护之下，进行卖国活动。

日军占领广州以后，加强诱降活动。南路汉奸十分猖獗。伪广东省维持会会长彭东园是吴川县人，副会长兼治安处长吕春是廉江县人。他们狼狈为奸，出卖国家民族利益。南路汉奸头子林绳武（南路大绅）勾结彭、吕，密谋出卖南路。张炎依靠林林、叶信芳、谢玖等共产党员和机关情报人员侦破他们的活动，查获他们的来往密信，采取断然措施，于1938年12月10日将林绳武逮捕，并将案情上报省府。省府拟从轻发落，但张炎以其罪证确凿，毅然将他处决，并将其罪状公之于众，令全区机关团体清除其影响。1939年春又破获一宗汉奸扰乱金融案。查明此案与地主恶霸许宝石、许伯伦父子（电白人，伯伦曾任国民党团长）有关。他们与彭东园、吕春荣勾结，偷运战备物资接济日军。张炎当即下令将他们逮捕，予以处决。此外，他还镇压了赖飞等一批汉奸分子，从而稳定了抗战局面。

在共产党的支持下，张炎不避权贵，对邓秀川（邓龙光之父）走私集团也敢于予以制裁。广州沦陷后，南路走私甲于全省。电白、茂名、梅菉、吴川、遂溪沿海私货麇集，私枭充斥；武装走私帮也屡见不鲜。邓秀川有"走私大王"之称，他组织走私集团，偷运战备物资出口，接济日军，换回鸦片，毒害人民。张炎认为他们以抗战物资资敌，与汉奸无异，于是下令严禁，并饬令沿海军警缜密查缉。1939年夏，驻梅菉的郑汝雄大队政训员叶信芳督率游击队在博茂港缉获邓秀川私货三百多担。张炎把这批物资全部没收，作为武装学生队的经费之用。

张炎的进步措施，引起了一些人的不满。社会上出现攻击张炎的流言蜚语，省府亦疑其为"共党"。1939年秋，省府派彭济义到南路"视察"。他到处贪污受贿，搜集张炎"赤化"南路的材料，胡说什么"共产主义不合中国国情"。张炎在高州党政机关联合举行纪念周时，当众宣布他的罪状，并将他押解送省。这些正义斗争却遭到了顽固派的抑制。1939年12月1日，省府设立南路行署，委任罗翼群为主任，加强对张炎的控制。

张炎于1940年元旦发表《告南路民众书》，表示"誓死守土"，以"偿'一·二八'民族抗战的宿愿"。但是，正当他的努力前进的时候，却遭到顽固势力的打击。1939年冬，蒋介石掀起反共逆流。军委政治部主任陈诚在韶关演说，污蔑八路军"游而不击"，胡说什么"延安无一伤兵就是证据"。1940年1月15日，国民革命军第十八集团军总司令朱德、副总司令彭德怀等将领发表通电，予以驳斥。3月29日，学生队副中队长周崇和、服务团团员文允武（两人均是共产党员）到茂名新垌乡宣传团结抗日时，将通电散发，被当地反动乡长邓桂藩捕去，送交张炎。罗翼群主张送省严办。特委派刘谈锋、黄景文等劝张炎放人。张炎大义凛然，表示宁可丢掉乌纱帽，也不杀害革命青年，毅然将二人释放。国民党当局认为张炎包庇共产党，"赤化"南路，千方百计迫他下台。首先要他解散学生队、游击补训班及妇女队等进步组织，同时派一五六师四六六旅旅长钟锦添率一个团到高州，准备围攻张炎。1940年6月，张炎被迫辞职。张炎下台后，南路党组织失去了合法掩护，从此转入了"隐蔽精干、积蓄力量、长期埋伏、等待时机"的斗争阶段。

（三）

1943年2月16日，日军占领广州湾，雷州半岛大片国土先后沦入敌手。中共南路特委根据当时的形势作出决定，要求雷州半岛全体党员留在敌后，动员群众，开展敌后游击战争；并布置高州六属、钦廉四属各县组织游击小组，作好武装斗争准备。为了争取中间力量,我党通过张炎的关系,动员詹式邦(曾任国民党团长,与日军打过仗)起来抗日,在吴川建立统战工作据点。

当时,张炎闲居柳州,经常回乡探望亲人。他手中虽然没有实力,但在南路仍有很大的政治影响。我们党派陈信材、郭达辉与张炎联系;经张炎介绍,与詹式邦会晤,共商抗日问题。经我党提议,张炎通过李济深、张发奎的关系,推荐詹式邦出任吴川县县长。3月6日,省府委任詹式邦为吴川县县长。詹式邦根据张炎的提议,撤换了县府一些反动分子,安排一批共产党员和进步人士到县府工作。这为我党发展抗日武装力量创造了有利条件。在我党支持下,詹式邦采取了一些有力措施,加强沿海防务,首先与陈信材、郭达辉等共同组织民众抗日武装,召开绅商会议,成立吴川联防委员会。詹式邦任主任,陈信材任副主任,下辖三个防区,联防队四百多人。后来联防组织还扩展到吴、化、廉地区,这就稳定了南路的抗战局面。

1944年秋,南路形势骤然紧张,驻雷州半岛的日军除派第二十三旅团入侵广西,配合湘桂线日军作战外,继续扩大占领区。吴、化、廉边境经常遭到日、伪军骚扰。11月23日,伪廉江民众自治联合指挥部指挥黄剑夫率领日、伪混合队袭击吴川县湍流乡。中共吴廉边特派员黄景文率游击队在钩镰岭将敌人截住。张炎(当时任第四战区中将参议,奉命回南路视察)闻讯,立即通知詹式邦(卸县长职后,任电梅吴挺进司令,负责电白、梅菉、吴川沿海防务)率所部前往增援。詹式邦当即率警五大队赶至,与游击队并肩作战,毙敌中村中尉等十余人。钩镰岭的战斗,大大地推动了吴、化、廉、梅地区抗日武装斗争的发展。

特委据根南方局关于"在敌后建立党领导的独立自主武装"的指示,于八月间首先将分散在海(康)、遂(溪)边境的游击小组200多人组成一个大队,在雷州半岛敌后树起人民抗日游击队的旗帜。接着，南路各县也建立了抗日游击队。钓镰岭的战斗显示了游击队的力量，却引起了国民党南路当局的嫉妒。他们采取一系列反动措施，限制共产党的抗日活动，在南路成立游击总部，由第七区专员林时清兼任总队长，各县县长兼任大队长，并设若干集结大队；向各县勒搜民枪，训练干部，将适龄壮丁强编入队，妄图使我党"无人可用，无枪可使"。他们还派少将军统特务邓易南等来往高州、吴川，侦察我党活动，监视张炎的动向。

　　张炎离开广西时，曾与李济深（军事参议院院长，与蒋介石有矛盾）、蔡廷锴相约，要发动民众起来抗日。张炎回南路组织抗日武装，是执行李济深的指示，也符合我党与李济深共同组织华南抗日联军的计划。但是由于高雷守备区指挥部指挥官邓鄂的牵制，张炎迟迟未能开展活动；后在特委的支持下，才开始扩建武装。国民党当局对人民的抗日武装处处"防范"，必欲除之而后快。他们密令詹式邦"围剿"游击队。由于张炎反对，詹式邦没有执行这种不利于团结抗日的命令。于是他们便决定对张、詹下毒手。在紧急关头，特委派黄景文、陈信材参加张炎召开的秘密会议，共同研究了开展抗日民主武装斗争，防止顽军突然袭击的计划。1945年1月13日，邓鄂派李昌率保安团围攻化县自卫队，杀害张炎的得力助手、化县县府秘书兼总队副文邵昌，同时电令詹式邦将警五大队移交县长邓侠指挥，还准备派保安团围攻张炎。这就把张（炎）、詹（式邦）逼上梁山。

　　当晚，詹式邦和梁弘道（共产党员）向张炎汇报，商量对策。张炎为形势所迫，当即决定率所部起义。1月14日上午，张炎、詹式邦率所部七百余人一举攻下吴川县城塘㙍，迫使顽军五个中队缴械投降。我游击队随即与张炎部队联合行动，收缴地方反动势力的武器，解放吴川全境。张炎提出将起义部队交特委统一领导，但特委由于存在着"左"的思想，不同意接收。经协商，张炎于19日将所部改编为高雷人民抗日军。张炎任军长，詹式邦任副军长，曾伟任政治部主任。该军公开表示拥护中国共产党的团结抗日主张，反对投降反动势力。

吴川起义震动粤桂两省。广西省政府主席黄旭初致蒋介石电称，"声势浩大""延及本省"。军委会命令朱晖日（三十五集团军副总司令）、邓鄂督率一五五师、一五八师及地方团队"进剿"。邓鄂表示"讨逆锄奸，义无反顾"，派茂阳师管区司令钟锦添、副司令肖仲明督率团队进攻吴川，厉行"剿抚兼施"。1月23日，驻化县的保安团分两路进攻吴川，对塘㙍、樟山、高岭实行"三光"政策。

顽军进攻吴川时，高雷人民抗日军和特委领导的部队已分头向化、廉转移。25日在化县中垌会师后，特委与张炎约定，分南北两路向廉江进发，并派陈醒亚大队配合张炎行动，计划攻下廉江县府所在地塘蓬之后，挥师粤桂边，建立廉、化、陆、博抗日根据地。31日，张炎所部攻下廉江武陵后，将部队开回灯草，企图以政治手段解决塘蓬顽军。2月1日，国民党保六大队、戴朝恩雷州挺进支队，以及黄镇的廉江自卫队，乘张炎不备，进行突然袭击。张炎未能组织有效抵抗，部队被击溃。张炎率少数随员赴广西找李济深、张发奎商量今后抗日大计，不幸途中被捕，于3月22日在玉林慷慨就义。张炎失败后，顽军集中优势兵力进攻特委所部。我主力在廉西遭到重大损失。但特委在战斗中总结经验，将部队转移到遂溪敌后，很快就恢复和发展武装力量，并正式宣布成立南路人民抗日解放军。这支队伍成为南路人民抗日民主斗争的坚强支柱。

浩然正气

——记吴川革命志士陈鹤舫①

19世纪80年代至20世纪辛亥年间，孙中山先生领导的资产阶级民主革命，风起云涌，在广东先后掀起10次起义。吴川的一些反清革命青年，也随风云的兴起，分别投入各地的斗争。庞雄、黄少东、黄昆山等，在穗、港参加同盟会，并为1911年"三·二九"攻打广州两广总督府之役的参与者。庞雄不幸被捕，对清吏李准的诱降慷慨严斥，坚贞不屈，英勇就义，英名铭刻在黄花岗七十二烈士的丰碑上。还有投身于广东新军当官兵的吴川籍志士，也参加庚戌和辛亥起义，为民主革命出力。孙眉先生领导广州湾同盟会机关期间，四次深入吴川泗岸，主动吸收同盟会员，研究起义的筹备工作，传播民主革命火种，吴川是同盟会在南路的一个重点县。

1907—1908年，孙中山领导的"钦廉起义""镇南关（今友谊关）起义"和云南"河口起义"相继失败之后，1908年冬，孙眉先生受同盟会总部之命，化名黄镇东到广州湾设立同盟会机关，筹备高雷起义。孙眉号寿屏，谱名德彰，广东香山（今中山市）县翠亨村人，孙中山先生的胞兄。1871年，（他）仅17岁出洋，到美国夏威夷檀香山谋生，在夏威夷茂宜租地开垦，广为畜牧垦殖，经营有方致富，还经营工商业，被当地称为"茂宜王"，于华侨社会中有较高威望。1894年，孙中山至檀香山宣传革命、筹措革命起义经费，他大力支持，带头捐款，游说华侨支持孙中山。是年11月，孙中山在檀香山成立"兴中会"，他是第一批会员。以后革命党在那里多次筹款支援国内起义，他都是

---

① 本文为陈治平、陈泽口述，陈登乔整理，见中国人民政治协商会议湛江市委员会学习委员会编：《湛江文史》第20辑（粤印准字0067号）。

领头人，以致卖牧场，毁产捐献。20世纪初，广东起义不断，前赴后继，他毅然回国，直接投入斗争。从戊申冬至辛亥，他主要活动于高雷。同盟会南方支部成立，他回港参加，被任命为南方支部副支部长（支部长胡汉民，同盟会在国内成立东、南、西、北、中五个支部，每个支部领导数省）。广州"三·二九"之役，他在港参与组织，直接支持革命工作，失败后即回广州湾。中华民国成立，省都督胡汉民奉调南京，革命党人和各界有意推举他为广东都督，他不居功、不谋私，婉言谢绝，说他是营商之辈，缺政治才干，让能者为之。中山先生从南京来电也是此意。这充分表现了孙眉先生的伟大胸怀。

1908年末，陈鹤舫于广州湾经朋友介绍，认识在那里以营商为掩护的革命党人孙眉先生。他们一见如故，谈得很投契，多次交往，志同道合。孙（眉）对陈列举清廷对外丧权辱国、对内腐败殃民的罪行，宣传不推翻满清（编按：满清，原文如此，下同），不足以救中国，可是要推翻清皇朝，就非实行武装斗争不可的革命道理，又把《民报》和其他一些宣传革命的小册子交与他看。陈鹤舫早对清廷腐败无能、失地丧权极为不满，正在彷徨之际，得此教诲，好像见到曙光，便迫切要求加入同盟会。在同盟会广州湾机关，经两人介绍，给了加盟单，由孙眉主盟，鹤舫宣誓："驱除鞑虏，恢复中华，创立民国，平均地权。"后孙（眉）还对他阐述这十六字誓词，说它就是同盟会纲领。"驱除鞑虏，恢复中华"，这是民族主义；"创立民国"乃建立共和政体，反对君主立宪〔光绪三十二年（1906年）慈禧宣布"预备仿行立宪"〕，此谓民权主义；"平均地权"，即反对几千年封建所有制，实行民生主义；还谈到要严守秘密，遵守纪律，不怕牺牲，为推翻满清而奋斗。不久任命他为机关领导成员之一，活动于高雷各县，扩大反清力量。孙眉还和（陈）鹤舫结拜金兰，孙比陈大18岁，是为大哥。（陈）鹤舫先生对孙眉先生十分敬仰，孙的思想品行影响殊深，他一生以孙为镜。

孙眉第一次随陈鹤舫到吴川，是从广州湾西营乘船到梅菉，下榻陈玉臣公馆的。这次主要是吸收玉臣加入同盟会，及深入吴川研究发展壮大同盟会事宜。（陈）玉臣是陈兰彬的侄孙。陈兰彬失宠于慈禧，丢了官；（陈）玉臣父亲陈仁端跟着失去肥缺盐务使，所以他对清政府很不满。（陈）玉臣与（陈）鹤舫属挚友，在（陈）鹤舫的教育影响下，他申请参加同盟会。孙眉先生这次来给他主盟，并谈话。根据陈玉臣的特长，同盟会交给他的任务是募捐革命活动经费，陈对此很热心，出力不少。孙眉随后和陈鹤舫到了泗岸，住（陈）鹤舫家里，孙（眉）是以营商的面目出现，进行革命活动的。在孙眉指导下，陈鹤舫积极开展革命活动，发展了一批同盟会员。首先在塘㙟吸收了杨爵堂入会。杨（爵堂）是一个乡村教师，为人正义，尤其对刘永福在安南抗法打了胜仗，而清廷却与法帝签订了辱国条约，接着又被法人占了广州湾，悲愤不已，十分痛恨条约。（杨爵堂）参加了同盟会后，对革命十分积极。辛亥秋，高雷各地化州首先起义，他与儿子到化州参加民军，攻打县衙，光复化州。其儿子杨德西在此役光荣牺牲。

1909年春，化州高等小学堂聘请教师，广州湾机关速请广州派留学日本的同盟会员黄伯群应聘。于是化州的革命活动很快开展起来。黄（伯群）关怀爱护学生，全学堂的学子都喜欢接近他。其不断向学生灌输"驱除鞑虏，创立民国"的思想，同学进步很快。黄（伯群）即秘密找反清思想强烈的彭瑞海、董水洲、彭中英、陈冠民、李春华等近10人组织"拜兰团"。因黄（伯群）在此数月言行过激为当局所注意，不久便被撤销了教职。同盟会继续派徐昌到化州与"拜兰团"联系，并以"拜兰团"作核心，在学堂秘密发展同盟会员，到化州光复前，吸收该学堂过半的学生入会。高属各县相继组织同盟会，发展成员，为武装起义准备干部。同盟会组织反清武装起义的军事力量，当时主要是运动（策反）清军反正，联络会党，善导绿林。同盟会广州湾机关也是采取这一策略。孙眉先生先后四次到吴川泗岸，主要是研究布置组织武装事宜。

辛亥革命组织武装，在南路联络会党、善导绿林响应革命是重要一环。高属各会党势力最大的是红门三合会，它早年举"反清复明"旗帜，晚清渐接受孙中山的主张。孙眉提示陈鹤舫说，孙中山在美国发动红门致公堂的人员回国参加起义和捐助革命经费时，首先联络他们的领袖人物，再由该堂的老前辈介绍参加红门致公堂，才能接近争取红门会众投向革命。鹤舫也采取这一方法，做好一些反清思想强烈的三合会重要人物的工作，待大家感情浓厚，且接受"驱除鞑虏，创立民国"的主张后，经他们的领袖介绍，按该会一套封建仪式，如"拜祖、歃血、斩鸡头、饮血酒、誓同生死"，还要学暗语、手势和规矩，并交入会钱。他们入会并取得信任后，在会党里做细致的工作，吸收同盟会员。各地同盟会员都努力做会党的工作，拥护革命者日众。辛亥起义光复化州、高州等地，他们都组织民军参加起义。

争取绿林投入革命队伍，是当时一个重要措施。高属绿林有太平天国遗留在两广边境的残余队伍癞渣尾（首领花名）部等，（他们）以"劫富济贫"为口号，从桂入化州、信宜、茂名、电白、吴川。光绪年间（他们）已被清兵击败，便流散各地，与当地绿林结合，队伍更壮大；在抢掠财主过程中，又抢到洋枪，且用钱到广州湾购买驳壳等手枪，武器越来越精良。吴川还有阴骘晚、黄振泉诸股，这些都是贫、佃农民，被地主、官府逼得走投无路，便聚众为匪的。陈鹤舫利用会党身份，且当时他在社会上，人皆谓他刚直、厚道、豪爽、侠义、视金钱如粪土，在各地从名流、富户至三教九流都结交，所以在各股绿林中享有颇高威信，大家信任他。（陈）鹤舫不时向他们晓以大义，宣传推翻满清，创立民国才有前途的道理。这些绿林，在同盟会不断善导下，多愿意跟革命党走。辛亥革命起义，他们便组织成民军，积极参加光复府、州、县斗争。

辛亥前高州及一些州、县，清军主要有两营巡防营和两营征兵营，化州驻一营巡防营，其余都驻防高州府城。辛亥初，两广总督张鸣岐为加大力度重点镇压广州府属和高州府属革命党，分设广州府和高州府两个清乡总办。委陆军小学总办黄士龙为高属总办，他带两营新军到高州，布置一个营驻信宜县城，一个营留守高州总办衙门。

己酉至庚戌年，陈鹤舫主要跑化州、上高州，发动同盟会员，利用会党亲朋关系，接近清军官兵。那时广东已先后进行七次武装起义，虽都失败，但革命浪潮影响深远；这些军队是半新军，用的是洋枪，练的按外国步兵操典，且多为留日士官学校毕业的学生任军官与教习，这些人在日本受孙中山革命思想影响较大；士兵也是有点文化的汉族青年，恢复中华的思想浓厚，所以对征兵营等易于接近。（陈）鹤舫先生在高州瓜棚征兵营个别发动，吸收同盟会员，秘密带去同盟会机关报《民报》以及《革命先锋》《立宪问题》《外交问题》诸小册子，给他们传阅，使他们认识清廷对内专横腐败，对外丧权辱国，不推翻满清，不能救我中华。1910年（庚戌）发展该营管事（营长）苏汝森加盟，那里的策反工作更活跃了。化州是高州府城门户，乃兵家必争之地，清军第十三巡防营就驻那里。鹤舫到化州先联系同盟会员，发动他们利用亲友关系打入十三营做策反工作，深入宣传反清思想，成效很大。

辛亥初黄士龙带两营新军到高州"清剿"革命党人，形势严峻，孙眉与鹤舫研究作了部署，认为新军革命思想影响深入，有不少同盟会员又经倪映典的多时工作，虽庚戌广州新军起义失败，革命情绪有所消沉，其思想影响还是深刻。（陈）鹤舫又不辞劳苦几上信宜县镇隆，重新唤起新军的革命精神。由于黄士龙是来高州"清剿"革命党的，到处布置耳目侦察，于黄花岗起义过后，侦得（陈）鹤舫在镇隆搞反清活动，即令信宜知县把他逮捕。陈鹤舫被清廷逮捕后，施以酷刑，致四肢瘫痪，仍坚贞不屈。孙眉通过有声望的会党人士奔走营救，陈玉臣出巨资请陈兰彬熟人打关系，都不奏效。黄士龙总期望从陈处找到突破口，扩大镇压线索；另（一）方面，三、四月间，革命党人在广州炸死孚奇，刺杀李准（未死），"三·二九"攻打两广总督府，高州新军对他的"清剿"残酷措施不满。黄士龙有震惊，所以七、八月间他回穗，不杀（陈）鹤舫，继续把鹤舫关在信宜监狱待审。

辛亥八月十九日（10月10日）武昌起义一声炮响，震撼中华大地，高属革命人民很受鼓舞。化州以同盟会员彭瑞海为首成立统筹部，发动起义，号召同盟会员携枪参加。作为骨干力量，动员巡防第十三营官兵反正，联络各会党、绿林组成民军，于九月初三（10月24日）以巡防营为主力进行起义。队伍兵分三路，一路攻击州衙，顺利得手，抓了州知事，解除警卫武装；另两路分别进攻驻有武力的东、南两城楼，经过战斗，全部解决守敌，各路民军进城，化州光复。组织临时共和政府，李屡正为临时县长，旧知事后解送高州。

高州府城，于（农历）九月上旬（10月下旬）由同盟会员林云陔等领导清军反正，组织数千民军，从四面八方向高州进军围城。征兵营进攻府衙，很快解除警卫武装，逮捕了知府；驻府清乡总办衙门的新军进行反正，把总办的清吏管制起来；巡防营和另一征兵营分别解决各城楼武装。因清军主力参加反正，所以未经激烈战斗，高州府城光复，接着各路民军入城。信宜县所驻新军于高州起义的同一天进行反正，顺利解除县衙武装，抓了县知事，迎接陈鹤舫先生出狱，即派武装护送到高州府城。吴川县在高州城光复后两天，由曾参加"三·二九"之役、后潜回家乡吴阳岭头村的同盟会员黄昆山，自制炸弹两枚，动员同盟会员、会党、绿林数十人，拿刀叉、炸弹围攻县衙，要县知事把大印交出来，便让旧吏衙役各自逃亡。黄昆山组织临时共和政府，自任县长。电白、廉江县亦相继光复。高州六属至辛亥九月中旬全部起义成功，建立共和政权。

高州光复，革命党人、起义军各营长和民军首领一致推举陈鹤舫先生出任首届高州府都督。（陈）鹤舫因伤势很重，身体已瘫，无力视事，向各同志推却此职，请另选能者。但众议坚持请他出任，陈（鹤舫）只好勉为其难，建立新政权，避免出现真空。他首先采取措施稳定城市秩序，指令新军维持治安，释放监犯，出安民告示，号召商民恢复经营，提倡剪辫，解决军队（包括民军）的粮饷，使局面平定。对抓起来的旧官都放赦走了，没开杀戒。化州早光复几天，因反正清军和入城民军粮饷无着，出现乱子，即派苏汝森带一个征兵营前去处理。

1912年1月，孙眉在广州知道（陈）鹤舫刑伤仍重，不抓紧治疗将终生残疾，便提请省军政府令其赴省治疗，另派员接任。高州府派员送陈（鹤舫）从水东乘船赴穗就医。省都督府很关怀，在财政十分匮乏的情况下，能全力支持医治。孙眉先生亲自延聘内科、骨科名医给他治理。当老中医提出要根本治好如此重伤，一定要野生人参调理。寿屏先生二话不说，即遣人从省港参茸行采购了五支大野生人参，花了数千元白银。此参确是奇效，仅服用了三支，治疗不到一年，终于康复，健步如初。那时同志间的革命情谊，实在感人肺腑。

1913年6月，袁世凯下令罢免国民党在南方三省都督（江西李烈钧、广东胡汉民、安徽柏文蔚），并同时调军南下，国民党这时才清醒应战。孙中山、黄兴在上海号召南方各军事力量起来反对袁世凯，这是反袁的"二次革命"。广东的国民党人都起来响应孙中山的号召，积极行动。但"赣宁之役"黄兴、李烈钧很快被打败，袁军深入南方诸省，龙济光占粤，大量杀戮镇压"二次革命"人士。孙（中山）、黄（兴）出走日本，胡汉民逃亡香港，孙眉避澳门，（陈）鹤舫也随寿屏逃往濠江。二次革命虽失败了，但它是一系列反袁斗争的开始。后来缉捕风声稍缓，陈鹤舫改用陈寿昌之名去报考广东公立法政专门学校读书，以隐名潜穗。法政专科毕业时，龙济光仍统治广东，陈鹤舫仍同省、港、澳老同盟会人来往，龙其到澳门孙眉先生处居多；并于1915年初，参加中华革命党，坚持孙中山的反袁斗争。袁世凯暴毙前数月，孙眉先生在澳门仙逝，可惜未能亲自［眼］目睹这窃国大盗、复辟帝制阴谋家、野心家之死。陈鹤舫深感痛失良师好领导，亲往澳门执绋。1917年7月、1920年冬、1923年春，孙中山先生三次回广东建立政权，（陈）鹤舫于大元帅府、总统府任秘书；1925年孙中山先生逝世后，便转到广东省高等法院任书记官长，直到1934年都是在法政部门工作。

1931年"九一八"事变，日寇［军］侵占东三省，国民党十九路军的抗日官兵同仇敌忾义愤填膺，积极要求抗日。十九路军军长蔡廷锴将军及师、旅长张炎、翁照垣将军倡导组织"西南国民义勇军"，准备到东北抗日。（陈）鹤舫长子陈泽电告父亲已参加"义勇军"将北上抗日。他回电示儿："国家兴亡，匹夫有责，吾有此儿欣慰。"鼓励儿子积极参战。北上未成行，1932年"一·二八"淞沪抗战爆发以后，陈泽积极参加"一·二八"抗战，1933年的"援热先遣军"，以及是年的福建事变等，他都支持。1934年（陈）鹤舫先生因不满当局如此失土卖国，内战纷争，与孙中山先生的奋斗主张相去已远，义愤填膺，不愿与他们为伍，便告老还乡。

从1912—1934年间，（陈）鹤舫先生始终信奉孙中山先生的革命主张，厌恶国民党官僚的派系斗争，为了争权夺利，继续丧权辱国。先生从不投靠哪一派，也不钻营争官而自甘清淡。如他和当时省长林云陔，同为策划高州辛亥革命的老故人；在孙眉处结识卢氏夫人，和其子孙科也相从过，但不投派而争权利。吴川李汉魂、张金、张炎于20世纪10年代至20年代，便与（陈）鹤舫要好，张（金）、李（汉魂）他们不同派系，各已升迁，互有矛盾，（陈）鹤舫先生决不加入一方，大家一样相处，绝不要他们什么关照。他对钱财甚为淡薄，从不肯拿钱回家置业，始终保持豪爽侠义之风。此期间，对桑梓在穗贫困学子，无不解囊相助，以助其完成学业；在穗失业的同乡，有求必应。并请在广州小北天官里开旅店的同村宗侄陈祯隆，对失业同乡住食无着来投店的，均予收容，所需资费都记在鹤舫（自己）账上，由他付款。回乡后，（陈鹤舫）继续焕发爱国为民之前衷，热心公益事业，关心群众疾苦。如请在山圩行医并开中药店的陈瑞宗医生，对有病无钱买药的贫苦乡人都给予医诊，药款统记在鹤舫（自己）账上；贫困者病逝，无力入殓的，施以棺材。

鹤舫先生思想不守旧，随着形势的发展而前进。1943年初，日寇［军］侵占雷州半岛，吴川处于前线，人民起来抗日，他积极支持。是年春，老共产党人陈柱通过陈以铁、陈泽请他帮助在泗岸办一所小学，安置抗日志士在那里立足，开展救亡工作。他义不容辞，即予支持，新任校董会长，在校董会上，作出决议：一、各祖尝拿出数百担租为办学资金；二、为保证教学质量，本地不能撑教，请县教育科帮助延聘高水平师资。这样便使共产党能通过党员掌管的县教育科，顺利推荐朱澜清等一批抗日中坚力量来执教泗水小学，以此为阵地，深入开展抗日救亡运动。

朱澜清同志等初到泗水小学，遭到那里豪绅势力的刁难，尤其深入农村、发动农民组织"睇禾会"（地下农会）时，更遭受到这些"劣绅"的各种阻力。鹤舫先生积极支持泗水师生的活动，个别做那些"绅耆"的工作，排除各种障碍，使（朱）澜清等同志的工作能顺利展开。

1944年，天大旱，群众断炊，出现水肿，党组织通过陈以铁、陈泽请他（陈鹤舫）设法找点稻谷度荒。其毫不犹豫，亲自去找李汉魂的堂弟李荣廷借稻谷150担，运回泗岸交（陈）以铁、陈泽分借给断粮农民，此谷实际让泗水小学党支部通过地下农会分头借出去，解决断粮农民之危。这样又大大提高党领导的地下农会的威信，促进抗日救亡工作加速发展。1944年冬，共产党和张炎、詹式邦组织武装起义抗日，他积极拥护；并支持儿子分别参加高雷抗日军和南路人民抗日解放军陈以铁大队抗战。国民党反动派消极抗日，也不许人民积极抗战。1945年初，顽固派向吴川大举扫荡，泗岸是重点"清乡"区域，陈鹤舫家被定为"匪属"，封屋抄家。陈鹤舫迫于无奈避祸他乡，由于愤慨万分，不久心脏病复发，病故异乡。

革命志士陈鹤舫的浩然正气，与日月同辉，共大地长青。

（本文口述者之一陈治平，吴川市黄坡镇平城村人士，19世纪80年代生，1979年卒，原广东省文史馆员、广东省人民医院老中医；民国初年在广州学中医，后于广州行医。他与陈鹤舫世交，对其历史甚详。1961年辛亥革命50周年，广东省政协征集辛亥革命史料，嘱其整理成文，送广东省政协文委；未几登乔住院，无力如期完成，而专辑已刊印，甚憾。辛亥革命90周年之际，有关人员整理成文，载于《湛江文史》第20辑，已完成治平老先生之遗愿。）

光辉历程　世代铭记
——许冠英将军诞辰120周年纪实①

许冠英（1898—1951年），字应时，广东省吴川市樟铺镇车头村人。生于晚清光绪己亥年十月，前期毕业于湘军讲武堂军校，后在中国陆军大学进修。其军事才能卓越，历任国民革命军第五军十六师连长、营长、第二十二师少校团副、第二军司令部上校科长、广东省保安团上校团长。1937年抗日战争爆发后，许冠英列编为六十四军一五六师团长，后任一五六师旅长和第四战区广东南路挺进纵队司令，广阳游击区副指挥，1943年任六十四军一五六师长，1945年8月任国民革命军六十四军副军长，被授予陆军少将，1946年7月退役，于1951年7月逝世。2015年中共吴川市委统战部为许冠英将军逐级申请上报抗日将领，同年8月份通过了中共中央、国务院、中央军委的审核批复，许冠英将军被评为"抗日将领"（该牌匾悬挂于许冠英将军故居正门）并由中共中央、国务院、中央军委颁发了抗战胜利70周年纪念章。

许冠英将军在抗日战争中的主要事迹

1937年10月，抗日战争全面爆发后，国民政府将第八路军的一五四师和一五六师合编为第八十三军，隶属十二集团军，邓龙光任军长，下辖：巫剑雄任一五四师师长，邓龙光兼任一五六师师长，许冠英任八十三军一五六师九三二团团长。该军组成后，奉命由广东赶赴上海参加了淞沪会战，11月12日上海失陷，日军直扑南京，蒋介石立即委任唐生智为南京城防司令，19日蒋介石任命唐生智为南京卫戍司令长官，所辖部队11个师加教导总

---

① 本文来源于许冠英将军故居介绍，有删减。

队共11万人，分外围阵地和复廓阵地两个梯次配备，决心一战！许冠英所在部队奉命保卫南京，11月25日，日军分三路向南京进逼，12月5日外围战打响，12月7日，日军向南京复廓阵地逼近，至9日战况更加激烈，日军司令松井石根向卫戍司令长官唐生智劝告交出南京，唐生智命令将各部所有船只尽数收缴，以作背水一战。日军劝降不成，10日开始对南京发起总攻，唐生智冒敌机轰炸指挥中国守军对抗日军进攻，坚持不进地下室，在百子亭寓所指挥作战，11日全线展开激战，12日敌军猛攻南京光华门、和平门，以致雨花台失守。12日下午唐生智下令撤退，确定"大部渡江，一部突围"的原则，八十三军作为突围部队，接到撤退命令后由和平门突围，向安徽集中，许冠英当时带领的八十三军一五六师九三二团在前线通济门至光华门间城垢一带作战，未能随部一起撤退。

12月13日，南京陷落，因无船渡江，原撤退计划未能实现，各军只得冬泳渡江，溺死者不计其数，许冠英见状，当机立断，率部从唯一的突破口——下关口（面向长江的一个突破口）出城渡江，许冠英指挥幸存者用木板、杉木游过江南，游到一个叫江心洲的孤岛上，在孤岛上因无粮为食，士兵用野菜和草根充饥挨了六天六夜！最终渡江成功！

1938年春，许冠英率部转到湖南安仁补充、轮训。4月回到增城，保卫广州。1938年6月中旬，国民政府军委会制定了保卫武汉的作战计划，也规定了战略方针，其中心思想是立足外线，保持部队高度的机动性，利用地形和工事，逐次抵抗消耗日军，以空间换时间，最后转变敌攻我守的战争态势。按此计划，蒋介石自任总指挥，调集第五、第九战区全部兵力和海空军各一部，沿大别山、鄱阳湖和长江两岸，组织防御，准备持久作战。主要目的，一是在于以空间换取时间，内、外战线结合，消耗、挫败敌人；二是及早内迁工厂、内运物资、整备军队、加紧生产、作长期抗战准备；三是争取国际上同情和支援，期待国际战场的开辟以彻底战胜日军，许冠英又由广州奉调武汉，在武汉威宁进行战略防御！

1938年10月，莫希德被提升为八十三军军长兼一五一师师长，10月12日，日本侵略军以3个师团的兵力，在数十艘舰艇，百余架飞机掩护下在大亚湾平海、稔山、澳头、霞涌强行登陆，进犯惠州。当时，莫部守军部分官兵离防外出广州。同日晚日军陷淡水，13日日军从淡水、澳头、稔山三路进攻惠州。莫部守军钟冠豪营及佛子凹炮兵指挥部均闻风撤退，14日莫部何联芳旅及师直属队撤往博罗，惠州沦陷，21日广州陷落。11月15日，蒋介石以莫希德作战不力、丧师失地，予以撤职查办，并下手谕，"着将莫希德一名枪决"。1939年初，八十三军建制和番号被撤销，许冠英所在一五六师归回第六十四军，邓龙光任六十四军军长，许冠英任六十四军一五六师四六八旅少将旅团长。1939年春，许冠英再次率部经过韶关回到肇庆。

1940年8月，部队调去贵县，最远去到广西宾阳象县。日军为打击中国国际交通线并威胁西南大后方，在广西南宁等地区展开了战争。日军侵占南宁昆仑关后，国民政府从数百公里外急调10个精税师，包括许冠英所在部队前来增援，战争一触即发。在黎塘战役，许冠英军部与日军短兵相接浴血奋战，战斗异常激烈彼此伤亡惨重，经历10多天苦战，终于攻破昆仑关，歼灭日军4000余人，成功收复南宁。许冠英此次战斗中率部击毙了日军少将旅团长中村正雄，取得抗战以来中国军队攻坚的重大胜利。

一位在许冠英身边工作过的战友刘坚（刘周屏）讲过一件令人难忘的轶事，当时在九三二团政治室曾任干事的李益三（中华人民共和国成立后曾任广州市文史馆研究员）说：武汉大战前夕，日军已临武汉东南面，我们部队就在南面，日军枪声很近，我见许团长还躺在床上闭着眼睛，心想这么紧逼还不撤退，谁知他一睁开眼睛就命令队伍马上开拔转移，大家都十分敬佩他骁勇善战，沉着果断，指挥若定。

国共合作期间，共产党派入的革命青年刘坚，曾与许冠英一起英勇抗日，现享受局级老红军待遇。在《抗战胜利50周年文选》中撰写《南京突围》一文，这位年届92岁的老人认为许冠英是一位英勇善战的抗日将领，在6个抗日战役——江南战役、保卫南京、保卫武汉、保卫广州、保卫西江、收复南宁中起了非常重要的作用，在抗日战争中抵抗日军功不可没。

（略）

许冠英有着深深的家国情怀，浓浓的赤子之情，在抗战的关键时刻，由于部队军火和人力缺乏，毅然把家中值钱物品变卖，将所得资金捐给了政府，其夫妇收养10多名孤儿，也投身抗日事业中。

抗战期间，许冠英曾与跟随自己多年的两位亲弟弟许冠华、许冠三回家乡吴川市招兵买马，成立地方抗日部队。许冠英曾多次帮助过大量爱国学生和共产党员，在家乡吴川曾带领士兵风驰电掣，奋力参加家乡鉴江抗洪抢险，为家乡灾民捐赠大米，缓解他们的燃眉之急。

他每次回乡时，为不惊动乡亲，在几里外就下马步行回家，一回到家里就把自己的军服大衣脱下，改为一介平民布衣形象，穿着木屐走访父老乡亲和老人家们倾谈世事，并对他们进行资助。他深得民心，令人敬仰。

许冠英的一生是赤胆忠心、献身中华的一生，是热爱祖国的一生，英勇战斗的一生，追随民主的一生，献身革命的一生，他的英名将永远载在中国人民抗日的光荣史册上，激励后人。

抗战文艺作品

一、木偶戏

《杨子儒回忆录》写道："1939年1月林林吸收我入党。而后我随林林回吴川工作……张炎也很会做工作，让我们用旧瓶装新酒，给我一百大洋，叫我回吴川集中全县30多个木偶戏班，组织他们，以木偶戏这个群众喜闻乐见的形式宣传抗日。我与袁俊元、孙文山3人训练他们。先是听我们讲抗日道理，讲故事，而后由他们自己动手编剧，排练节目。训练不到一个月，他们就回到全县各地演出打日本鬼子的木偶戏。"以木偶戏的形式宣传抗日，效果很好。

抗战期间，在吴川各地流传木偶戏一段唱词《大唱凶狼日本人》这段唱词深刻地刻画出日军凶残的面目、滔天的罪行。

大唱凶狼日本人

不唱三皇共五帝，大唱凶狼日本人。

见着钱财都抢去，见着村庄放火焚。

男人拉去当牛马，女人捉去大奸淫。

老弱病夫其不要，一刀把你送归阴。

为人若想做世界，团结起来打敌人。

二、红色歌谣及漫画

陈可楷男（1913—1945年），化县（今化州县）同庆人，1935年在化县一中高中毕业后到吴川黄坡岭头村育英小学、化县山口小学等地任教，利用教师身份宣传抗日救国。他在课堂自作并教农民、学生唱的山歌：

恨敌篇①

（一）

日本夺我东三省，得寸进尺步步深。

小孩捉去来抽血，八十婆婆也奸淫。

（二）

风吹竹尾风赶风，日本强盗真势凶。

奸淫掳掠不足箕，杀人放火几阴功。

1940年7月，党组织派共产党员李雨山同志任三民乡乡长，在长岐良村一带秘密开展抗日救国宣传活动；接着又派王树槐同志任三民乡助理，并任三民小学（良村小学）校长。利用学校这块阵地，王树槐校长用教唱革命歌曲和漫画等形式向师生、农民进行抗日救国宣传。

以下歌曲及漫画由湛江市赤坎区粮油制品工业公司副厂长、党员王兆瑛（王华）同志提供。

---

① 作者为陈可楷男，摘自陈克编选：《南路革命英烈诗选》，载《湛江文化》第26辑，第330—331页。

保卫中华

1=C 2/4　保卫中华

5 3.5 5 1 — | 5 3.5 5 i — | 5 6 5 4 3 2 | 5 5 1 — |
保卫中华，　保卫中华，　誓死保卫民族的中华。

i.i 5 5 6 6 3 | 6.5 3 5 1 — | 3.3 2 2 5 6 7 |
保卫我们五千年　辉煌的文化，保卫我们全民族

6.5 4 6 5 — | i — 5 — | 5.6 5 4 3 2 5 | 5 1 — 0 ‖
同生死的家，　来！来！　誓死保卫民族的　中华。

打杀汉奸

1=C 4/4　打杀汉奸　　　胡　然　词
激昂坚决，有力地　　　　江定仙　曲

3 5 5 | i 7 6 6 5 | 5 5 6 i i 2 | 3.2 i 0 5 |
杀汉奸，打杀汉奸！汉奸是心腹的大　患，不
杀汉奸，打杀汉奸！汉奸是亡国的祸　根，是

2 2.3 2.i 7.6 | 6 5 0 3 3 5 | 6 5 6 7 2 | i — — 0 |
青清自己的阵线，怎救得当前的国　难？
出卖民族的国贼，半个也不能够放　松。

3.3 3 0 3 0 2 0 | i 0 7 0 2.2 2 0 | 2 0 i 0 7 0 6 0 |
大汉奸，卖国求荣，小汉奸，卖身作狗，

3.3 3 0 3 0 6 0 | 7 i 2.2 2 0 | 2 7 5 6 7 | i — — 0 |
蠢汉奸，谄贼作父，准汉奸，妥协求　和

mf
1.3 5 5 | i 7 6 6 5 | 5 5 6 i i 2 | 3.2 i 0 5 |
打杀汉奸，打杀汉奸，汉奸是心腹的大　患，不

2 2.3 2.i 7.6 | 6 5 0 3 3 5 | 6 5 6 2 3 | i — — 0 ‖
索清自己的阵线，怎救得当前的国　难。

抗战宣传漫画

日本帝国主义的暴行

重要革命人物及英烈名录

一、重要革命人物

黄学增

黄学增（1900—1929年），幼名妃贵，又名学曾，遂溪县墩文村人。湛江最早的中共党员，广东农运著名领导人之一，中共南路地方组织的主要创建者。

黄学增幼时家贫，13岁始能进本村私塾念书，后相继求学于乐民小学、省立第十中学。19岁时，因家贫辍学，回家务农。1920年夏，赖亲友资助，黄学增考上广东省立甲种工业学校就读。在革命思想的熏陶下，积极投身青年运动；1921年，参加马克思主义研究会，并加入中国社会主义青年团；1922年春，由社会主义青年团员转为共产党员，为湛江最早的中共党员。同年夏，他利用暑期回乡的机会，串联发动同乡黄广渊等数十名知识青年组织"青年同志社"，为雷州播下革命种子。从1923年秋起，他受中共广东区委的派遣，先后到花县、广宁、高要等地开展农动和建党工作。同年年底，根据党的决定，以个人名义加入中国国民党。

1924年6月，黄学增毕业于广东省甲种工业学校，之后被选送到广州农民运动讲习所学习。结业后，他被任命为中国国民党中央农民部农运特派员，并参与国民党广东党部的改组工作。同年10月，黄学增被选为中国社会主义青年团广东区委候补委员，后又担任中国共产党广东区委农委委员。1925年7月，他被聘为省港大罢工工作委员会顾问，参与省港大罢工领导工作。1925年8月，广东省第一次农民代表大会在广州召开，正式成立广东省农民协会，黄学增参加大会的筹备工作，会后被选为省农民协会第一届执行委员；同年年底，与宋庆龄、蔡如平、刘尔嵩、韦启瑞等人，以国民党广东省代表身份出席在广州召开的中国国民党第二次全国代表大会，被选为提案审查委员会和农民报告审查委员会委员。

1925年11月至1926年年初，黄学增先后被任命为中共广东南路特派员、国民党广东南路特委委员、广东农民协会南路办事处主任。3月初，他随国民革命军南征，讨伐盘踞在南路的反动军阀邓本殷，从而回到南路。广东省农民协会南路办事处在梅菉正式成立后，黄学增全面领导以农运为中心的南路革命斗争。在南路工作期间，他采用选送进步青年到广州农运讲习所、黄埔军校学习，以及在梅菉、雷城等处创办南路梅菉宣传学校和雷州三属宣传讲习所等方式，为各县培训了一大批革命骨干。他还积极领导各地成立党组织和发展党员。1926年春夏之间，阳江、吴川、梅菉、廉江、遂溪、海康等县、市先后成立中国共产党支部，有力地促进了南路革命的发展。他深入调查研究，组织群众，开展农运。到1926年11月，南路已有7个县成立了县级农民协会，大多数区、乡建立了农会组织。南路农民在共产党和农民协会的领导下，不断掀起减租减息和抗捐抗税的斗争，农民运动席卷整个南路大地。1927年年初，中共南路地委在高州成立，黄学增任书记。2月中旬，黄学增出席广东省农民协会执委会第二次会议。会后，他暂留中共广东省委工作。

1927年，国共合作破裂，广州发生"四一五"反革命政变后，黄学增随同省委机关转移到香港。当年夏至次年初，黄学增先后被任命为中共广东省委西江巡视员和中共广宁县委书记。在此期间，他冒着危险，两次化装成商人穿过吴川地区，深入西江一带发动和组织高要领村和广宁螺岗的农民运动，以声援和配合广州起义。但是，由于缺乏斗争经验和力量对比悬殊，两次都遭失败。

1928年4月，黄学增出席中共广东省委在香港召开的第一次扩大会议，被选为省委委员。同年5月，琼崖党组织遭到严重挫折，省委派学增为巡视员，前往海南恢复和重振革命力量。他到海南后，先后改组中共琼崖特委，全面整顿红军余部，组建中国工农红军琼崖独立师，自任特委书记兼独立师政委。同时，琼崖苏维埃政府成立，于重点地区开展土地革命。经过一番艰苦努力，琼崖革命力量逐步得到恢复和发展。同年11月，黄学增被选为中共广东省委候补常委；不久，由于"左"倾思想影响，未能抵制省委的错误决定，把中共琼崖特委机关从山区迁到海口市。1929年2月，特委机关再次严遭破坏。5月，黄学增潜往香港向中共广东省委汇报情况。尔后，省委决定重建琼崖特委，另派特委书记，黄学增仍以省委巡视员身份重返海南指导革命。

1929年7月，由于叛徒出卖，黄学增在海口市福音医院被捕。他在高官厚禄的引诱面前，横眉冷对；在严刑拷打之下，视死如归。最后黄学增在海口市红坎坡英勇就义，时仅29岁。

陈信材

陈信材（1899—1967年）又名陈柱，字福庭，广东吴川县人；大革命时期，曾任国民革命军连长兼代理营长。1926年，陈信材由黄学增介绍发展到加入中国共产党，成为吴川县第一个党员。不久他任中共吴川县支部书记兼县农协筹备处主任，领导农民进行抗捐斗争。"四一二"反革命政变后，他撤退到广州湾。

1927年5月，陈信材任南路农民革命委员会副主任兼军事组长；翌年8月，任南路特委委员。特委机关遭到破坏后，他在硇洲岛与彭中英等人组织渔工成立渔民协会，继续开展革命工作，后被敌人发现而撤离。抗日战争时期，他在高雷地区从事抗日救亡运动；1938年6月，在梅菉任《南声日报》社长兼主编；1944年11月，参加张炎将军策划武装起义会议（是七人会议中共代表之一）；1945年1月，支持张炎将军率部攻打国民党吴川县县府所在地（塘㙍上圩），攻克县府、活捉反动县长邓侠，解放吴川全境。中华人民共和国成立后，他先后任海南战役善后委员会副主任、广东省内河局局长、广州港务监督副监督长、广东省政协委员等职。1967年7月，陈信材在广州病逝，终年68岁。

李士芬

李士芬（1887—1928年），吴川县振文镇边埌村人。

1926年1月，李士芬加入中国共产党，走上革命的道路。1926年初，中共吴川县支部在黄坡成立，李士芬任支部委员，兼任吴川县农民协会筹备处执委，分工负责农运工作。他深入农村，积极组织、发动群众，使全县的农民运动蓬勃发展。3月，他陪同黄学增、韩盈、陈信材等考察振文区农村情况后，他在陈信材同志具体指导下，成立振文区农民反抗"三捐"（蒜串捐、蒜头捐、壳灰捐）指挥部。3月15日，他亲率该区48个乡的蒜农500多人，浩浩荡荡地游行到梅菉、黄坡两地政府衙门前请愿，反抗"三捐"。由于声势浩大，震惊党政军部门，结果在省农民协会支持下，由省政府下令取消三捐，斗争取得完全胜利。1926年4月，振文区成立农民协会，李士芬当选为委员长，彭成贵、潘宏才为执行委员，有会员8 000多人。接着山圩、吴阳、芷寮、石门、龙头纷纷成立农协。与此同时，中共振文区支部成立，李士芬任党支部书记，彭成贵、潘宏才任支委。吴阳、黄坡、川西、南三等区均成立党支部，为了保护农民利益不受侵犯，县农协会成立县农民自卫军大队，委任李士芬为大队长，下管辖一个常备中队，配有100多人的武装，以及2000多人的预备队。

1927年7月，南路14县代表到广州湾赤坎鸡岭召开会议，期间因被法巡捕发觉，会议迁到沙湾船上开；后又被法巡警追踪而至，故移船到吴川石门圩在文武庙续会，由泮北村派12名自卫军保卫会议直到胜利结束。吴川选派陈信材、李士芬出席这次会议，会议决定成立"南路军事委员会"，陈信材当选为副主任，李士芬为委员，并一致决定，全面进行武装起义，以革命武装反抗反革命武装。

会后，李士芬回到振文，除发动农民积极参加自卫军外，还收编挂榜岭绿林人马200多人，共达500多人，重拳出击至振文一带，并在山圩、斗门、实业岭、丽山脚下与驻梅菉国民党反动军队邱兆琛团进行多次血战。最激烈的是在水口渡的伏击战，毙敌数名，杀伤10多名。农民自卫军亦伤2人，送往南二沙城村医治。该队伍后来转战到尖山、石门、鬼楼仔一带，与敌打歼灭战，长达一年半之久。

1928年10月15日夜，李士芬等在振文独竹村开会时，被郭植南亲领民团围村。在突围中，李士芬因脚受伤被俘，押送至黄坡监狱。11月15日，李士芬在黄坡英勇就义，牺牲时年仅41岁。

李士芬同志是吴川县的革命先驱，农民领袖，是优秀的共产党员，人民的忠诚儿子。1959年12月，人民政府追认他为革命烈士。

陈时

陈时，1904年出生，梅菉市（今吴川市梅菉街道）人。1926年3月，黄学增在梅菉吸收陈时、龙少涛、李光镛入党，3月间建起中共梅菉市支部，陈时任支部书记，党员有龙少涛、李光镛等，后来发展到20多人。1926年冬，梅菉党组织改为特支，陈时为特支书记。由于有党的领导，梅菉的工农群众运动蓬勃发展，梅菉市还成立"青年同志社""妇女解放协会"，取得一个又一个的胜利，梅菉成为南路工运中心之一。

1927年4月12日，国民党发动反革命政变。国民党邱兆琛团进驻梅菉市，党组织被迫撤离掩蔽。

1928年12月，陈时在坡头被法国警察逮捕，后被引渡给国民党当局，在梅菉被杀害，时年28岁。

林林

林林，海南临高县人。1939年夏，林林建立了中共梅菉特别支部，并任书记（任期为1939年夏至1941年春），还成立吴梅边党支部。1941年后，林林调到廉江，到职后，迅速在廉江城和枫梢村安排苏坚等人大量订购转运桂林版《新华日报》和《群众》杂志，及时传递党中央讯息。

1944年8月，他和黄飞等组织游击小组在两家滩拱桥打伏击战，歼灭伪军2人，伤数人，缴获武器一批。

1945年1月，他任南路人民抗日游击队第二支队第一大队队长兼政委，北上廉江，博白边区建立抗日根据地，扫荡国民党的区、乡公所，取得多次胜利。

部队进入廉江木高山林时，遭到敌保安团突然袭击，在突围中，林林不幸中弹牺牲。

二、英烈名录

土地革命战争时期

陈　时　男，梅菉市（今吴川市梅菉街道）人，共产党员，1926年参加革命，梅菉市首任中共支部书记；1928年8月被敌人逮捕，1928年10月被杀害于梅菉运动场，时年24岁。

龙少涛 男，梅菉市（今吴川市梅菉街道）人，共产党员，1926年参加革命，梅菉市首任中共支部委员；1928年8月被敌人逮捕，同年10月被杀害于梅菉运动场，时年20岁。

李士芬 男，1887年生，吴川县五区（今吴川市振文镇）边埇村人，共产党员。1926年3月参加革命，任南路军事委员会委员兼吴川县农民自卫军大队长。1928年11月15日在黄坡被国民党反动派杀害。

抗日战争时期

陈棠熙 男，1920年生，梅菉市（今吴川市梅菉街道）人，1944年参加游击队，1944年3月在廉江安铺被捕杀害。

张锦崇 男，1910年生，茂名县三民乡（今吴川市长岐镇）良村人，1944年参加游击队；1944年3月在茂名与国民党军队战斗中被俘，同年4月底于茂名谢村被活埋，壮烈牺牲。

吴泽仿 男，曾用名"吴秀章"，1919年7月生，吴川县二区（今吴川市黄坡镇）水潭村人，1944年7月参加革命，吴川县黄坡地下工作者；1944年9月28日在黄坡大岸执行任务时被国民党当局抓去，同年10月在黄坡被杀害。

林国军 男，吴川县三区（今吴川市振文镇）人，1944年11月29日参加陈以铁抗日武装队伍，任通讯员；1944年12月13日被国民党谢麟图带兵封振文后背山上江边村，捉去高州杀害，时年26岁。

冼锡璜 男，吴川县二区（今吴川市黄坡镇）人，1944年10月20日参加革命，任保卫员；1945年2月在廉江灯草村阻击战不幸中弹牺牲，时年23岁。

张怡安 男，吴川县一区（今吴川市塘塝镇）人，1944年参加革命，任战士兼炊事员；1945年2月在廉江灯草村被敌人围攻，不幸在战斗中牺牲，时年31岁。

张日弟 男，吴川县一区（今吴川市塘㙍镇）人；1945年参加张炎高雷人民抗日军，在龙潭粮区遭敌人伏击，中弹牺牲，时年23岁。

陈学光 男，1923年9月生，曾用名"陈康德"，吴川县一区（今吴川市塘㙍镇）塘吉村人；1944年12月参加游击队，任南路人民抗日解放军二支队战士；1945年1月在廉江县药山村被捕，同年1月于廉江县被国民党杀害。

杨绍儒 男，1923年出生，曾用名"杨信才"，吴川县一区（今吴川市塘㙍镇）低岭村人；1944参加游击队，任南路人民抗日解放军战士；1945年1月在廉江灯草村与国民党军队作战中牺牲。

李崇周 男，1915年4月生，吴川县三区（今吴川市樟铺镇）人，1944年参加游击队，任南路人民抗日解放军战士；1945年1月在吴川县南巢同敌人战斗中牺牲。

张亚德 男，1919年生，茂名县三民乡（今吴川市长岐镇）良村人，1943年10月参加游击，南路人民抗日解放军战士；1945年1月中旬在吴川县南巢被捕，同年1月底于梅菉被杀害。

张述清 男，1904年7月生，茂名县三民乡（今吴川市长岐镇）良村人，1944年初参加游击队，任南路人民抗日解放军战士；1945年1月在三民乡良村小学战斗中牺牲。

张贵荣 男，1909年生，茂名县三民乡（今吴川市长岐镇）良村人，1944年1月初参加游击队，任南路人民抗日解放军炊事员，1945年1月在南巢战斗中牺牲。

张亚水 男，1925年生，茂名县三民乡（今吴川市长岐镇）良村人，1944年1月初参加游击队，任南路人民抗日解放军战士；1945年1月在南巢被捕，同年1月底于梅菉被杀害。

招亚稳 男，1918年生，梅菉市（今吴川市梅菉街道）瓦窑村人，共产党员，1942年参加游击队，南路人民抗日解放军战士，1945年1月在樟铺南巢战斗中牺牲。

陈桌霖 女，1923年2月生，广东南海县人，共产党员，1941年参加革命，任吴川县塘㙍地下工作者；1945年2月在梅菉被捕，同年3月于塘㙍英勇就义。

欧鼎寰 男，1918年5月生，茂名县（今吴川市博铺街道）人，党员，1938年参加游击队，南路人民抗日解放军队员；1945年3月4日在茂名县木坑塘被敌人包围，在战斗中牺牲。

苏少婉 女，1916年生，广东合浦县（今广西合浦县）人，共产党员，1938年秋参加革命，同年加入中国共产党，任李一鸣大队党支部宣传委员。1945年3月4日在茂名县木坑塘被敌人包围，在战斗中牺牲。

李贤高 男，1917年生，茂名县三民乡（今吴川市长岐镇）东上岭村人，1942年参加游击队，南路人民抗日解放军第四大队分队长；1945年3月4日，在茂名县木坑塘被敌人包围，在战斗中牺牲。

杨土生 男，1914年2月生，吴川县一区（今吴川市塘㙍镇）板桥东岸村人，1944年参加游击队，南路人民抗日解放军战士；1945年3月，在茂名县木坑塘被敌人包围，战斗牺牲。

骆亚富 男，1926年生，吴川县三区（今吴川市樟铺镇）西坡乡人；1944年参加革命，南路人民抗日解放军战士，1945年3月在茂西战斗中牺牲。

杨花福 男，1915年生，茂名县（今吴川市覃巴镇）唐符村人，1944年参加游击队，南路人民抗日解放军战士；1945年2月在覃巴被捕，同年3月于覃巴被杀害。

陈瑞基 男，1918年生，吴川县二区（今吴川市黄坡镇）

大院村人，1944年11月参加革命，任南路人民抗日解放军第二支队第三大队战士；1945年3月，在泗岸开展革命活动时被敌人逮捕，杀害于塘㙍圩。

容启钦 男，1917年12月生，茂名县（今吴川市覃巴镇）下容村人，共产党员，1938年参加革命，廉江县地下工作者；1945年2月在廉江县塘蓬圩被捕，同年3月29日于廉江县被国民党反动派杀害。

梁之榎 男，1924年4月生，茂名县（今吴川市兰石镇）兰石村人，共产党员；1943年参加游击队，任南路人民抗日解放军中队长，1945年初在电白望夫岭战斗中牺牲。

陈以铁 男，1907年生，吴川县三区（今吴川市振文镇）后背山村人，共产党员，1943年参加游击队，任南路人民抗日解放军二支队第三大队队长；1945年3月，在茂名县木坑塘战斗中被捕，同年4月16日于高州被国民党反动派杀害。

翟福新 男，1928年生，吴川县一区（今吴川市塘㙍镇）翟屋村人，1944年参加游击队，任南路人民抗日解放军第二支队第三大队战士；1945年3月，在茂名县木坑塘战斗中被俘，同年4月于高州被敌人杀害。

朱康生 男，1920年生，吴川县三区（今吴川市振文镇）博吉青林村人，1944年参加游击队，任南路人民抗日解放军第二支队第三大队战士；1945年3月在茂名县木坑塘被捕，同年4月16日于高州被敌人杀害。

张胜隆 男，1906年生，茂名县三民乡（今吴川市长岐镇）良村人，1944年参加游击队，任南路人民抗日解放军第二支队第四大队任排长；1945年3月，在茂名县木坑塘被捕，同年4月16日于高州被敌人杀害。

林寿兴 男，吴川县一区（今吴川市塘㙍镇）樟山村人，

1945年1月参加革命，任高雷人民抗日军后勤军需副官；1945年2月1日在与敌人战斗身负重伤，同年5月14日在家牺牲。

李就祥　男，1919年9月生，茂名县三民乡（今吴川市长岐镇）西上岭村人，1944年参加游击队，任南路人民抗日解放军第二支队第四大队班长；1945年6月在长岐被捕，同年7月于长岐圩被敌人杀害。

杨康日　男，1924年生，茂名县（今吴川市覃巴镇）唐符村人，1944年7月参加游击队，任茂名人民抗日游击大队副班长；1945年8月中旬往茂名县送情报，途中被捕，同年8月底于茂名县被杀害。

解放战争时期

徐亚鸡　男，1918年生，梅菉市（今吴川市梅菉街道）瓦窑村人，共产党员，1942年参加革命，任梅菉秘工队员；1945年8月送情报到茂名时被捕，同年10月在茂名县被敌人杀害。

宙秀祺　男，1916年生，吴川县三区（今吴川市振文镇）上宙村人，1944年参加革命，任陈以铁大队战士；1945年12月8日，在振文开展革命活动时，被敌人追击，在苦练木塝中弹牺牲。

李　氏　女，1901年生，吴川县三区（今吴川市振文镇）陈屋村人，1944年参加革命，任吴东北区武工队侦察员；1945年12月，在梅菉侦察敌情时被国民党反动派杀害。

陈惠凡　男，1905年生，吴川县三区（今吴川市振文镇）后背山村人，1943年参加游击队，吴东北区武工队炊事员；1945年12月在高州同敌人战斗英勇牺牲。

容荣玉　男，茂名县（今吴川市覃巴镇）人，1943年参加革命，任武工队副班长；1946年2月15日被国民党逮捕，同年2月17日被杀害于覃巴中学岭，时年40岁。

姚胜彪 男，1921年生，吴川县一区（今吴川市塘㙍镇）白藤村人，1944年参加游击队，吴中区武工队队员；1946年2月25日，在廉江良垌战斗中牺牲。

叶亚九 男，1921年生，吴川县一区（今吴川市塘㙍镇）叶屋仔村人，1946年2月参加革命，任吴川县中区武工队队员；1946年2月27日，在廉江县泥塘村战斗中牺牲。

杨佳六 男，1920年10月生，茂名县（今吴川市覃巴镇）塘符村人，1944年参加革命，任茂电信区游击队员；1946年2月25日，在覃巴广覃村被捕，次日于博茂被敌人杀害。

张秀清 男，1921年生，茂名县三民乡（今吴川市长岐镇）良村人，1944年参加革命，茂（名）化（县）梅（菉）边区武工队队员；1946年3月5日在梅菉被捕，于3月21日在长岐被杀害。

张惠东 男，1924年生，茂名县三民乡（今吴川市长岐镇）良村人，共产党员，1944年参加革命，任茂（名）化（县）梅（菉）边区武工队班长；1946年3月在茂名被捕，同年于茂名被杀害。

庄冠周 男，1915年生，茂名县梅博乡（今吴川市大山江街道）山基华村人，1938年参加革命，任吴（川）东北区武工队副队长；1946年3月在山基华村被捕，后被杀害。

梁之模 男，1917年生，茂名县（今吴川市兰石镇）兰石村人，共产党员，1944年参加革命，吴（川）茂（名）电（白）信（宜）区武工队队员；1946年春，在阳江被国民党反动派杀害。

李　嘉 女，1918年生，电白县（今茂名电白区）坡心镇正村人，共产党员，1938年参加革命，任中共茂名县妇女工作组组长，兼高州妇女师党支部书记；1946年春，在阳江被国民党反动派杀害。

张均芳 男，曾用名"张帝全"，1914年生，茂名县（今吴川市浅水镇）下芦石村人，1943年参加革命，任茂（名）电（白）信（宜）地下组织工作人员；1946年4月，在执行送情报任务时在茂名被捕，同年4月底于茂名鳌头被国民党反动派杀害。

陈亚新 男，曾用名"陈胜彩"，1909年生，振文四区（今吴川市吴阳镇）沙角旋村人，1944年参加革命，任吴（川）东北区武工队队员；1946年4月在茂名县（今兰石镇）顿谷村被国民党反动派杀害。

黄培生 男，1910年2月生，茂名县（今吴川市覃巴镇）南山塘村人，1944年参加革命，任茂（名）电（白）信（宜）区武工队队员；1946年5月在电白县黄村被捕，同年5月于电白县水东镇被杀害。

叶贵文 男，1900年6月生，茂名县（今吴川市覃巴镇）覃文村人，共产党员，1945年4月参加革命，任茂（名）电（白）信（宜）区武工队联络员；1946年6月在那林送情报时被捕，同年7月于覃巴被国民党杀害。

李 荣 男，1919年生，吴川县三区（今吴川市吴阳镇）大坻村人，1944年4月参加游击队，任吴（川）东北武工队队员；1946年6月，在吴川县板桥上杭战斗中牺牲。

伍仕龙 男，1919年生，茂名县（今吴川市覃巴镇）人，1946年7月14日参加革命，茂（名）电（白）信（宜）区武工队队员；1946年7月20日，因攻打梅菉梅福庙敌军负伤，7天后因缺药医治而牺牲。

叶荣端 男，1907年生，茂名县（今吴川市覃巴镇）沙埇村人，1943年参加革命，任茂（名）电（白）信（宜）区武工队队员；1946年10月在覃巴沙埇村被捕，第5天于覃巴被杀害。

冯亚金 男，1926年生，吴川县一区（今吴川市塘缀镇）冯屋村人，1944年12月参加革命，吴川县塘㙍地下工作者；1946年10月，在塘㙍被国民党反动派杀害。

杨　尧　男，1928年生，吴川县一区（今吴川市塘㙍镇）叶屋村人，1944年参加革命，吴（川）中区武工队队员；1946年10月在吴川县塘㙍被捕，同月底于塘㙍被敌人杀害。

翟世祥　男，40岁，吴川县一区（今吴川市塘㙍镇）人，1945年参加革命，任交通员；1946年10月被敌人围村逮捕，后被敌人杀害于翟臣村。

易亚养　男，1923年6月生，吴川县一区（今吴川市塘㙍镇）岭尾村人，1944年参加革命，任吴（川）中区队员；1946年10月，在廉江县战斗中牺牲。

李亚钰　男，1924年生，吴川县三区（今吴川市樟铺镇）官冲村人，1944年参加革命，任吴（川）东北区交通站长；1946年10月在吴川县樟铺镇官村被捕，同月于吴川县山坪被杀害。

李观琨　男，1922年生，吴川县三区（今吴川市樟铺镇）官冲村人，1945年参加革命，任吴（川）东北区武工队交通员；1946年11月，在吴川凌田村执行通讯任务时被敌人杀害。

陈其龙　男，1924年生，吴川县三区（今吴川市振文镇）牛墩村人，1945年参加革命，吴（川）东北区武工队通讯员；1946年11月，在廉江县执行送信任务时被捕，同月在廉江县化北被杀害。

李茂和　男，1900年生，吴川县三区（今吴川市振文镇）人，1945年参加革命，吴（川）东北武工队队员；1946年11月，在茂名被敌人杀害。

陈瑞尤　男，1917年生，吴川县三区（今吴川市振文镇）屯兴村人，1945年参加革命，吴（川）东北区武工队队员；1946年11月，在化县甘村战斗中牺牲。

杨康生　男，1923年生，吴川县一区（今吴川市塘㙍镇）合山村人，1946年5月参加革命，吴（川）中区武工队队员；1946年12月15日，在化县杨梅被捕，同月于化县被杀害。

杨景旺　男，1902年8月生，吴川县一区（今吴川市塘㙍镇）高岭村人，1946年3月参加武工队员；1946年11月在吴川县塘㙍被捕，同年12月在塘㙍被国民党反动派杀害。

林茂才　男，1908年生，吴川县一区（今吴川市塘㙍镇）林屋仔村人，1946年8月参加革命，吴（川）中区武工队队员；1946年11月在塘㙍被捕，同年12月在吴川市塘㙍镇被国民党反动派杀害。

姚广源　男，曾用名"姚富仔"，1919年3月生，吴川县一区（今吴川市塘㙍镇）白藤村人，1945年任白藤村农会长；1946年12月11日，在化县黄泥埇被捕，同年12月于化县被国民党反动派杀害。

姚如亨　男，曾用名"姚怡亨"，1905年生，吴川县一区（今吴川市塘㙍镇）白藤村人，1944年参加地下工作，吴川县塘㙍地下工作者；1946年12月在塘㙍被捕，同月底在塘㙍被敌人杀害。

杜高明　男，1924年生，茂名县三民乡（今吴川市长歧镇）杜村人，1946年7月参加革命，任茂（名）化（县）梅（菉）边区游击队员；1946年12月底，在执行侦察情报时被国民党反动派杀害。

林康贵　男，1924年生，吴川县一区（今吴川市塘㙍镇）叶屋村人，共产党员，1944年参加革命，吴（川）中区武工队班长；1946年12月，在廉江泥塘村战斗中牺牲。

杨汝有　男，1918年生，茂名县（今吴川市覃巴镇）塘符村人，1944年参加革命，任茂（名）电（白）信（宜）区武工队队员；1946年底在覃巴被捕，第2天于博茂被国民党反动派杀害。

杨连枝 男，1903年生，茂名县（今吴川市覃巴镇）塘符村人，1944年参加革命，任茂（名）电（白）信（宜）区武工队队员；1946年底在覃巴高岭被捕，当日于博铺被国民党反动派杀害。

翟土娣 男，1925年生，吴川县一区（今吴川市塘㙍镇）翟屋村人，1945年参加革命，吴（川）中区武工队队员；1946年，在吴川县企石战斗中牺牲。

陈康胜 男，1913年生，吴川县三区（今吴川市振文镇）陈屋村人，1945年参加革命，吴（川）东北区武工队通讯员；1946年，在化州县甘村战斗中牺牲。

欧开全 男，1908年生，茂名县（今吴川市大山江街道）老鸦埔村人，共产党员，1944年4月参加革命，任茂（名）电（白）信（宜）覃巴区武工队队员；1947年农历正月十八日，在梅菉送信时被敌人杀害。

梅佐良 男，37岁，茂名县（今吴川市覃巴镇）人，1945年参加革命，交通联络员；1947年1月26日被国民党逮捕，同年2月1日被杀害于覃巴圩岭仔。

陈永龙 男，40岁，茂名县（今吴川市覃巴镇）人，1945年参加革命，任交通员；1947年农历一月二十六日，在沙田港被敌人逮捕，同年农历二月一日在覃巴牙岭仔被杀害。

杨日康 男，1917年9月生，茂名县（今吴川市覃巴镇）塘符村人，1944年参加革命，任茂（名）电（白）信（宜）区武工队队员；1946年12月在博茂战斗中被捕，次年农历二月于博茂坡被敌人杀害。

李牛妹 男，1916年生，吴川县三区（今吴川市振文镇）下坡村人，1944年参加革命，吴（川）东北区武工队队员；1947年

2月，在吴川县塘㙍被国民党反动派杀害。

李荫华 男，曾用名"李志强"，1925年生，茂名县三民乡（今吴川市长岐镇）郑山村人，共产党员，1944年参加游击队，任茂（名）化（县）梅（菉）边区副区长；1947年3月，在吴川县樟铺金鸡战斗中牺牲。

潘汝新 男，1915年生，茂名县（今吴川县覃巴镇）柳巷村人，1944年2月参加革命，任茂（名）电（白）信（宜）边区武工队队员；1947年2月在覃巴被捕，同年3月于长岐圩被杀害。

杨　英 男，曾用名"杨水估"，1929年生，吴川县一区（今吴川市塘㙍镇）合山村人，1947年1月参加革命，任粤桂边区人民解放军新四团战士；1947年3月在化县被捕，同月在化县被杀害。

李宏如 男，曾用名"李观炎"，1913年11月生，吴川县三区（今吴川市振文镇）下坡村人，1943年参加革命，吴（川）东北区武工队队员；1947年3月在吴川县塘㙍被捕，同月在塘㙍被国民党反动派杀害。

陈景养 男，1923年生，茂名县（今吴川市大山江街道）博茂村人，1946年参加革命，任吴（川）东北区武工队队员；1947年3月，在湛江北部战斗中牺牲。

梁亚六 男，曾用名"梁同六"，1919年12月生，茂名县（今吴川市覃巴镇）广覃村人，任茂（名）电（白）信（宜）边区武工队队员；1947年4月在覃巴广覃村被捕，第2天于覃巴圩被敌人杀害。

李日辉 男，1902年生，茂名县三民乡（今吴川市长岐镇）雍村人，1945年5月参加革命，任茂（名）化（县）梅（菉）边区武工队队员；1947年4月，在茂名公馆战斗中牺牲。

林亚瑞 男，1920年生，梅菉市（今吴川市梅菉街道）蔗坡村人，1941年参加革命，任梅菉地下党交通员；1947年4月因送情报在振文被捕，后在振文被国民党反动派杀害。

康爵富 男，1925年生，吴川县三区（今吴川市塘尾街道）东海村人，1945年3月参加革命，任吴（川）东北区武工队排长；1947年4月在遂溪县战斗中牺牲。

陆　海 男，1917年生，吴川县二区（今吴川市黄坡镇）山溪洋村人，1946年10月参加革命，吴川县龙头滨海区武工队班长；1947年4月，于吴川县塘㙍加达埇战斗中牺牲。

康杨辉 男，曾用名"康杨康"，1925年生，吴川县三区（今吴川市塘尾街道）新屋儿村人，共产党员，1943年参加革命，任粤桂边区人民解放军一团副排长；1947年4月，在龙头岭战斗中牺牲。

杨福兴 男，1915年生，吴川县一区（今吴川市塘㙍镇）塘下村人，1944年参加革命，任粤桂边区人民解放军一团战士；1947年5月，在广西上思县被敌人杀害。

吴亚焕 男，1915年1月生，吴川县二区（今吴川市黄坡镇）方田村人，1946年8月参加革命，吴川滨海区武工队队员；1947年5月，于吴川县油麻埇战斗中牺牲。

张康德 男，曾用名"杨康"，1923年1月生，吴川县一区（今吴川市塘㙍镇）大湾村人，1944年参加革命，吴（川）中区武工队班长；1947年6月，在塘㙍大湾村被捕，同月于黄坡三柏圩被国民党反动派杀害。

杨观庆 男，曾用名"杨振"，1920年生，吴川县一区（今吴川市塘㙍镇）大湾村人，1944年参加革命，吴（川）中区武工队班长；1947年6月，在塘㙍大湾村被捕，同月在吴川县黄坡三柏圩被敌人杀害。

李日光 男，1901年生，茂名县三民乡（今吴川市长岐镇）

蓝溪村人，1946年参加革命，任粤桂边区人民解放军新四团战士；1947年6月，在恩平县战斗中牺牲。

龙铭英 男，1903年生，吴川县一区（今吴川市塘㙍镇）人，战士。1947年6月29日，在化州县杨梅区大地村与敌作战时牺牲。

吕雄芬 男，1925年生，茂名县三民乡（今吴川市长岐镇）那凌村人，1947年3月参加武工队，任茂（名）化（县）梅（菉）边区武工队队员；1947年7月在长岐被捕，同月于长岐被敌人杀害。

李育英 男，曾用名"李亚用"，1922年生，吴川县二区（今吴川市黄坡镇）钓矶岭村人，1946年12月参加革命，任吴川滨海区地下工作者；1947年7月中旬因叛徒出卖被捕，同年7月底在吴川县端德村被敌人杀害。

高日养 男，1923年生，梅菉市（今吴川市梅菉街道）瓦窑村人，1944年参加革命，任粤桂边区人民解放军新四团二营文化教员；1947年7月，在化县兆区白花村战斗中牺牲。

梁 关 男，曾用名"梁雄德"，1924年生，茂名县（今吴川市覃巴镇）南山村人，共产党员，1943年11月参加革命，任覃巴区区长；1947年8月15日，在覃巴战斗中牺牲。

林福祥 男，1918年生，吴川县一区（今吴川市塘㙍镇）黄塘竹村人，1947年参加粤桂边区人民解放军，吴（川）中区武工队队员；1947年7月，在吴川县塘㙍黄竹塘村被捕，同月在塘㙍圩被国民党杀害。

李 洪 男，曾用名"李雄"，1907年3月生，吴川县二区（今吴川市黄坡镇）钓矶岭村人，共产党员，1947年2月参加革命，任粤桂边区人民解放军新四团连长；1947年7月，在吴川县端德村被反动暴徒暗杀。

易玉棠 男，1915年生，吴川县三区（今吴川市振文镇）边塘村人，1944年参加革命，任吴（川）东北区武工队队员。1947年7月，在吴川县西江三江村执行筹款任务时被国民党杀害。

潘康新 男，1926年生，茂名县（今吴川市覃巴镇）那碌村人，1944年参加革命，任茂（名）电（白）信（宜）区武工队队员；1947年7月在牛头被捕，第二天于覃巴被国民党杀害。

杨柏森 男，1917年11月生，茂名县（今吴川市覃巴镇）冲巴圩人，任覃巴区副区长；1947年7月24日，在覃巴高岭战斗中牺牲。

陈孙翰 男，1927年3月生，吴川县三区（今吴川市樟铺镇）三浪村人，1946年参加革命，任笃桂边区人民解放军新四团战士；1947年7月，在化县笪桥战斗中牺牲。

张光惠 男，1921年生，茂名县三民乡（今吴川市长岐镇）良村人，1944年1月参加革命，任茂（名）化（县）梅（菉）边区良村村长；1947年7月底，在良村被敌人杀害。

易汪文 男，1916年生，吴川县一区（今吴川市塘𡍼镇）人，武工队保管员；1947年8月9日，执行任务时被敌人逮捕，杀害于上坑村山猪窝。

张瑞崇 男，1912年7月生，茂名县三民乡（今吴川市长岐镇）良村人，1944年参加革命，茂（名）化（县）梅（菉）边区武工队队员；1947年7月底在良村被捕，同年8月初于长岐圩被国民党杀害。

李日安 男，1929年生，吴川县三区（今吴川市吴阳镇）上能村人，共产党员，1942年参加革命，任吴（川）东北区武工队排长；1947年8月在寮哥寨村被捕，同月12日于覃巴圩被国民党杀害。

冯华保 男，1907年生，茂名县（今吴川市覃巴镇）那西村人，1944年参加革命，任茂（名）电（白）信（宜）区武工队队员；1947年8月5日在覃巴下山村被捕，8月15日于覃巴圩被敌人杀害。

易显富　男，1913年生，吴川县一区（今吴川市塘㙍镇）人，任武工队战士；1947年8月16日，被敌人杀害于塘㙍圩高坡。

易保龙　男，1909年生，吴川县一区（今吴川市塘㙍镇）人；1947年8月18日，在吴川龙头圩被敌人杀害。

姚　寿　男，曾用名"姚亚生"，1925年生，吴川县一区（今吴川市塘㙍镇）白藤村人，1943年参加革命，任吴川县中区武工队班长；1947年8月，在板桥连寻村战斗中牺牲。

龙亚华　男，曾用名"龙华"，1901年9月生，吴川县一区（今吴川市塘㙍镇）新屋村人，1947年初参加武工队，任吴（川）中区武工队排长；1947年8月，在吴川县米收村战斗中牺牲。

何华日　男，1929年生，茂名县三民乡（今吴川市长岐镇）高辣村人，1946年参加革命，任茂（名）化（县）梅（菉）边区武工队队员；1947年8月，在樟铺围船作战牺牲。

李常英　男，1918年9月生，吴川县二区（今吴川市黄坡镇）钓矶村人，1947年4月参加革命，任黄坡钓矶岭行政村副主任；1947年9月初，因叛徒出卖在茂名被捕，同年9月14日于茂名石彭被杀害。

龙崇德　男，1913年7月生，吴川县三区（今吴川市樟铺镇）金鸡村人，1944年参加革命，任吴（川）东北区武工队联络站长；1947年2月在吴川县三浪村被捕，同年9月于吴川县黄坡被敌人杀害。

李祥茂　男，1927年7月生，茂名县三民乡（今吴川市长岐镇）蓝溪村人，1947年在十五岭参加革命，任茂（名）化（县）梅（蒗）边区武工队分队长；1947年9月，在遂溪县战斗中牺牲。

梁五奶 女，49岁，茂名县（今吴川市浅水镇）人，1946年参加革命，任交通员；1947年10月23日送情报到三民乡下坡村下坡庙，24日被敌人逮捕，26日被杀害于长岐圩，时年49岁。

叶桂清 男，1926年生，吴川县一区（今吴川市塘㙍镇）叶屋村人，共产党员，1946年9月参加革命，吴（川）中区武工队队员；1947年10月，在吴川县板桥战斗中牺牲。

张淫寿 男，1923年生，茂名县三民乡（今吴川市长岐镇）良村人，1944年参加革命，任茂（名）化（县）梅（蒗）边区武工队通讯员；1947年10月送信时在化县被捕，第二天于化县同庆被杀害。

杨茂凡 男，1907年9月生，吴川县一区（今吴川市塘㙍镇）南埇村人，1947年参加武工队，吴（川）中区武工队队员；1947年10月，在吴川县板桥岭仔被捕，同月底在塘㙍被杀害。

张迪贵 男，1921年生，茂名县三民乡（今吴川市长岐镇）那塾村人，共产党员，1944年参加革命，茂（名）化（县）梅（蒗）边区地下党员；1947年10月在长岐被捕，同月底于长岐圩被国民党杀害。

李康华 男，1923年生，茂名县三民乡（今吴川市长岐镇）西上岭村人，1944年参加革命，任茂（名）化（县）梅（蒗）边区武工队员；1947年10月，在长岐北大塘被捕，同月底于长岐圩被国民党反动派杀害。

李茂松 男，1924年10月生，吴川县二区（今吴川市黄坡镇）李村人，1946年12月参加革命，任吴川滨海区武工队排长；1947年10月，在吴川县官渡战斗中牺牲。

张迪才　男，曾用名"张何福"，1918年生，茂名县三民乡（今吴川市长岐镇）良村人，共产党员，1944年参加革命，任茂（名）化（县）梅（菉）边区地下工作者；1947年10月，在长岐被捕，同年11月于长岐圩被国民党反动派杀害。

龙祥盛　男，26岁，吴川县一区（今吴川市塘㙍镇）人，任班长；1945年参加廉江灯草战役，1947年11月2日，到塘㙍石雍村一带路经石匣子林屋园村时，被国民党反动派抓获，同年11月5日被杀害，时年26岁。

郭亚保　男，1927年9月生，吴川县三区（今吴川市塘尾街道）上塘村人，1946年参加革命，任吴（川）东北区武工队队员；1947年11月，在新兴县蛤水圩战斗中牺牲。

杨乔新　男，1899年5月生，吴川县一区（今吴川市塘㙍镇）东岸村人，1947年参加革命，吴（川）中区武工队队员；1947年11月在化县被捕，同月在化县被国民党反动派杀害。

陈帝水　男，1927年3月生，吴川县三区（今吴川市樟铺镇）三浪村人，共产党员，1945年参加革命，吴（川）东北区武工队联络员；1947年11月，因叛徒出卖在吴川县三浪村被捕，同月在吴川县上杭被国民党反动派杀害。

李军虾　男，1927年6月生，茂名县三民乡（今吴川市长岐镇）博历村人，1944年参加革命，任茂（名）化（县）梅（菉）边区武工队员；1947年11月25日，在博历村被捕，第2天于长岐圩被国民党杀害。

李茂民　男，1916年生，茂名县三民乡（今吴川市长岐镇）西上岭村人，1944年参加革命，任茂（名）化（县）梅（菉）边区武工队事务长；1947年11月在三民乡北大塘被捕，同月底于长岐圩被国民党反动派杀害。

张日洪　男，1907年生，茂名县三民乡（今吴川市长岐镇）

良村人，1944年参加革命，任茂（名）化（县）梅（菉）边区武工队队员；1947年10月，在长岐被捕，同年11月于长岐圩被国民党反动派杀害。

李高杨 男，1907年3月生，茂名县三民乡（今吴川市长岐镇）蓝溪村人，1946年参加革命，任茂（名）化（县）梅（菉）边区地下工作者；1947年11月初，在榕树大坡为武工队做筹款工作时被捕，同年12月初在茂名鳌头被国民党反动派杀害。

李敷荣 男，1904年生，茂名县三民乡（今吴川市长岐镇）蓝溪村人，1946年参加游击队，任茂（名）化（县）梅（菉）边区武工队队员；1947年12月，在榕树大坡侦察敌情时被捕，12月底于茂名鳌头圩被国民党反动派杀害。

李兴和 男，1912年生，茂名县三民乡（今吴川市长岐镇）蓝溪村人，1946年参加革命，任茂（名）化（县）梅（菉）边区武工队队员；1947年12月，在榕树大坡执行侦察敌情时被捕，12月底于茂名鳌头圩被国民党反动派杀害。

张国柱 男，1923年生，茂名县三民乡（今吴川市长岐镇）良村人，共产党员，1944年1月参加革命，任茂（名）化（县）梅（菉）边区良村村长；1947年12月，在良村被捕，同月底于长岐圩被国民党反动派杀害。

祝秀英 女，1915年11月生，吴川县三区（今吴川市樟铺镇）后埇村人，1947年3月参加革命，吴（川）东北区武工队队员；1947年12月因侦察敌情被捕，同月在长岐圩被国民党反动派杀害。

陈汉华 男，1924年10月生，吴川县三区（今吴川市樟铺镇）三浪村人，1944年参加革命，任吴（川）东北区联络站副站长；1947年8月，因执行通讯任务时在吴川县振文被捕，同年12月底于振文圩被国民党反动派杀害。

郑福富　男，吴川县一区（今吴川市塘㙍镇）人，1944年参加革命，武工队情报员；1947年农历十一月初五，被国民党反动派逮捕，杀害于板桥金坡村，时年37岁。

柯　可　男，1895年生，茂名县（今吴川市浅水镇）人，1945年参加革命，武工队枪支修理员；1947年在长岐被捕当场被国民党杀害于那熟村。

李　辉　男，吴川县三区（今吴川市吴阳镇）人，1944年初参加革命，武工队分队文化教员。1947年在一次战斗中被敌人一气追击10多公里，吐血不止，在梅菉医治无效死亡，献出宝贵生命，时年24岁。

龙上保　男，1924年生，吴川县三区（今吴川市樟铺镇）山口村人，1946年11月参加革命，任粤桂边区人民解放军新四团战士；1947年，在化县山底战斗中牺牲。

陈阜康　男，1926年2月生，吴川县三区（今吴川市振文镇）墩兴村人，1944年11月参加革命，吴（川）东北区武工队排长；1947年，在攻打振文乡公所战斗中牺牲。

杨亚文　男，1928年生，曾用名"杨观胜"，吴川县三区（今吴川县塘尾街道）杨七垌村人，任吴川县独立团战士；1947年，在化州杨梅店谷坡战斗中牺牲。

陈帝生　男，1927年7月生，茂名县（今吴川市大山江街道）崧高岭村人，1941年参加革命，任吴（川）东北区武工队队员；1947年在崧高岭村被捕，第2天于博茂晒网岭被国民党反动派杀害。

杨和仔　男，1921年生，曾用名"杨亚和"，茂名县（今吴川市覃巴镇）塘符村人，任茂（名）电（白）信（宜）区武工队队员；1947年，在覃巴与国民党军队搏斗中牺牲。

杜振周　男，1917年生，茂名县三民乡（今吴川市长岐镇）

杜村人，1945年参加革命，任茂（名）化（县）梅（菉）边区武工队班长；1947年往硇洲雷东税站执行任务途中沉船失踪，1958年追认为烈士。

李庆余 男，1912年生，茂名县三民乡（今吴川市长岐镇）蓝溪村人，1946年参加革命，任茂（名）化（县）梅（菉）边区蓝溪村村长；1947年，在蓝溪村与国民党军队搏斗中牺牲。

陈福灿 男，1918年生，吴川县一区（今吴川市塘㙍镇）大洋村人，共产党员，1944年参加革命，1947年7月任吴（川）化（县）梅（菉）茂（名）边区总部参谋；1948年1月，在吴川县塘㙍镇埇头战斗中光荣牺牲。

李雨山 男，1916年生，曾用名"李耀霖"，茂名县三民乡（今吴川市长岐镇）东上岭村人，共产党员，1938年参加革命，任职于中共茂（名）化（县）吴（川）梅（菉）边区工委兼任中共茂（名）化（县）梅（菉）边区区长；1948年2月14日，在梅茂县顿流村被国民党军队突然包围，在战斗中牺牲。

吴亚甫 男，1923年4月生，茂名县（今吴川市浅水镇）吴上旺岭村人，1946年参加武工队，任茂（名）化（县）梅（菉）边区区长警卫员；1948年2月14日，在梅茂县顿流村被国民党军队包围，不幸中弹牺牲。

伍于龙 男，1925年生，茂名县（今吴川市大山江街道）流水村人，1946年参加革命，任吴（川）东北区武工队队员；1947年1月18日，在流水村被捕，1948年2月27日，在梅菉被国民党杀害。

张三奶 女，1898年生，茂名县三民乡（今吴川市长岐镇）人，1945年初参加革命，茂（名）化（县）梅（菉）边区地下工作者。1948年2月27日因执行任务被捕，3天后被国民党杀害于长岐坡。

龙康贵　男，31岁，吴川县一区（今吴川市塘㙍镇）人，武工队财务员；1947年11月21日，在国民党"剿共"指挥自卫队围封油行村时被捕，1948年4月16日被押到湛江郊区三柏灯塔边沙滩上杀害。

李全棣　男，1917年生，吴川县三区（今吴川市吴阳镇）上能村人，1945年参加革命，任银岭联络站站长；1948年2月在吴阳上能村被捕，2月13日于塘尾银岭被国民党杀害。

李荫民　男，1929年生，茂名县三民乡（今吴川市长岐镇）郑山村人，1944年参加革命，任茂（名）化（县）梅（菉）边区武工队指导员；1948年1月1日，在化县封邦庵村，突然遭到国民党军队袭击，不幸中弹牺牲。

李亚美　男，1921年7月生，吴川县二区（今吴川市黄坡镇）钓矶岭村人，1947年8月参加革命，滨海区武工队队员；1948年2月18日，因叛徒出卖在银岭被捕，同年2月底在银岭被国民党反动派杀害。

李泮香　男，1885年生，茂名县三民乡（今吴川市长岐镇）人，1944年投身革命，成为秘密工作者；1948年3月4日，被国民党反动派逮捕，同年4月5日被杀害于黄岭公路边。

陈秀南　男，1904年生，吴川县三区（今吴川市樟铺镇）下村人，1945年参加革命；1948年2月27日，在梅菉执行送军用物资任务时，被国民党当局逮捕并杀害于长岐圩边。

骆运松　男，45岁，吴川县三区（今吴川市樟铺镇）人，1946年参加革命，任联络员；1948年3月15日，吴（川）东北区领导干部在他家开会，被国民党反动保长报信惨遭围捕，当场被国民党反动派杀害。

李华日　男，1930年生，吴川县三区（今吴川市振文镇）下坡村人，1947年8月参加革命，吴（川）东北区武工队队员；

1948年2日，在吴川县黄坡牛路头战斗中牺牲。

李全发 男，1916年生，吴川县三区（今吴川市吴阳镇）上能村人，1945年5月参加革命，任吴（川）东北区武工队文书；1948年2月，在上能村被捕，于黄坡三柏村被国民党反动派杀害。

龙亚日 男，1926年生，吴川县三区（今吴川市樟铺镇）山口村人，1946年7月参加武工队，任吴（川）东北区武工队队员；1948年2月，在梅茂县三民乡黎屋村发动群众进行武装斗争时被国民党反动派杀害。

陈帝钦 男，1924年生，曾用名"陈学均"，吴川县三区（今吴川市樟铺镇）三浪村人，共产党员，1944年参加革命，地下小组组长；1948年2月，在吴川县振文被捕，同月底在振文被国民党反动派杀害。

陈利太 男，1913年2月生，曾用名"陈敬传"，吴川县三区（今吴川市樟铺镇）三浪村人，1945年参加革命，吴川县三浪村农会长；1948年1月，在吴川县振文被捕，同年3月7日在振文被国民党反动派杀害。

凌李权 男，43岁，吴川县三区（今吴川市振文镇）人，1947年成为吴川县独立团战士；1948年3月12日，在遂溪与国民党粤保十团的战斗中，左胸部中弹负重伤，无法治疗，牺牲在蔗地里。

何任堂 男，1905年生，茂名县三民乡（今吴川市长岐镇）高辣村人，1946年任高辣村行政村长；1948年3月17日，在高辣村被捕，同年3月21日，于长岐圩被国民反动派党杀害。

何顺初 男，1916年生，茂名县三民乡（今吴川市长岐镇）高辣村人，1946年参加革命，任梅茂县高辣村农会委员；1948年3月17日，在梅茂县高辣村被捕，同年3月21日于长岐圩被国民党反动派杀害。

何郁荣 男，1911年11月生，茂名县三民乡（今吴川市长岐镇）高辣村人，1946年参加农会，任梅茂县高辣村农会委员；1948年3月17日，在长岐高辣村被捕，同年3月21日于长岐圩被国民党反动派杀害。

何余恩 男，1912年生，茂名县三民乡（今吴川市长岐镇）高辣村人，1946年参加革命，任梅茂县高辣村农会委员；1948年3月17日，在高辣村被捕，同年3月21日于长岐圩被国民党反动派杀害。

何本就 男，1920年生，茂名县三民乡（今吴川市长岐镇）高辣村人，1946年参加革命，任梅茂县高辣村农会委员；1948年3月17日，在高辣村被捕，同年3月21日于长岐圩被国民党反动派杀害。

何信生 男，1913年生，曾用名"何亚太"，茂名县三民乡（今吴川市长岐镇）高辣村人，1946年参加革命，任梅茂县高辣村村长；1948年3月17日，在高辣村被捕，同年3月21日于长岐圩被国民党反动派杀害。

陈日康 男，1925年1月生，吴川县三区（今吴川市樟铺镇）三浪村人，1946年参加革命，任吴（川）东北区武工队通讯员；1948年3月，因叛徒出卖在吴川县三浪村被捕，同月底在吴川银岭被国民党反动派杀害。

欧秀容 女，1924年生，梅茂县（今吴川市博铺镇）人，1943年参加革命，任游击小组长（交通站长）。1948年3月，被反动父亲欧筱常收买的国民党特务凶手杀害于梅菉养生亭。

韦康贵 男，1912年4月生，曾用"名亚关"，梅菉市（今吴川市梅菉街道）隔塘村人，共产党员，1938年8月参加革命；1948年3月，在吴川县黄坡平定圩战斗中牺牲。

符成学 男，1921年8月生，曾用名"符振南"，吴川县一区（今吴川市塘㙍镇）何村人，1944年参加革命，吴（川）中区武工队队员；1948年3月，在广西邕宁县垌平村战斗中牺牲。

张家盛 男，1911年10月生，吴川县一区（今吴川市塘㙍镇）埠头村人，1943年参加革命，任吴（川）中区武工队队员；1948年3月，在湛江郊区龙头岭战斗中牺牲。

杨康保 男，1924年生，吴川县一区（今吴川市塘㙍镇）冷水村人，共产党员，1946年参加革命，吴（川）中区武工队交通员；1948年2月28日，在吴川县塘㙍被捕，同年3月在吴川县塘㙍被国民党反动派杀害。

康福如 男，1919年1月生，曾用名"康亚庆"，吴川县一区（今吴川市塘㙍镇）下坡村人，1944年参加革命，任吴（川）东北区武工队队员；1948年3月中旬，在塘尾被捕，3月下旬在吴阳银岭被国民党反动派杀害。

张水米 女，1924年生，曾用名"张桂珍"，茂名县三民乡（今吴川市长岐镇）良村人，党员，1944年参加革命，任茂（名）化（县）梅（菉）边区武工队通讯员；1948年3月送信时在长岐被捕，同月底于长岐圩被国民党反动派杀害。

梁五奶 女，1904年生，茂名县三民乡（今吴川市长岐镇）良村人，共产党员，1944年4月参加革命，任茂（名）化（县）梅（菉）边区武工队通讯员；1948年3月送信时在长岐被捕，同月底于长岐圩被国民党反动派杀害。

李汝均 男，1902年生，茂名县三民乡（今吴川市长岐镇）雍村人，1947年参加革命，任茂（名）化（县）梅（菉）边区武工队队员；1948年3月在茂名被捕，第2天于茂名被国民党反动派杀害。

符荣和 男，1905年生，曾用名"符炳南"，吴川县一区

（今吴川市塘㙍镇）何村人，1946年参加革命，任粤桂边区人民解放军新四团战士；1948年3月，在广西峒平村战斗中牺牲。

陈应时　男，1930年3月生，梅菉市（今吴川市梅菉街道）东升居委会红旗路人；1947年参加粤桂边区人民解放军，任粤桂边区人民解放军新四团文化教员；1948年初在化（县）北中峒战斗中牺牲。

陈济钦　男，1924年1月生，曾用名"陈观上"，吴川县三区（今吴川市振文镇）塘东陈屋村人，共产党员；1944年参加革命，任吴（川）东北区武工队指导员；1948年5月，在吴川县振文杨七㙍河下游战斗中牺牲。

陈济光　男，1926年生，吴川县三区（今吴川市振文镇）塘东陈屋村人，共产党员，1944年参加革命，振文乡副乡长；1948年5月，在吴川县振文杨七㙍河下游战斗中牺牲。

冼　华　男，1928年生，吴川县一区（今吴川市塘㙍镇）米收村人，1947年参加武工队，粤桂边区人民解放军新四团战士；1948年5月，于广西十万大山战斗中牺牲。

林广芳　男，1900年4月生，吴川县三区（今吴川市振文镇）㙍儿村人，1945年参加武工队，吴（川）东北区武工队中队长；1948年5月，在硇州海上执行侦察任务时失踪，1958年被追认为烈士。

张帝元　男，1924年生，茂名县三民乡（今吴川市长岐镇）良村人，1944年参加革命，任茂（名）化（县）梅（菉）边区武工队排长；1948年3月在长岐良村被捕，同年6月于长岐圩被国民党反动派杀害。

易　启　男，1925年生，吴川县一区（今吴川市塘㙍镇）人，1946年参加革命，粤桂边区人民解放军新一团战士；1948年6月13日，在广西十万大山瑶区治病养伤，因国民党扫荡，遭杀害。

易桂华 男，1914年生，吴川县一区（今吴川市塘㙍镇）人，粤桂边区人民解放军新一团八连二排三班战士；1948年6月13日，在国民党"扫荡"时被杀害。

吴田康 男，1924年生，吴川县三区（今吴川市塘尾街道）上塘村人，1946年参加武工队，任吴（川）东北区武工队员；1948年6月在吴川县东海上塘村被捕，6月底于吴阳被国民党反动派杀害。

张亚生 男，1924年生，吴川县一区（今吴川市塘㙍镇）樟山村人，1941年参加革命，任粤桂边区人民解放军新四团战士；1948年6月，在广西峒平村战斗中牺牲。

李敬钦 男，1920年1月生，茂名县三民乡（今吴川市长岐镇）苏村人，党员，1945年参加革命，任茂（名）化（县）梅（菉）边区苏村村长；1948年6月底在苏村被捕，同年7月初于梅菉被国民党杀害。

陈亚勇 男，1928年生，曾用名"陈勇"，茂名县三民乡（今吴川市长岐镇）传趾村人，1947年武工队，任茂（名）化（县）梅（菉）边区武工队员；1948年6月，在去往硇洲雷东税站途中遭遇沉船后失踪，1958年6月8日被追认为烈士。

易亚旺 男，1919年生，吴川县一区（今吴川市塘㙍镇）人，1946年参加革命，任粤桂边区人民解放军新一团战士；1948年6月下旬，在广西十万大山峒平战斗中牺牲。

孙 木 男，1923年生，吴川县三区（今吴川市振文镇）人，1945年参加革命，任粤桂边区人民解放军新一团战士；1948年夏，在广西十万大山典龟村附近牺牲。

潘亚轩 女，1927年4月生，梅茂县覃巴乡（今吴川市覃巴镇）那碌村人，共产党员，1946年参加革命，任茂（名）电

（白）信（宜）边区武工队员；1948年7月底在覃巴柳巷村被捕，8月初于梅菉被国民党反动派杀害。

李　华　男，茂名县三民乡（今吴川市长岐镇）人，共产党员，1946年参加革命，任武工队政治服务员；1948年8月16日，从部队回家治病，同年8月24日被国民党逮捕，8月27日被杀害于长岐坡，年仅21岁。

叶亚令　男，1918年生，吴川县一区（今吴川市塘㙟镇）叶屋村人，1945年1月参加革命，南路人民抗日解放军通讯员；1948年8月，在吴川县黄坡战斗中牺牲。

张应六　男，1900年生，茂名县三民乡（今吴川市长岐镇）良村人，1944年参加革命，任茂（名）化（县）梅（菉）边区武工队员；1948年8月，在长岐执行侦察任务时被捕，同月于长岐圩被国民党反动派杀害。

杨三奶　女，1903年生，梅茂县（今吴川市大山江街道）山基华村人，1946年参加革命，任地下工作者；1948年8月底，在何屋底送信时被捕，同月底于梅菉被国民党反动派杀害。

龙培源　男，1915年生，曾用名"龙太兴"，吴川县一区（今吴川市塘㙟镇）塘莲村人，1947年参加粤桂边区人民解放军，任新一团司务长；1948年8月，在广西十万大山战斗中牺牲。

杨福彬　男，28岁，茂名县三民乡（今吴川市长岐镇）人，1943年参加革命，任武工队交通联络员；1948年9月24日被国民党反动派逮捕，同年9月27日被杀害于长岐坡。

谢月容　女，51岁，茂名县三民乡（今吴川市长岐镇）人，1943年冬参加革命，任武工队交通联络员；1948年9月24日被国民党逮捕，同年9月27日被杀害于长岐坡。

杜明光　男，茂名县三民乡（今吴川市长岐镇）人，1946年参加革命，任武工队联络员；1948年9月27日，被国民党逮捕，第2天被杀害于长岐坡，时年36岁。

杜金福 男，茂名县三民乡（今吴川市长岐镇）人，1945年参加革命，任武工队通讯员。1948年遭国民党封村被捕，同年9月29日英勇就义，时年22岁。

李华胜 男，1930年生，茂名县三民乡（今吴川市长岐镇）西上岭村人，1946年参加革命，任茂（名）化（县）梅（菉）边区武工队通讯员；1948年9月在海南岛被捕，同月底在海南岛被国民党反动派杀害。

李观福 男，1928年3月生，茂名县三民乡（今吴川市长岐镇）郑山村人，1947年1月参加武工队，任茂（名）化（县）梅（菉）边区武工队排长；1948年9月，在廉江县与敌作战牺牲。

李进运 男，1906年生，茂名县三民乡（今吴川市长岐镇）博历村人，1946年参加革命，任茂（名）化（县）梅（菉）边区地下工作者；1948年8月送信时被捕，同年9月于长岐圩被国民党反动派杀害。

李妙华 男，1926年生，茂名县三民乡（今吴川市长岐镇）山赖村人，1947年参加革命，任茂（名）化（县）梅（菉）边区武工队员；1948年9月26日被捕，同年10月1日在长岐圩被国民党杀害。

凌炳华 男，1926年生，吴川县三区（今吴川市塘尾街道）塘头村人，1943年8月参加革命，任吴（川）东北区武工队队长、手枪队长等职；1948年，在吴川县黄坡水潭战斗中牺牲。

易天龙 男，吴川县一区（今吴川市塘㙍镇）人，1945年参加张炎抗日武装起义，1947年8月部队转往化州时，因右腿生疮，组织决定留在瑶头村治疗，在国民党扫荡中弹负伤，后转回杨子根地水沟边，1948年10月25日牺牲。

龙亚尚　男，1913年2月生，吴川县一区（今吴川市塘㙍镇）新屋村人，1947年7月参加粤桂边区人民解放军，任新一团战士；1948年10月在广西十万大山战斗中牺牲。

陈周英　男，1906年生，曾用名"陈亚汗"，茂名县三民乡（今吴川市长岐镇）沙美村人，共产党员，1947年10月参加革命，吴（川）东北区武工队通讯员；1948年10月在梅茂县长岐被捕，同月于长岐圩被国民党反动派杀害。

宁康太　男，1914年生，吴川县三区（今吴川市振文镇）大塯村人，1947年参加革命，吴（川）东北区武工队队员；1948年10月，在化县甘村战斗中牺牲。

黎日华　男，1931年4月生，吴川县三区（今吴川市樟铺镇）竹山村人，1947年6月参加革命，任粤桂边区人民解放军新四团通讯员；1948年10月，在廉江县急水战斗中牺牲。

凌光前　男，1919年3月生，吴川县三区（今吴川市塘尾街道）塘头村人，共产党员，1944年参加革命，任吴（川）东北区武工队员；1948年11月，在振文林屋村执行任务时被国民党军队包围，在突围时牺牲。

梁亚飞　男，1926年4月生，曾用名梁亚之，梅茂县覃巴乡（今吴川市覃巴镇）南山村人，1944年参加革命，任茂（名）电（白）信（宜）区武工队排长；1948年11月在水东镇被捕，第2天被国民党反动派杀害。

何瑞荣　男，1917年生，吴川县二区（今吴川市黄坡镇）山溪洋村人，1946年4月任黄坡山溪洋村行政村主任；1948年11月，在黄坡落安堂被捕，同年12初于塘㙍圩被国民党反动派杀害。

李栋有　男，1914年生，吴川县二区（今吴川市黄坡镇）丰田村人，1946年4月参加革命，吴川滨海区武工队交通；1948年11月，在中山落安堂被捕，同年12月初于塘㙍圩被国民党反动派杀害。

李惠坚 女，1916年生，茂名县三民乡（今吴川市长岐镇）良村人，1944年参加革命，任茂（名）化（县）梅（菉）边区武工队联络员；1948年12月，在长岐良村被捕，同年12月底于长岐圩被国民党杀害。

龙廷楷 男，1895年生，吴川县一区（今吴川市塘㙍镇）新屋村人，1945年参加革命，粤桂边区人民解放军光中团战士；1948年12月，在廉江县中圩仔战斗中牺牲。

林亚富 男，1926年生，茂名县三民乡（今吴川市长岐镇）下江口村人，1945年参加革命，任茂（名）化（县）梅（菉）边区武工队排长；1948年，在化县中垌战斗中牺牲。

陈帝保 男，1925年生，茂名县三民乡（今吴川市长岐镇）沙美村人，1947年参加革命，任吴（川）东北区武工队交通员；1948年，于梅茂县长岐圩战斗中牺牲。

林亚福 男，1930年生，茂名县三民乡（今吴川市长岐镇）下江口村人，共产党员，1947年参加革命，任茂（名）化（县）梅（菉）边区武工队员；1948年，在板桥长山村战斗中牺牲。

李土生 男，1927年生，茂名县三民乡（今吴川市长岐镇）岭头村人，1946年6月参加革命，任茂（名）化（县）梅（菉）边区武工队班长；1948年，因到梅菉联系工作被国民党杀害。

杨　权 男，1919年生，吴川县一区（今吴川市塘㙍镇）东村人，1947年参加粤桂边区人民解放军，任新四团战士；1948年，在广西十万大山战斗中牺牲。

杨兴裕 男，1899年3月生，吴川县一区（今吴川市塘㙍镇）东岸坡村人，1944年参加革命，粤桂边区人民解放军新四团战士；1948年，在广西十万大山战斗中牺牲。

龙盛祥　男，1915年生，吴川县一区（今吴川市塘㙍镇）马儿岭村人，1946年11月参加革命，任粤桂边区人民解放军新四团战士；1948年，在广西十万大山战斗中牺牲。

朱文太　男，1905年生，吴川县一区（今吴川市塘㙍镇）西埇村人，1947年参加粤桂边区人民解放军，任新四团战士。1948年，在广西十万大山战斗中牺牲。

凌休保　男，1919年6月生，吴川县三区（今吴川市振文镇）下坡村人，共产党员，1947年参加武工队，吴川县独立团战士；1948年，在广西十万大山战斗中牺牲。

麦帝德　男，1918年生，吴川县一区（今吴川市塘㙍镇）塘草村人，1946年5月参加武工队，粤桂边区人民解放军新四团战士；1948年，在云南省战斗中牺牲。

张水养　男，1913年生，吴川县一区（今吴川市塘㙍镇）樟山村人，1945年9月参加革命，任粤桂边区人民解放军新四团炊事员；1948年，在广西防城县战斗中牺牲。

杨大昌　男，1905年生，吴川县一区（今吴川市塘㙍镇）塘下村人，1947年初参加粤桂边区人民解放军，任新一团战士；1948年，在广西上思县战斗中牺牲。

庄冠群　男，1927年生，梅茂县（今吴川市大山江街道）山基华村人，共产党员，1945年参加革命，任粤桂边区人民解放军第一团文化教员；1948年，在遂溪县战斗中牺牲。

冯日新　男，1920年生，梅茂县覃巴乡（今吴川市覃巴镇）魏屋村人，1947年参加武工队，任茂（名）电（白）信（宜）区武工队员；1949年1月，在化县下山村战斗中牺牲。

陈　汉　男，1922年4月生，吴川县一区（今吴川市塘㙍镇）凌田村人，1948年2月参加武工队，吴（川）中区武工队员；1949年2月，在吴川县振文被捕杀害。

杨　华　男，1925年4月生，曾用名"杨福"，吴川县一区（今吴川市塘㙍镇）东山村人，1944年参加武工队，吴（川）中区武工队队员；1949年2月，在茂名高山战斗中牺牲。

李全贵　男，1919年生，吴川县三区（今吴川市吴阳镇）水洒村人，共产党员，1944年6月参加革命，任吴（川）东北区武工队总务；1949年2月中旬，在上能村被捕，2月底于黄坡三柏村被国民党反动派杀害。

杨有章　男，1912年2月生，梅茂县覃巴乡（今吴川市覃巴镇）柳巷村村人，梅茂县覃巴乡柳巷村村长；1949年2月，在梅菉侦察敌情时牺牲。

梁均胜　男，1921年8月生，曾用名"梁亚波"，梅茂县覃巴乡（今吴川市覃巴镇）南山村人，共产党员，1944年参加革命，任覃巴地下党财会员；1949年2月初在覃巴被捕，2月底于梅菉被国民党反动派杀害。

陈家驹　男，1921年生，吴川县三区（今吴川市樟铺镇）三浪村人，1945年参加革命，吴川县东北区三浪地下军战士；1948年2月，为保释革命同志被国民党逮捕，后被杀害于长岐圩边。

杨亚就　男，1922年2月生，梅茂县覃巴乡（今吴川县覃巴镇）柳巷村人，1944年参加革命，任茂（名）电（白）信（宜）区武工队交通员；1949年2月在覃巴被捕，同年2月于梅菉被国民党反动派杀害。

王　氏　女，1895年生，曾用名"王二奶"，梅茂县覃巴乡（今吴川市覃巴镇）柳巷村人，1944年参加革命，任茂（名）电（白）信（宜）区武工队交通员；1949年1月，在覃巴被捕，同年2月于覃巴灰炉岭被国民党反动派杀害。

冯　氏　女，1896年4月生，梅茂县覃巴乡（今吴川市覃巴镇）柳巷村人，1945年参加革命，任地下交通员；1949年3月在覃巴柳巷村被捕，第2天于梅菉被国民党杀害。

侯德华 女，1925年生，梅茂县（今吴川市梅菉街道）红旗居委会太康路人，共产党员，1944年参加革命，任梅菉秘工区武工队队员。1949年3月在廉江县大岭作战中牺牲。

张 祯 男，曾用名张帝德，1914年生，吴川县一区（今吴川市塘㙍镇）山新村人，共产党员，1945年参加革命，任粤桂边区人民解放军新四团排长；1949年3月，在徐闻县石门岭战斗中牺牲。

招栋伦 男，1902年9月生，梅茂县覃巴乡（今吴川市覃巴镇）牛扼埇村人，1948年参加武工队，任茂（名）电（白）信（宜）区武工队员；1949年3月，在茂名战斗中牺牲。

张土福 男，1922年生，吴川县一区（今吴川市塘㙍镇）樟山村人，1948年委任塘㙍樟山交通站站长；1949年4月17日，被国民党杀害。

谭 海 男，1900年4月生，吴川县一区（今吴川市振文镇）谭屋村人，1944年12月参加革命，任吴（川）东北区武工队排长；1949年4月，在阳春县甲水圩战斗中牺牲。

高 炎 男，1928年农历十一月生，吴川县三区（今吴川市塘尾街道）高屋村人，1943年参加革命；1948年11月，任中共吴川县工委委员兼宣传部长；1949年6月28日，在湛江郊区石门乡里霞村战斗中牺牲。

吴振声 男，1919年生，梅茂县（今吴川市长岐镇）郑山村人，共产党员，1943年参加革命，1946年参加中国共产党，1947年春任吴（川）西南区武装连指挥员；1949年6月，在吴川县龙头区石门乡里霞村战斗中牺牲。

陈锡荣 男，1917年7月生，吴川县三区（今吴川市振文镇）谢村人，1946年参加武工队，任粤桂边区人民解放军新四团战士；1949年7月，在广西十万大山战斗中牺牲。

陈日观 男，1930年生，吴川县三区（今吴川市樟铺镇）马头岭村人，1947年参加武工队，任吴（川）东北区武工队收税员；1949年8月，在阳江县织笼收税时被国民党反动派杀害。

林亚养 男，1919年生，茂名县三民乡（今吴川市长岐镇）樟公岭村人，1946年参加革命，任茂（名）化（县）梅（菉）边区武工队通讯员；1949年8月底，在执行送信任务时在化县被捕，同年9月底于化县城被国民党反动派杀害。

陈学德 男，曾用名"陈超海"，1928年生，梅茂县（今吴川市梅菉街道）东升居委会横塘路人，1949年3月参加革命，任梅菉秘工区游击小组文化教员；1949年9月，在湛江赤坎战斗中牺牲。

张启光 男，1918年生，吴川县一区（今吴川市塘㙍镇）樟山村人，1944年参加革命，任粤中纵队第八团连长；1949年9月，在阳江县张灵与程村交界处战斗中牺牲。

郑亚帝 男，1932年生，梅茂县（今吴川市长岐镇）山茶村人，1949年参加中国人民解放军，任粤桂边区纵队第四团战士；1949年9月，在廉江县石岭战斗中牺牲。

张余家 男，1924年7月生，梅茂县（今吴川市长岐镇）良村人，共产党员，1945年参加革命，任茂（名）化（县）梅（菉）边区武工队排长；1949年11月，在廉江县战斗中牺牲。

许亚有 男，1924年2月生，曾用名许亚炎，吴川县三区（今吴川市吴阳镇）上能村人，1945年参加革命，任吴（川）东北区武工队班长；1949年8月，在廉江县被捕于西营（今湛江霞山），坐牢3个月后被国民党反动派杀害。

麦康佑 男，35岁，吴川县一区（今吴川市塘㙍镇）人，

1947年参加吴川县独立团，任副排长；1948年2月，加入西征进入十万大山，1949年12月配合南下大军攻打云南蒙自机场，头部中弹牺牲。

　　龙华福　男，1920年生，吴川县三区（今吴川市樟铺镇）金鸡村人，1945年参加革命，任吴（川）东北区武工队连长；1949年，在化县胡山战斗中牺牲。

　　李帝珍　男，1928年生，梅茂县（今吴川市长岐镇）郑山村人，1947年参加武工队，任茂（名）化（县）梅（菉）边区武工队员；1949年，在广西火灰村战斗中牺牲。

　　吴大林　男，1907年生，吴川县三区（今吴川市吴阳镇）人，1946年参加革命，任粤桂边区人民解放军第四团班长；1949年，在平坦战斗中牺牲。

附录六 大事记

1925年

11月　中共广东区委委派共产党员黄学增到南路工作,任中共广东南路特派员,负责南路建党工作,领导南路革命斗争。

12月　黄学增吸收陈信材加入中国共产党,陈信材成为吴川的第一个党员。

1926年

3月7日　广东省农民协会南路办事处在梅菉营盘街28号成立。黄学增任主任,韩盈任书记(兼任文书),苏其礼任委员。

3月15日　在广东省农民协会的大力支持下,李士芬率领第五区(振文)48个乡的蒜农500多人,取得反"三捐"斗争的胜利,省政府下令取消"三捐"税。

春　中共吴川县支部成立,陈信材任支部书记;易经、李士芬、陈克醒、易志学等为支部委员。

春　中共梅菉市支部成立,陈时任书记,党员有龙少涛、李光镰等。

4月　吴川县第五区(振文)农民协会成立,为吴川县第一个基层农民协会。李士芬被选为委员长,彭成贵、潘宏才等为委员,会员达8 000余人。接着,其他区的农民协会也相继成立。

5月　吴川县农民协会正式成立,陈信材任委员长;易经、易志学、陈克醒、李士芬等为委员。

上半年　梅菉青年同志社在梅菉鸡行街关帝庙旁成立，负责人：陈时、龙少涛、李献存，社员有300多人。

8月　国民党南路特别委员会、广东省农民协会南路办事处、中共广东南路特派员从梅菉迁往高州县城公办。

冬　吴川县农民自卫军成立，后组建一支40人的脱产武装中队；是吴川最早的农民武装。

1927年

春　中共广东南路地区执行委员会（简称"中共南路地委"）成立，黄学增任书记。

1月　梅菉镇窑业工人1 000多人，在陈时、龙少涛发动下，举行罢工，要求提高工资、改善生活条件，31日，资方同意增加工资两成。罢工斗争取得胜利。

4月18日　"四一二"反革命政变和广州"四一五"大屠杀后，中共广东省委转移到香港。驻梅菉的第四军第十一师政治部代表梁效能（据说是中共党员，未公开身份），得知情况后，急忙通知陈信材，陈信材得知后，派李子安通知高州、梅菉、吴川党员外撤，保护了一批革命力量。

5月　南路农民革命委员会成立，朱也赤任主任兼农运组长，陈信材任副主任兼军事组长；后改为南路军事委员会。

8月　中共广东省委派彭中英到广州湾赤坎组建中共广东南路特委。书记彭中英、委员朱也赤、梁文琰、陈信材、卢宝炫、杨枝水、黄广渊、梁英武、刘傅骥等。

11月9日　中共广东省委撤销中共广东南路特委，派杨石魂任中共南路巡视员。

11月至12月间　吴川党组织在杨石魂的具体指示下，成立了中共吴川县委，易经为代理书记。

1928年

4月　中共广东南路特委撤销中共吴川县委书记易经职务，由何寿龄接替。

11月15日　吴川县农民自卫军大队长李士芬在吴川县城黄坡圩牺牲。

12月　中共南路特委机关在广州湾遭破坏，特委书记黄平民、委员朱也赤等人被法租界警察逮捕；同期，中共梅菉特支书记陈时在坡头圩、委员龙少涛在赤坎被法租界警察逮捕，四人后遭杀害。中共南路特委停止活动，吴川、梅菉党组织也失去与上级组织联系达10年之久。

1929年

秋　陈信材前往香港寻找中共广东省委，不遇。返回后和彭中英等移转到硇洲岛坚持革命斗争，组织渔业工会，发展会员。

1930年

冬　陈信材、彭中英等撤到徐闻，得到徐闻县长姚之荣（原任吴川县长）资助，到云南、贵州继续寻找党组织。

1931年

6月　张炎与广东军政领导陈济棠及社会各界人士请准拨款，在吴川县塘塝樟山村筹办世德中学，以示纪念张世德将军，是年秋学校建成。

9月18日　日军入侵我国东北三省，翌日吴川县师生纷纷罢课，上街游行示威，组织抗日救亡队，抵制日货。

1932年

是年　世德学校建成，校董会成立，张炎将军任董事会主席。

1933年

1月31日　张炎在香港新亚酒店接见《超然报》记者，谈世德学校的培养目标及办学情况。

5月12日 张炎在《民国日报》上发表《为抗日勖同胞》书，呼吁全国同胞抗日。

1935年

3月 广东省政府在梅菉上下山高岭动工兴建广东省政府第一蔗糖营造场附属麻包厂，是全省唯一的麻包厂，于1937年4月1日正式投产。

夏 吴川梅菉银岭（今塘尾镇）民航机场建成。该机场跑道长3公里，宽0.6公里，开辟广州—梅菉—北海航线，隔日一班。1937年"七七"事变后停航，最终废弃。

1937年

10月 在肖光护等人的推动下，梅菉的学生、市民、农民等近万人联合举行反对日本帝国主义侵略的火炬大游行。

冬 陈信材、彭中英赴重庆，根据中共中央长江局的指示，回到吴川开展党的工作。

1938年

2月 张炎在梅菉隔塘庙成立广东省民众抗日自卫团第十一区统率委员会，张炎任主任。

2月21日 广东省第十一区妇女服务总队在梅菉中山纪念堂成立。郑坤廉（张炎夫人）任总队长、李朝晖任副总队长，共有队员280人。

3月 《南声日报》在梅菉漳州街创办，陈信材任主编。该报发行至广州湾，高州六属，雷州三属和钦廉四属。

4月 梅菉市立中学（今吴川一中）学生李森（后改名为吕克）被学校开除，由肖光护同志介绍奔赴延安，成为吴川县唯一的抗日军政大学学员。

冬 张炎组建抗日救亡乡村工作团，陈信材任其中的吴川工作队队长。

1939年

夏　中共高雷工委派林林到梅菉成立中共梅菉特支并任书记。

6月　坡心岭村建立抗战后吴川第一个党的基层支部，张德钦任支部书记。

是年　吴川县县治由吴阳迁去黄坡平泽村（至1941年）。

1940年

夏　林林在梅菉市立中学发展党组织，先后吸收李一鸣、叶翘森、沈德润、李载庚等入党，并建立梅中党小组，李一鸣任组长。

6月18日　国民党反动派反共逆流席卷南路，梅吴党组织转入秘密活动。

秋　川西中学成立。

1941年

1月　陈醒吾同志在世德学校举办第一次党员训练班，学习内容是学习党纲、党章，怎样做一个共产党员和如何认清革命形势。参加学习的有杨子儒、张继钦等20人。

9月　中共南路特委派黄明德任中共茂化吴梅地区特派员，负责吴川、梅菉、化县东南地区党的组织工作。

是年　吴川县治由黄坡平泽村迁往塘𤭢圩。

1942年

春　中共南路特委书记周楠到香港参加粤南省委会议，并带粤南省委组织部部长王均予到南路工作。

冬　中共吴梅边书记张德钦委派韦成荣、蔡华源到麻斜成立麻斜小组，组长韦成荣。

1943年

2月　中共南路特委机关从高州搬到吴川塘㙍低岭村办公，成立中共南路特委抗日前线指挥部。

春　抗日爱国将领詹式邦出任国民党吴川县长。

是年　"吴川县抗日自卫生产自救委员会"成立，詹式邦任主任，开展生产自救。

3月　吴川县抗日联防区筹备会议在吴川高岭村召开，推举詹式邦任主任。

5月　梅菉、吴川及与之相邻的边境地区划为3个区：吴川北部、吴川东北部、吴廉边。分别由黄明德、王国强、黄景文任特派员。

1944年

10月　温焯华在吴川低岭小学召开吴、化、廉、梅边四个大区特派员会议，传达南路特委会议精神，决定1945年1月联合张炎、詹式邦，以吴川为中心进行武装起义。

11月23日　驻遂溪日军90多人，偷袭吴川石门湍流村。游击队击毙日军中尉小队长松川等10余人。

1945年

1月　中共南路各特派员分别在吴川及周边地区举行武装起义。

1月9日晚　张炎在塘㙍樟山村后背山的"慎终追远"墓园内，召开研究武装起义的联席会议。参加人员一致同意在中共南路特委的领导下，举行武装起义。

1月14日　张炎、詹式邦率部在塘㙍举行武装起义，攻打国民党吴川县府。

1月14日　程耀连独立中队在樟山、白藤起义。

6月28日晚　日、伪军600多人进犯梅菉，29日早占领梅菉，

7月30日日军向坡头溃退，梅菉保安队、自卫队收复梅菉。

9月21日　广州湾日军陆军中将渡边布藏作为日军代表，在赤坎签字投降。

是年　抗战胜利，免征用税一年。

9月中旬　中共南路特委在赤坎召开紧急会议，特委书记周楠主持会议，会议对当时形势作分析和安排。

秋　中共南路特委将乾塘、南三、南二和梅菉、覃巴、银岭、吴阳、黄坡沿海一带划为吴梅茂特区，由庞达任特派员，受特委领导。

1946年

吴川各级党组织和人民武装组织，遵照中共南路特委关于武装自卫批示，分散活动伺机袭击分散弱小的国民党据点，镇压反动分子和锄奸肃特。有条件的乡建立"白皮红心"政权，组织发展地下军（群众武装）。

1947年

3月　中共广东区党委撤销南路特派员，成立中共粤桂边区地方委员会（简称"中共粤桂边区地委"），温焯华任书记，吴有恒任副书记，欧初为委员兼宣传部长。高雷地区各县党组织作调整，成立工委，恢复党委制。

4月　中共南路特委决定成立化吴中心县委，唐多慧任书记。

6月　吴川县人民解放政府成立，杨子儒任县长，随后区、乡红色政权相继成立。

7月　成立中共茂（名）化（县）吴（川）梅（菉）边工委，陈炯东任书记。

1948年

3月　中共粤桂边地委组织部分部队撤出化吴地区，进军广西十万大山地区称，西征；部分队伍东进粤中地区，称东征。

6月　中共雷州工委撤销，成立高雷地委，温焯华任书记，沈斌任副书记。

11月　中共吴川县工委成立，杨子儒任书记。

1949年

1949年10月　中国人民解放军吴川县大队在塘㙦成立，翟林任大队长（后为刘汉任），杨子儒兼任政委，陈平任副政委。

10月15日　茂电信工委策反国民党军共1 000多人，在梅菉博铺宣布起义，后配合粤桂边纵队第五支队打下镇隆街、解放信宜县城。

10月28日　吴化梅茂县工委率领武装进梅菉，当日，梅茂县宣布解放。

11月4日　梅茂县人民政府成立，陈炯东任县长。

11月　撤销中共茂化吴梅边区工委，成立中共梅茂县委员会，书记为陈炯东。

11月15日　吴川县游击大队和粤桂边纵队第一支队一团、三团、第七支队一个团包围逃到龙头圩的郑为楫部，17日攻克敌据点，活捉郑为楫及属下全部人员，吴川县宣布解放。

11月18日　杨子儒率吴川县政府工作人员、大队、政工团干部和指战员共200多人进驻吴川县城黄坡，成立中共吴川县委员会和吴川县人民政府，杨子儒任书记兼县长。

后记

根据广东省老促会、省老区办《关于印发编纂〈革命老区县发展史〉丛书有关文件的通知》要求，《吴川市革命老区发展史》一书的编写工作被提上日程。中共吴川市委、市人民政府对此十分重视，作了专门研究，并成立了专门机构领导、指导这一工作，市委书记、市长亲自挂帅，并指定一名常委专抓，安排了专门经费，并落实该项工作的主办单位——吴川市老促会。经过两年多的努力，目前这一工作已告一段落。

吴川市是广东南路革命运动中心，上溯至抗法斗争、辛亥革命，吴川也是重要的革命据点。吴川这些年来留下了很多革命历史人物的故事，如辛亥革命时的陈鹤舫，又比如大革命时期的陈信材，抗战时期的张炎、许冠英等。这些仁人志士对吴川革命运动影响巨大。

在中国共产党的领导下，吴川人民不忘初心，想方设法积极回报老区，促进老区的建设发展，比如吴川乡贤踊跃捐资优先为老区解决"五难"问题等，取得可喜成果。为编写本书，我们深入老区村、革命历史遗址，并到有关单位了解有关老区发展情况，查找和掌握第一手历史资料，力求书中内容准确。本书的编写承蒙吴川一中梁杰老师的大力支持。十几年来他对吴川革命历史尤其是抗战史料作了深入研究，取得翔实的史料，本书第二、三、四章由他主笔完成，其他章节他也提供了宝贵资料，使本书能顺利完成初稿。本书完成初稿后，我们打印成征求意见稿，请编委会有关人员审核、征求修改意见。省老促会副会长谭世勋同志审核书稿和修改润色，省老促会副秘书长柯绍华对本书最终审定提出宝贵指导意见，使本书得以顺利完成。在此我们对梁杰老师和各位领导的关心、支持表示衷心的感谢。

革命老区历史时间跨度大，牵涉面广，人员变动多，加上有很多历史资料散失，使材料采集不能详尽，再者由于编辑时间仓促、编者水平有限，书中恐有错漏之处，敬请读者海涵。

吴川市革命老区发展史编委会

2021年7月

广东人民出版社　党政精品图书

围绕中心，服务大局，做最具高度、深度和温度的主题出版物

主题出版物

中宣部主题出版重点出版物

《中华人民共和国通史》（七卷本）

· 全国第一部反映中华人民共和国70年光辉历程的多卷本通史性著作

· 中央党校、中央党史和文献研究院权威专家倾力打造

《账本里的中国》

一册册老账本，串起暖心回忆，讲述你我故事，体味民生变

《全国革命老区县发展史丛书·广东卷》

· 挖掘广东121个革命地区的红色记忆

· 中国老区建设促进会牵头组织

《红色广东丛书》

· 广东省委宣传部重点主题

· 传承红色基因，弘扬革命

本书配有智能阅读助手，为您1V1定制

《吴川市革命老区发展史》阅读计划

帮助您实现"时间花得少，阅读体验好"的阅读目的

建议配合二维码一起使用本书

您可根据自己的学习需求，量身定制专属于您的阅读计划：

阅读服务方案	阅读时长指数	为您提供的资源类型	帮助您达到以下学习目的
1. 高效阅读	阅读频次 较低　每次时长 较短　总共耗费时长 ■■	总结类	快速学习和掌握红色精神。
2. 轻松阅读	阅读频次 较高　每次时长 适中　总共耗费时长 ■■	基础类	简单了解革命老区的历史。
3. 深度阅读	阅读频次 较多　每次时长 较长　总共耗费时长 ■■	拓展类	继承和发扬红色精神，推动老区发展。

针对您选择的阅读计划，您可以享受以下权益：

立刻获得的主要权益

▶ **专享本书社群服务：** 提供创造价值与私密的深度共读服务，群内分享阅读干货，发起话题探讨

▶ **1套阅读工具：** 辅助您高效阅读本书，终身拥有

每周获得的主要权益

▶ **专属热点资讯：** 16周社科文学类资讯推送，每周2次

▶ **精选好书推荐：** 16周文学社科热门好书推荐，每周1次

长期获得的主要权益

线下读书活动推荐：
精选活动，扩充知识
开拓视野
不少于1次

抢兑礼品：
免费抽取实物大礼
不少于2次限时抽奖

微信扫码

添加智能阅读助手

只需三步，获取以上所有权益：

1. 微信扫描二维码；
2. 添加智能阅读助手；
3. 获取本书权益，提高读书效率。

❶ 鉴于版本更新，部分文字和界面可能会有细微调整，敬请包